dmb

Literaturmuseum Altaussee, Bildarchiv

Inhalt

Marta Karlweis

Schwindel
Geschichte einer Realität

Mit einem Nachwort
herausgegeben von
Johann Sonnleitner

das vergessene buch

Die Erstausgabe erschien 1931
im S. Fischer Verlag, Berlin.

FSC
www.fsc.org
MIX
Papier aus verantwortungsvollen Quellen
FSC® C083411

2. durchgesehene und aktualisierte Auflage 2021
Umschlaggestaltung: Leandra Eibl, Eindhoven
Druck und Bindung: CPI books, Leck
ISBN 978-3-903244-09-2

www.dvb-verlag.at

DIE MENSCHLICHE GEMEINHEIT

Die Großmutter sah auf einem Auge so gut wie nichts; ich glaube, das Übel, das sie hatte, nennt man „Mouche volante". Desungeachtet las oder häkelte sie unermüdlich und trieb das eine wie das andere mit einem zugekniffenen Auge, Buch oder Arbeit knapp vor dem Gesicht. Krank war sie nie, kein Mensch sah sie je müßig sitzen. Einmal aber saß sie da mit den Händen vor sich auf dem schwarzen Rock, das war an dem Tag, an dem ihr jüngerer Sohn begraben wurde.

Dieser Sohn war blond und freundlich gewesen, er hatte es weit gebracht, wie man das nennt, er war nicht alt geworden, eine Millionenstadt hatte ihn geliebt und geehrt und bereitete ihm jetzt ein großartiges Begräbnis. Bei der Mutter saß der älteste Sohn, schwarzhaarig, angegraut schon, er erboste sich darüber, daß sein Kranz drüben bei der Aufbahrung – er deutete mit dem Kopf über die Schulter, um das in der gleichen Straße gelegene Trauerhaus zu bezeichnen – nicht auffällig genug am Katafalk placiert gewesen sei. Kein Mensch könne die Inschrift auf der Schleife lesen: Dein treuer Bruder. Seine Frau saß auch da, die Großmutter sagte ihr „Sie". Heute sagte sie freilich gar nichts. Der Sohn schrie, denn die Großmutter war beinah taub. Die Schwiegertochter schrie: Wozu schreibt man das in Goldbuchstaben hin, dein treuer Bruder, wenn es kein Mensch liest? In einer Ecke des Zimmers befand sich ein schwarzgekleidetes kleines Mädchen. Das trat plötzlich vor und sagte – es zitterte etwas dabei –: Warum schreist du so? Mein Vater hat nie so schreien müssen mit der Großmama. Die Schwiegertochter schrie zugleich: Unerhört ist so was, fünfzig Gulden hat uns der Kranz gekostet, und aus Bosheit legen sie ihn nicht anständig hin. Das kleine Mädchen starrte das Weibsbild überwältigt an. Tief innig fühlte es, was das ist, menschliche Gemeinheit. Irgendein Verwandter führte die Kleine mit einem entrüsteten Ausruf aus dem Zimmer und strich ihr beschwichtigend über Stirn und Augen. Das war natürlich Unsinn. Diese runde, komplette Offenbarung hatte die Kleine viel weniger verwundet als vielmehr rasend interessiert. Also so sah das aus, darum verkehrte man nicht mit der Frau. Und auch nicht mit ihrem Mann, obgleich er der Bruder war. Es war wohltuend, wie das stimmte.

Das angenehme Ehepaar, das auf diese Weise aus dem Nichts in unsere Geschichte tritt, wird gleich wieder im Nichts verschwinden, denn wir brauchen es nicht mehr, es hat seine Funktion längst erfüllt, es hat vor Jahr und Tag die Großmutter und damit die ganze Familie „hereingelegt". Damit jemand hereingelegt werden kann, muß er eine schwache Stelle haben, und diese schwache Stelle war da, sie bestand in der jüngsten Schwester (oder Tochter) namens Johanna. Wenn die Tante Johanna zur Tür hereinkam, war es immer ein bißchen peinlich. Denn es ist nicht ganz richtig, wenn eine erwachsene Person mit dem Hut nicht weit über die Türklinke hinaufragt. Sie schien das auch zu empfinden, denn sie lachte immer schon so komisch, ehe sie völlig erschienen war, es klang verlegen, und man ängstigte sich sogleich im Vorgefühl der Witze, die sie machen würde. Sie segelte auf einen los, man hatte ein Butterbrot in der Hand, mein

Gott, was ist schon ein Butterbrot! Tante Johanna aber schrie munter: No, was is, schenkst mir dein Butterbrot? Nein? Wie? Was? Mir scheint, du bist nicht von Schenkendorf, was, was, wie? Und sie lachte, daß ihr das Wasser in die Augen schoß. Diese Augen füllten sich übrigens bei jeder Gelegenheit mit Wasser, sie hatten auch stets entzündete Ränder. Im Ruhezustand waren es Augen eines ängstlichen Kaninchens. Tante Johanna hatte überhaupt Ähnlichkeit mit einem Kaninchen: das Herumhopsen, das sinnlose Stillhalten, das Äugen, die ewige Angst. Sie lebte am Rande des Schwachsinns und wußte, daß sie schuld war –

Nein, schuld war eigentlich ihr Mann, mein armer Mann (er war tot), von dem sie acht Kinder hatte, zwei waren im Wickelband gestorben, die andern lebten, drei Söhne, drei Töchter. Sonderbarerweise war es auch peinlich, daß diese magere Winzigkeit achtmal Leben aus sich hervorgebracht hatte, sechsmal mit dauerndem Erfolg, denn es waren ganz kräftige Leute, ihre Kinder, die Söhne patschig zwar und naßhändig, aber groß gewachsen, die Töchter ungleich, aber von diesen wird noch ausführlich die Rede sein. Um kurz aufs Wesentliche zu kommen: alle sechs zusamt der Mutter hatten nicht zu leben, ihr frühverstorbener Vater war ein besonderer Typus gewesen, halb Lump, halb Phantast, die Familie war ihm mehrmals unter Geldopfern in arger Lage beigesprungen. Johanna hatte sich den August Schnabel nicht selber ausgesucht, er war ihr vom Vater zur Ehe gegeben worden, der Vater mußte es daher auch ausbaden. Als aber der Vater gestorben war und die Mutter natürlich fortfuhr, die ewig klaffenden Löcher des Schnabelschen Haushalts zuzustopfen so gut sie konnte, stand der älteste Sohn auf und sagte, so geht das nicht weiter, wir kommen alle an den Bettelstab, die Mama muß ihr Vermögen immobilisieren. Ihm pflichtete die ältere Schwester bei, die Karoline, die brauchte Sicherheit und wollte hoch hinaus, weil sie einen Generalstäbler zum Mann bekommen hatte und in einem unaussprechlichen Dünkel einherschwebte. Vier Kinder besaß auch sie und scheinbar eine natürliche Anlage zum Matronenstand. Hier sei weiter nur mitgeteilt, daß sie die Schwester samt ihrem albernen Kinderkriegen in Grund und Boden verachtete und in jedem weiteren Schnabel eine fressende Gefahr für den Wohlstand der Ihren erblickte. Sie vereinigte sich daher mit dem Bruder, dem sie sonst seiner Mißheirat wegen schlankweg das Haus verboten hatte. Der jüngere Sohn, Max, verhielt sich in der ganzen Sache schweigend. Er fand es unrecht, daß man der törichten und hilflosen Johanna derart den Brotkorb höher hängen wolle. Andererseits fürchtete er mit Grund und ernstlich, daß besonders der höchst zweifelhafte männliche Schnabelsche Nachwuchs am Ende die Großmutter selbst in Not und Jammer drängen werde, und so ließ er die andern schalten und zog sich still aus der Affäre.

Der Älteste, Franz, hatte nun freie Hand. Er gedachte einen richtigen Coup auszuführen, der von seiner Frau, einer verschmitzten Agentenswitwe (die stereotype Zeitungsanzeige ihres ersten hatte mit den Worten begonnen: Verkaufe jedes Haus binnen drei Tagen), schon lange vorbereitet worden war. Er für seine Person handelte nicht aus platter Geldgier, sondern um seiner Ideen willen. Kein Bücherheld war er wie der berühmte Max, sondern ein schlichter Mann der Tat, des täglichen Lebens, wenn auch nicht ohne Gaben und Schwung der Phantasie.

Er hielt sich für einen Erfinder und meldete Patente an. Patente für Selbstanzünder von Gasflammen, für Behälter von Stricknadeln, für Markenklebmaschinen und dergleichen mehr. Dazu brauchte er Geld. Der Mama brachte er bei, die sicherste Anlage ihres Vermögens sei ein Zinshaus. Ein großes, prächtiges Zinshaus in guter Gegend, von soliden Mietparteien bewohnt, die vierteljährlich, halbjährlich, je nachdem, den schuldigen Zins entrichteten, kann man sich etwas Anständigeres vorstellen als diese Art Erwerb und Sicherstellung. Du sitzt da, Mama, und dort steht das Haus, und das Haus schwitzt ordentlich Geld heraus, da gibts kein Risiko, wie kannst du in deinem Alter ein Risiko eingehen, etwas Feineres existiert nicht, da ist auch die Karolin zufrieden. Bei einet Bank kann man nie wissen, denk an den Krach im dreiundsiebziger Jahr, wo kann denn ein Zinshaus krachen. Willst du dein Kapital im Strumpf verstecken, du bist doch eine moderne Person, Mama, ja, Papiere, Papier ist doch Papier, und ein Haus ist aus Stein und Eisen. Ein Haus ist eine Realität. Auf den Papa kannst du dich nicht berufen, Gott hab ihn selig, von Geschäften hat er wohl nichts verstanden, sonst hätt ihn der Schnabel nicht so angeschmiert. Der selige Papa hätt auf Referenzen schauen müssen, aber wo waren denn da Referenzen, gar keine Spur von Referenzen. Der Baron Auer (Franz war Chemiker und bei der Auerschen Glühstrumpffirma angestellt) engagiert keinen Schuhputzer ohne Referenzen und ist doch gewiß ein nobler Mann, der Baron Auer. Und ich kann dir sagen, Mama, der Baron Auer legt sein ganzes Kapital in Zinshäusern an. Der Max ist dagegen? Um den Max kümmer ich mich nicht so viel, was versteht so ein Schriftsteller und Beamter von Realitäten, hörst du mich, Mama, Gott, sie wird schon wirklich ausgesprochen taub. Er wischte sich den reichlichen Schweiß von der Stirn. Franz war ein untersetzter kurzhalsiger Mann und starb auch später am Schlagfluß. Verdrießlich schickte ihn die Mutter fort. Aber er kam wieder, jeden Tag um fünf war er da und verdarb der alten Dame den Kaffee. Ihr Liebling Max, der sie um diese Zeit zu besuchen pflegte, blieb aus, um dem anderen nicht zu begegnen. Zwischen den Brüdern bestand das mythische Verhältnis, Kain haßte Abel, Baldur mied Hödurs finsteres Gesicht. Abgöttisch liebte die Mutter ihren freundlichen blonden Sohn, dessen Gegenwart den Menschen ein Wohlgefallen war. Um den finsteren loszuwerden und den lichten wieder zu gewinnen, gab sie eines Tages nach, sie war reizbar wie der kurzhalsige Franz und besaß auch ein ungestümes Temperament, das noch in hohen Jahren mit ihr durchging wie ein scheues Pferd. Zum Beispiel, wenn ihr die große Napoleonpatience zum drittenmal nicht aufging, wenn etwas in der hohen Politik ihr nicht gefiel, oder wenn jemand in der Verwandtschaft ihre sonderbare, stets glimmende Eifersucht anfachte. Franz verlangte es natürlich schriftlich, sie fuhr zornig auf, warf die Häkelarbeit fort, kniff das blinde Auge ein, kleckste und gab es schriftlich. Franz ging und kaufte das Haus, das eigentlich seiner Mesalliance gehörte, aber er kaufte es von einem Strohmann. Seine Frau hatte es von ihrem Agenten geerbt. Das Haus war zwar groß, es umfaßte mehrere Höfe und hatte drei bis vier Stiegenhäuser, aber darum blieb es doch ein richtiges Proletarierhaus, dort, wo der elegante Rennweg die Freude an sich selbst verliert und sich aufgibt in einem Armeleutequartier. Dazu in so menschenunwürdigem, polizeiwidrigem Bauzustand, daß sogar der Mann, der jedes Haus binnen drei Tagen verkaufte, mit diesem hängengeblieben war, kurz ehe er starb. Um der Mama unnötige Kosten zu ersparen, hauptsächlich aber, um die Beschaffenheit seines Erwerbs möglichst lang zu vertuschen, bestellte Franz seine eigene Person als Hausverwalter.

JEDOCH SCHNABELS SIND AN ALLEM SCHULD

Alle Schnabelkinder wachsen auf in dem Gefühl: unsertwegen ist die ganze Familie zu Schaden gekommen. Die Majorin Proch, Tante Karolin, erscheint jede Woche einmal, um in dem Witwenhaushalt der törichten Johanna nach dem Rechten zu sehen. Regelmäßig trat sie ein mit den Worten: Euretwegen muß ich in so eine Gegend, pfui Teufel, die Hahngasse, wer wohnt denn schon da, kein anständiger Mensch wohnt da. Hierauf machte sie eine Pause, die bedeutete: Aber ihr müßt das, weil ihr Lumpen seid, Kinder eines Lumpen, und weil ihr schuld seid, daß man dieses niederträchtige Haus gekauft hat dort draußen bei den Verbrechern, ein Skandal. Alle Schnabels hassen sie inbrünstig. Das ficht sie nicht an. Sie ist eine stattliche Frau mit streng hervorquellenden holzbraunen Augen, glatter Stirn und glattem schwarzen Schopf. Der Zeigefinger ihrer rechten Hand ist krumm von früher Gicht, aber auch die Goldfinger sind krumm, und das Böseste sind die hammerähnlichen Daumen. In ärarischen Kreisen ist sie bekannt wegen ihres charmanten, ladyliken Auftretens, sie ist kein Soldatenweib, sondern eine Offiziersdame. Sie hat einen ansehnlichen „Jour", man rühmt ihrem Haus vormärzlichen Anstand nach. Bei Schnabels arbeitet sie mit Ohrfeigen. Wer muckst, dem haut sie mit den schweren goldenen Ringen ins Gesicht. Und nachher in den Winkel und knien. Die Buben auf Erbsen.

Die törichte Johanna sitzt am Tisch, heut ist die Karolin aber früh gekommen, sie war gerade dabei, mit den

Kindern Speiszettel zu machen für die nächsten Tage. Gott, die Fratzen klauben ja so, man weiß nicht, wie mans ihnen recht machen soll. Jetzt würgt sie an dummen Tränen, würgt an einem krankhaften Gelächter, winkt mit den Zwergenhänden und ruft: Die Tante Karoline tut es zu eurem Besten. Ihr werdet der Tante Karoline noch einmal dankbar sein. Auf ihr Grab werdet ihr noch gehen und – Ich bitt dich gar schön, halt du den Mund, fährt die Schwester sie verächtlich an. Sie kuscht erschrocken. Aber wenn die fürchterliche Frau sich endlich zum Gehen anschickt, weiß sich Johanna vor Diensteifer nicht zu fassen. Kinder, die liebe Tante muß schon fort. Jöh, so früh. Arthur, Ernstl, Olga, Fritzi, Hand küssen und schön gute Nacht wünschen. Es sind nur vier Kinder zu Hause, Leo geht in ein Geschäft, Malwine, die Älteste, ist Gesellschafterin bei einer alten Generalin, Protektorin der Tante Karolin.

Dann ist sie fort, und regelmäßig fallen die Kinder nach fünf Minuten aus irgendeinem blödsinnigen Anlaß übereinander her. Die Qual, die angetane Schmach, die Demütigung, die geschwollenen Lippen, die schmerzenden Knie, der Haß, der unbegreifliche, unaussprechliche Druck, den etwas Unfaßbares auf ihre unmündigen Gehirne ausübt, macht sie blind, wütend, taub, verrückt. Die Buben sind schreiend verknäult, und Olga spuckt der Fritzi keuchend ins Gesicht. Du Schwein, du Gans, du Strizzi, du Tepp, du Rindvieh. Sie keuchen, die Kleineren weinen gellend, am Ende liegen sie atemlos in den Zimmerecken und schlucken sprachlos vor sich hin. Die Mutter sitzt am Tisch in starres Grübeln verloren. Auf einmal sagt sie, eintönig ihren Gedanken fortspinnend: No was, Kinder, da soll ich also Freitag doch Spinat kochen?

Einen Augenblick ist alles still. Dann lacht die halbwüchsige Olga hell und leicht heraus.

Sie hat ein entzückendes, weich quellendes Lachen, die halb verwahrloste junge Person, und genau den Mund, der zu diesem Lachen gehört. Auch ein Wangengrübchen ist da und die samtene Haut, aus der so ein Mund hervorblüht, es hat alles seine Richtigkeit bei solch einer üppigen kleinen Frucht.

SIE IST DEN DAMEN NICHT SYMPATHISCH

Mit vierzehn Jahren schulfrei ist sie nach Mariahilf zu einer Schneiderin in die Lehre getan worden. Als ihr der Beschluß verkündigt wird, fragt sie, ob der Onkel Max es weiß und ob es ihm recht ist. Der hat andere Sorgen. Von nun an fragt sie nicht mehr, sie macht das Kreuz auch über den Onkel Max, von dem hat sie irgend etwas erwartet, etwas Großartiges, etwas Liebreiches, er hats doch so leicht, die Menschen reißen sich um seine Bücher, alle Menschen lieben ihn, er ist ein Dichter (freilich nur quasi hinter seinem eigenen Rücken, tagsüber sitzt er im Amt), aber wenn er andere Sorgen hat, kann auch er sie gern haben. Sie nimmt ihr Leben in die eigene Faust, die ist rot und rissig und wird nach einem Jahr rechts einen schwarzpunktierten zerstochenen Mittelfinger und links einen harten, rauhen Zeigefinger haben vom Säumenähen. Im ersten Jahr aber darf sie noch nicht nähen, sie geht liefern. Sie steht frierend an Tramwayhaltestellen, die Röcke fliegen, wenn man nur mit der riesigen Schachtel am schwarzen Lederriemen fertigwürde, im ersten Wagen schimpft einen der Kondukteur zusammen, im zweiten zwicken einen die Proleten. Immer hängt ein Tropfen an der Nase, alle Schnabels haben Wucherungen, und natürlich ist kein Geld da, sechs Stück Nasen davon zu befreien. Olga zieht auf, aber wenn es sehr kalt ist, hilft es nichts. Unglaublich, wieviel steinere Stiegen es in Wien gibt, noch im Schlaf hat sie Visionen von Stiegenhäusern. Es gibt gewundene Stiegen in alten unheimlichen Gebäuden, da gibts Wasserleitungen auf den Gängen und Klosettüren und vergitterte Fenster, aus denen Kohlgeruch hervorströmt. Es gibt gerade Treppen, auf die in jedem Halbstock Wohnungstüren münden, sechsundfünfzig Parteien in einem einzigen Haus. Olga träumt von Türen, von Hunderten von Türen, vor jeder steht sie mit der Schachtel am Lederband, streift sich nach hinten ausschlagend die Schuhe am schmutzigen Vorleger ab und wartet, daß man ihr öffne.

Aus der Hahngasse an finsteren Wintermorgen nach Mariahilf zu laufen, fällt ihr nicht auf alle Fälle schwer, sie will doch die armseligen Trinkgelder nicht auf Stellwagen ausgeben. Sie ist ja noch ein Kind, Anfang Dezember zum Beispiel gibts bei den Zuckerbäckern die Krampusauslagen, in den schäbigen Vierteln sind die Geschäfte alle um sieben Uhr schon beleuchtet. Auch das Angesprochenwerden macht ihr gruseligen Spaß, die anderen Mädeln werden doch auch immer angesprochen, und was man denen alles verspricht, ihr zeigt immer nur der blöd grinsende alte Kerl seine gelben Zähne und winkt so widerlich, bei der Litfaßsäule in der Kolingasse wartet er alle Tage auf sie. Aber einmal ist auch ein anderer hinter ihr her, „nachsteigen“ nennt sie das, in einer finsteren Gasse jagt er sie, und sie kriegt Angst. Sie muß auf Nummer vierundzwanzig liefern, im vierten Stock, den blauen Kostümrock der Frau Ratz. Im kaum erhellten Hausflur erwischt er sie, er stellt sich vor die Stiegen hin, so ein langer Mensch in einem Mantel fast bis auf die Schuh, er sagt: Es ist kalt, Fräulein, es bläst ein kalter Nordwind, Fräulein. Dabei lacht er, er hat Goldplomben im Mund. Er tut nichts, aber Olga kreischt so besinnungslos heraus, daß er entweicht. Oben bei der Frau Ratz bekommt sie einen Schluck heißen Tee.

Die andern Schneiderlehrmädchen erzählten Geschichten. Jetzt sitzt Olga schon in dem stickigen Hofzimmer, wo es nach Maschinöl, Bügeldunst, Wollstoff, Schweiß und Zervelatwurst riecht, hauptsächlich aber nach Schweiß und Maschinöl. Die Nähmaschinen scheppern rasend ihre Nähte herunter, die Mädchen schnattern und ratschen. Sie schnattern und ratschen von ihren Verehrern. Jede hat einen Verehrer. Im März hat auch Olga einen. Er spricht sie in der Mariahilferstraße an, weil sie allein geht und pfeift. Aber sie wäre auch ohne das Pfeifen herausfordernd genug mit diesen Hüften, mit diesem Gang und mit dem unglaublichen Mund zwischen den weichen runden Wangen. Ihr trommelt das Herz. Diesmal ist es kein „Mann", der ist etwas Besseres. Kein eleganter Herr, aber so ein feines Gesicht, trotz der paar Blatternarben. Eine verrückte Krawatte, am Ende ein Schauspieler? No, was riskier ich?

So hat Gott nur die Weiber geschaffen. Ihr ganzes Leben riskierte sie nicht nur, sondern sie hat es dargebracht, hingeworfen, sich ganz und gar entäußert, sich selber erst, alle Glieder stückweis, jeden Tropfen Blut, alle Gedanken und dann das Kind, das sich im Innern ihres Leibes bildete. Von irgendwo taucht ein Gesicht auf, Schicksalsgesicht, o geliebtes Gesicht, was weiß ich denn, ob du schön bist? Sie sagen, du bist rothaarig, aber die Stirn, wie sie sich da zur Schläfe herabwendet, die ist so nobel, seht ihr denn das nicht? Die wasserblauen Augen der Rothaarigen, sagen sie, was weiß denn ein Mensch von diesen Augen, wenn die Lider streng auf sie niedergedrückt sind, dann ist mehr Schmerz und Gewalt in den schattigen Höhlen als im leuchtendsten braunen oder blauen Stern. Die zerrissene Haut in ihrer porösen Blässe ist wie mächtiger Stein, und die Zartheit und die trotzige Kraft der Lippen darin rührt einem das Herz auf. Wie die Nase ansetzt, breitrückig genug, und sich gerade so weit hinausschwingt, daß sie nicht frech, sondern hochmütig über der Oberlippe steht, wie steht das zur kühnen Schwere des Kinns! Gesicht, du bist Tag und Nacht über mir. Gesicht, wenn ich dich halten darf, steht die Welt still. Gesicht, Flamme, Abgott, Geschick, wenn du mein bist, sind Tod und Leben verschmolzen.

Sagen konnte sie dergleichen freilich nicht. Sie stammelte abgerissenes dummes Zeug. Sie war eine Besessene vom ersten Kuß an. Der kleine, unansehnliche, buschigrothaarige Mensch – er war nicht Schauspieler, sondern Musiker, Korrepetitor, Lehrer, Komponist, bettelarm, nervenkrank, vom Unglück verfolgt – hatte ähnliche Wirkungen auf Frauen schon an sich erprobt. Er machte sich nicht viel daraus, denn was er besaß, war ihm von vornherein verdächtig. Diese hier aber übertraf alle in ihrer fassungslosen Vergötterung. Der Musik, mit der er sie zum Anfang überschüttet hatte – er spielte ihr auf seinem Mietpiano alle Opern von Wagner, Mozart, Verdi und Rossini vor –, der Musik bedurfte es eigentlich nur einmal als Vehikel. Sie wäre für seine Sendung gestorben, und wenn sie nie mehr einen Ton vernommen hätte. Sein Gesicht war ihr die Verheißung von Bach und Beethoven zusammen, als sie von Bach und Beethoven erfuhr, und die bloße Vorstellung seiner Hände versetzte sie in Taumel. Sie schlief täglich ein mit der Beschwörung des Gesichts, und sie erwachte täglich mit einer wirren Art von Dank an Gott für das Gesicht. Es wurde in den späteren Jahren ganz entfleischt, eine Totenmaske und grau; ihr blieb es unverändert, aller Schwere, aller Verzweiflung und aller Süße eines von den höchsten Mächten bereiteten Schicksals voll. Als sie für ihre Wahl zu kämpfen hat, denn die Sache kommt heraus, weil sie ein Kind erwartet und unter dem Druck der Familie (sogar Onkel Max läßt sich den unangenehmen Narren kommen), heiratet Robert Geßl sie im achten Monat; als sie vor Schwestern und Cousinen (man sieht die feinen Prochmädeln zuweilen) für ihn reden soll, da kann sie nur schimpfen, toben, weinen, mit dem Fuß aufstampfen. Alles entsetzt sich. Niemand findet was „an ihm dran". Wenn er noch etwas vorstellte. Die Frauen wenigstens wären bereit zu begreifen. Aber die denken bei einem Verführer immer an die Kreuzung von Goethe und Burggendarm, der da ist ja gar kein Mann, pfui Teufel, blatternarbig ist er, rote Haare hat er. Sie kann es nicht sagen, das von den Schläfen und von den Augenhöhlen. Sie schreien, er hat sich benommen wie ein Lump. Sogar Leo plustert sich auf: die Hand geben wird er diesem Menschen nie, dazu ist er sich zu gut. Du nicht die Hand geben, haha, sie glüht und zittert vor Verachtung, aber in Kaffeehäusern, da läßt du dir von Mädeln Geld in diese Hand geben – da bist du dir nicht zu gut dazu ... Sie weiß, Robert hat sich schlecht benommen. Er benimmt sich immer schlecht, er wird sich immer schlecht benehmen. Sie jauchzt es heraus: sein Fußwasser ist mir lieber als euer Parfüm! Sie ist wie ein Jagdhund, der eine Fährte hat: sie zittert, sie ahnt, sie ergreifts wie eine Hellseherin, sie will es, sie hats, es ist etwas Edles, etwas Edles in dem Menschen, das muß nicht anständig sein, es kann einer bös und schlecht sein, und er hat was Edles, das versteht ihr nicht, und sie heult in ihre Ellenbogenwinkel, erst rechts hinein, dann schnauft sie auf, dann links hinein.

Daß er Klavier spielen kann, das kapieren sie später alle. Er spielt wie der Teufel. Das Mietpiano wird zum Orchester. Er brüllt dazu, da steht Figaro, da steht Pizarro, Leonore, großartig, aber schade, er wirds zu nichts bringen. Er kann alles nur, wenn er allein ist, im Dämonenraum seiner Phantasie. Oben auf dem Dirigentenpult, hic Rhodus, hic salta, wird er schwindlig und fällt dem ersten Violinisten in den Notenständer.

Wenn er die Frau nicht hätte, ginge er viel früher vor die Hunde. Aber die wartet, pflegt, nährt und vergöttert ihn. Sie ist Schneiderin und geht mit ihren Anproben in die Häuser. Sie hat jetzt feinere Kundschaft, und die Treppen, die sie hinauf läuft, atemlos, denn die verstopfte Nase gönnt ihr ohnedies keine Luft, die Treppen sind jetzt nicht mehr gewunden, sondern fast immer gerade und manchmal sogar mit Teppichen belegt. Die Damen lassen die Toiletten vom Vorjahr durch sie aufarbeiten. Das „Modernisieren" ist ein notwendiges Übel, aber die Olga Geßl ist den Damen nicht sympathisch. Sie ist billig, aber sie ist arrogant. Tante Lilli, die Witwe vom Onkel Max (der vor fünf Jahren gestorben ist), eine vernünftige, wohlwollende Frau, bei der Olga zuweilen verschnauft und schnell eine Schale Kaffee bekommt, macht ihr Vorstellungen. Die Damen beklagen sich bei mir, es ist peinlich für mich, denn ich hab sie dir verschafft. Warum kannst du nicht schweigen? Warum schneidst du ihnen Gesichter? Du lebst davon. Kannst du nicht den Schnabel halten? Mußt du ironische Gesichter schneiden, oder zum Beispiel der Frau Direktor Attelmayer in der Oper den Rücken kehren? Benimmt man sich so gegen eine Dame? – Wenn ich in der Oper sitz, bin ich grad so eine Dame wie die. Olga rührt im Kaffee und drückt patzig den Hals heraus wie ein zorniger Täuberich. Und ich sitz öfter in der Oper als sie. Im Parkett, bitte. Was braucht sie sich im Zwischenakt von Lohengrin nach mir umzudrehen und laut zu sagen: Gut, daß ich Sie treff, Frau Geßl, das grüne Samtkleid zipft noch immer, kommen Sie morgen vormittag zu mir.

Gott, das ist eine Zerstreutheit, sie hat sicher nichts Böses dabei gedacht –

So? Olga schießt das Blut in den Kopf. So? Und der Robert sitzt daneben und wird krebsrot? Tante Lilli, daß du so redest! Ich wundere mich nur. Du hast doch auch einen bedeutenden Mann gehabt!

Der kann man keine Unterschiede begreiflich machen. Sie kaut ihr Kipfl, schnupft kräftig auf und fährt erbittert fort: Die Attelmayer! Was war denn die als Mädl? Eine Konservatoristin mit Löchern im Strumpf. Jetzt ist sie die Madame Attelmayer, hat Geld und tut sich was an mit ihrer Singerei. Aber die hat sich überall eingetegelt. Mir macht sie nix vor. Solche kommen dutzendweis und betteln den Robert um Stunden an. Der schmeißt sie alle hinaus.

So bringen sie es beide zu nichts. Olga näht, steppt, schneidert, rennt und rackert sich. Aber sie ist den Damen unsympathisch. Nicht nur wegen ihrer Arroganz, die ist eigentlich bloß Vorwand. Die zahmen Bürgerweiber können Olgas weibliche Atmosphäre nicht aushalten (das wissen sie aber nicht). Irgend etwas in dieser Olga lacht sie unaufhörlich aus. Was hat denn die Person, vor der Schneiderin zieht man sich doch aus, was ist denn da immer so was Abschätziges in ihrem Blick! Hält sie sich selber für so eine Beauté? Ach nein, an sich selber denkt Olga nicht, dazu hat sie keine Zeit. Es ist einfach dieser ewige, tolle Triumph in ihr, so zu lieben, so geliebt zu werden. Das spritzt ihr aus den Augen, aus den Fingerspitzen, darum trägt sie den Kopf so und nicht anders, darum setzt sie die Füße so und nicht anders, das läuft mit ihr durch die Straßen, das springt mit ihr auf die fahrende Elektrische hinauf, das bricht mit ihr in den schalen Frieden eleganter Schlafstuben, das macht die Anständigen verdrießlich, ich weiß nicht, die Person hat was Unfeines, sie ist und ist den Damen nicht sympathisch.

Geßl versteht mehr von Musik und Gesang als die gefeiertsten Lehrer der Stadt. Aber wer wird einen Meister loben, der ihm in der ersten Unterrichtsstunde beweist, daß alle derartige Kunstübung nichts ist als verwerfliche Schweinerei? Wer will diese Galle, diese Krisen, diese Tobsuchtsanfälle über sich ergehen lassen? Es finden sich ein bis zwei Fanatiker. Solche sind beinahe immer Bettler und von chronischem Unglück heimgesucht. Sie nähren sich vom Bewußtsein, einem heimlichen Kaiser zu dienen. Sie warten auf die Offenbarung. Darin sind sie dürrer und armseliger dran als Olga. Denn auch ihr Leben besteht im Warten, aber ihr wird Offenbarung zuteil. Sie ist an einen tollen, kranken, bösartigen Narren geschmiedet. Sie wartet darauf, ja, worauf wartet sie? Ihr braucht er nichts zu beweisen. Dennoch wartet sie, wartet immer, man geniert sich, es zu sagen, sie wartet darauf, daß er lieb ist. Anders kann sie es nicht ausdrücken. Sie meint damit viel mehr, ja etwas ganz anderes als den Naturvorgang. Er schreckt, er quält, er martert sie. Mit Ausbrüchen des Zorns, der Verzweiflung, mit Wochen sturer Ermattung. Die sind das Schrecklichste, die nackte Hoffnungslosigkeit. Von ihnen ist es am weitesten zum Liebsein. Aber sie wartet immer, je größer die Qual wird, desto höher steigert sie ihre Seele in der Erwartung.

DER MORALIST ERWEIST HERKUNFT UND BESCHAFFENHEIT

An einem Sonntag, das Leben der Mühseligen und Beladenen springt ja von Sonntag zu Sonntag, wie manche Uhr von fünf Minuten zu fünf Minuten springt, eines Sonntags wollen Geßls in einem kleinen Gasthaus in der Paniglgasse zu Mittag essen. Eine Art Freund von Geßl, kleiner Provinzkapellmeister, der eben vor seinem ersten Engagement an eine bedeutendere Bühne steht, hat sich auf der Durchreise gemeldet, man will ihm die Nähstube nicht zeigen, in der Geßls auch essen und schlafen, nur einen Arbeitsraum für Robert gibts sonst außer der winzigen Küche, wir essen also im Braunen Hirschen, ich muß der Urschel da noch ihre Blusen hintragen, geh voraus, Robi, ich komm in einer halben Stunde in das Restaurant. Sie schlüpft in den Mantel, zieht vorm Spiegel schnell die Löckchen unter dem Hut hervor, pudert sich, bindet den Schleier stramm, raschelt mit Papier, sucht Bindfaden und schnattert dabei unaufhörlich. Sie tut es aus Angst, er antwortet nicht, seit acht Tagen sitzt er, kaut Nägel, und in seiner Seele sammelt sich Tröpfchen um Tröpfchen das unheimliche Gift. Sie spürt es an ihrer eigenen rasenden Nervosität, sie spürt, wie ihr Schnattern ihm das Hirn zerklopft, aber sie kann nicht aufhören, sie wird sonst verrückt vor Angst.

Schon auf der Stiege fühlt sie sich erleichtert, auf der Straße dann beinahe wohl. Im Haus der „Urschel" muß sie lange warten, da steigt die Angst wieder, das Herz trommelt wieder, der Magen dreht sich um. Die halbe

Stunde ist vorüber, fünfunddreißig Minuten, vierzig Minuten. Sie läuft fauchend in die Küche, die Köchin schnauzt sie an, das Stubenmädchen sagt: No so gehn S' halt, wann S' es so gnädig haben. Das wagt sie nicht, fünfundvierzig Minuten.

Robert hat ja den Freund. Aber gerade das kann die Katastrophe werden, wer weiß, wie der ist, am End spielt er sich auf mit seinem großartigen Engagement. Wo doch der Robert in der kleinen Zehe mehr Musik hat wie der in seinem ganzen Schädel. Fünfundfünfzig Minuten, wenn ich nur ein paar Baldriantropfen bei der Hand hätt. Da geht die Tür auf, Olga reißt sich zusammen, und dann geschieht das gänzlich Unerhoffte, die Urschel ist gerade bei Kasse und zahlt eine langaufgelaufene Rechnung bar und freundlich auf den Tisch, fünfundachtzig Kronen zweiunddreißig Heller, da, Frau Geßl, bitte zählen Sie nach.

Sie fliegt, sie stürzt die Treppen herunter, sie leistet sich einen Einspänner, und immerfort klopft sie innen, schneller, schneller, Sie kriegen ein gutes Trinkgeld. Und da ist sie, sie schießt in das Lokal, grüß dich, Robi, habe die Ehre, Herr Mondel, ja, ich hab mich so verspätet bei meiner Tante, der Frau Oberstleutnant Proch. Kalbskopfsuppe, schön, alles, was du bestellt hast, Robitschek. No, wie geht es Ihnen, Herr Mondel, wie gfallt Ihnen unsere Wienerstadt? Ich sag immer, leben kann man doch nur hier. Der Robi hätt ja schon so oft Anträge gehabt, an erste Bühnen, aber in der Provinz, nicht wahr, das hat doch keinen Sinn für so eine Kapazität. Ach die fünfundachtzig Kronen, jetzt sinds nur mehr dreiundachtzig, liegen ihr warm im Schoß, sie strahlen ein Feuer aus, ein verderbliches Feuer, sie hört und sieht nichts mehr, sie wird nichts verraten, morgen kauft sie dem Robi das gewisse Buch von Nietzsche über Wagner, das unerschwingliche, das er sich so gewünscht hat. – Warum ißt du nicht, Robitschek, geh, es ist doch ganz gut. Jöh, Sie plagen sich aber mit die Spaghetti, Herr Mondel, das macht man so, ich kanns Ihnen lernen. Wenn Sie die Gabel immer in der Luft herumdrehen, bleibt nichts hängen, logisch, was? Also so, sehen Sie? Ich kenn mich aus beim Wurstkessel. Herr Ober! Eine Flasche Chianti. Da schauts, was? Ich hab heut Spendierhosen an – sie trinkt hastig, stürzt ein zweites Glas herunter – Robi, sei doch nicht so grantig. Wir fahren nachher nach Schönbrunn. Herr Mondel, sind Sie fesch, sind Sie ein Kavalier, genießen Sie Ihre kurzen Wiener Tage, Sie müssen ja eh gleich wieder in die Provinz hinaus. No ja, Prag, eine Landeshauptstadt, na logisch, das geht ja, ganz eine passable Sopranistin haben sie dort, wir haben sie neulich im Grammaphon gehört, um Gottes willen, Robi, was ist denn, was hast du denn, was ist passiert, Robi – Robert!

Er hat den Tisch zur Seite geschleudert und ist hinaus. Wie ein Irrer, ohne Mantel, ohne Hut, die Kellner laufen zusammen, Olga rennt auf die Gasse, sie weint, sie schreit, sie taumelt zurück, sie fällt in einen Stuhl, sie schluchzt, sie schnauft auf, sie schluchzt sich das Herz aus der Kehle.

Mondel zahlt, dann bringt er sie dazu, heimzugehen. Sie denkt an Roberts Mantel und Hut, aber sie vergißt die Tasche mit den dreiundachtzig Kronen. Das wird ihr erst morgen früh einfallen, weil sie den ganzen Nachmittag, den ganzen Abend, die ganze Nacht sitzt und wartet und nur einen Gedanken hat, Robert, Robert, wo ist er, er hat sich was angetan, die ganzen Wochen ist das wieder so gegangen. O Robert! Sie denkt den Namen, sie flüstert ihn, sie schreit ihn, ihr Hirn ist Robert, ihr Herz ist Robert, ihr Elend ist Robert, ihre Verzweiflung ist Robert. Mitten in der Nacht läuft sie auf die Straße und späht und späht, ein Mensch in einem langen Mantel streicht an sie heran, er sagt: es ist kalt, Fräulein, es weht ein kalter Nordwind, Fräulein. Dabei lacht er und knöpft einladend seinen langen Mantel auf. In seinem Mund blitzen Goldplomben. Olga rennt davon, der Hausmeister hat schon wieder zugesperrt, in ihrer Angst poltert sie mit dem ganzen Körper gegen das Tor, bis es geöffnet wird. Einen steifen Hut hat der entsetzliche Kerl aufgehabt.

Robert hat keinen Mantel, keinen Hut, wenn er noch lebt, wird er todkrank. Am Morgen muß sie die Milch bezahlen, in der Lade liegen noch dreizehn Kronen, da fällt ihr die Tasche ein, die Tasche ist weg. Sie sucht, sie sucht, sie kriecht auf dem Boden herum, die Tasche ist weg. Sie muß in den Braunen Hirschen, nach der Tasche fragen, irgendwie stülpt sie den Hut auf, wirft den Mantel um, den Wohnungsschlüssel – ja, halt. Sie muß doch Geld einstecken, mit dem Stellwagen ist man in drei Minuten dort. Den Wohnungsschlüssel – sie steckt die ganze Barschaft ein – den Schlüssel schiebt sie unter den Abstreifteppich vor der Tür, da findet ihn Robert. O Gott, wenn er doch nicht mehr daläge, der Schlüssel, wenn sie heimkommt.

Die Tasche ist bestimmt weg. Aber die Kellner dort sind so anständig, ich kenn doch jeden, da wird keiner stehlen. – Die wissen aber auch nicht, wer sich nachher an den Tisch gesetzt hat. Die Tasche ist futsch. Dreiunddachtzig Kronen und der lange Kommissionszettel – ach und das Buch für den Robert. Robert, Robert, Robert, ich kauf das Buch doch, ich hab zwölf Kronen, wenn ich das Buch hab, kommt er wieder, was bin ich für eine Gans, bitte, haben Sie nicht gestern meine Tasche gefunden, sie war nicht mehr neu, schwarz, ja, an den Riemen ausgewetzt, dort sind wir gesessen, nein? Bitte, fragen Sie doch, es war Geld drinnen, fast hundert Kronen, dreiundachtzig, nein? – Na ja natürlich, mir ist es auch unangenehm. Ach, jetzt glauben die, mir wird schwindlig wegen dem Geld. Blödsinn. So. Aber logisch, wenn Sies gefunden hätten, hätten Sie mirs gegeben. Empfehle mich.

Sie stolpert fort. Wie eine Nachtwandlerin gerät sie in die Straße, in der sie die Buchhandlung gesehen hat. Völlig verwirrt steht sie da. Und kauft die Unzeitgemäßen Betrachtungen, mein Mann wünscht sich das, wissen Sie? Für zehn Mark, das sind zwölf österreichische Kronen. Wie kommt der Robert dazu, wegen ihrer Kopflosigkeit auf das Buch zu verzichten?

Die Wohnung steht offen. Robert ist heimgekommen. Er hat Feuer im Herd gemacht. Sie steht da und starrt ihn an. Jetzt erst begreift sie wieder, daß er hätte tot sein können.

Robert, Robert, Robert, Robert! Es stößt sie, es schlägt sie hin und her, sie muß sich irgendwo ankrampfen, es will nicht enden, der Mann weiß sich nicht zu helfen, er hält sie, er redet ihr zu, alles finster, beinahe ärgerlich, sie fürchtet sich, sie nimmt sich zusammen. Das Buch ist auf den Boden gefallen, sie schnauft auf, bückt sich und murmelt: Das hab ich dir gebracht. Er sieht das Buch an, das Blut steigt ihm zu Kopf, sein Mund verzerrt sich, schreckliche Wülste bilden sich auf seiner Stirn, er schreit: Grammaphon, Spendierhosen, Gawlier,

Robitschek, na logisch – wart nur, mich kann man nicht kaufen! und schmeißt das Buch in den offenen Herd.

Die Familie hat ohne Zweifel recht, Geßl ist ein unerträgliches Subjekt. Es ist etwas Diabolisches in seiner Bosheit, und diese Teufelei wurzelt wie alle Grausamkeit in der kristallenen Härte seiner persönlichen Moral, schlimmer noch, seiner geistigen Moral. Die Physiognomie jedes großen Moralisten weist Züge der bekannten Teufelsmaske auf, je bedeutender der Mann, desto vollkommener das luziferische Gepräge. Man kann diese Tatsache bis in die neueste Zeit verfolgen. Wir haben es hier jedoch mit keinem Peiniger (und Verführer) seiner Epoche zu tun, sondern mit einem von seinem moralischen Dämon besessenen Mannsbild, das seinem Weibe, einer kleinen Schneiderin, gegenübersteht. Olga begreift nicht mehr recht, was geschehen ist, so wie sie nicht mehr recht begriffen hat, daß ihr die Tasche gestohlen worden ist mit dem Ergebnis mühevoller tausend Stiche, fünfundachtzig, nein dreiundachtzig Kronen. Sie hockt halb auf dem Boden und starrt vor sich hin.

Da geschieht es. Olga fühlt es in ihre Erstarrung hinein, sie könnte um keinen Preis erklären, wie sie es fühlt. Es ist wie der Strom, der zwei aneinandergeschmiegte Liebende verbindet. Durchaus in den Nerven spürbar, mit Zentrum und Ausstrahlung, wie Wärme oder Elektrizität, es ist hier nicht mehr von geistigen Strömungen die Rede. Sie weiß es ganz bestimmt, jetzt kommt es, das Herz klopft, stärker, stärker, nicht rühren, nicht aufschauen, er sieht mich an, ich spür schon seine Augen, nicht rühren, nicht aufschauen, ich weiß genau, wie jetzt sein Gesicht ausschaut, o Gesicht, vergöttertes, geliebtes. Jetzt sieht er jung aus, ganz jung, jetzt kommt das leise

Rotwerden von innen her, als wär das außen nur eine Maske und das Menschengesicht dahinter wie ein aufglühendes Licht.

Er legt ihr die Hand auf die Schulter, er stottert etwas, eine Bitte um Entschuldigung, sie wird blutrot, aber geh, es ist ja weiter nichts. – Olga, ich kann es ja nicht erklären, es ist was in mir, es jagt mich, es ist dir nicht geholfen damit, daß ich mich anklage, Olga. – Wenn er nichts anderes sagen würde, als immer nur „Olga“, wie selten er meinen Namen nennt, o süßer, lieber, böser, ungeheurer Mensch. – Was ist denn das in mir, Olga, ich hab als Kind einmal einen fast erwürgt, gestern bin ich davon, weil die Wut mich erstickt hat. – Sie steht ungeschickter auf, als es sonst ihre Art ist, Gott, ich war ja auch gestern so eine Gans, aber du hast sicher noch nicht gefrühstückt, wart, ich koch dir schnell einen Kaffee. Vielleicht umschlingt er sie dann und küßt sie, vielleicht auch nicht, nötig ist es nicht, jetzt war er ja lieb, jetzt ist er lieb. Sie hantiert verlegen mit der Milchkasserolle herum, das Kaffeemahlen ist ihr zu laut, jetzt sollte es wie in der Kirche sein oder wie im Theater. Leg dich hin, Robi, wie du ausschaust, du mußt ja ganz hin sein, ich bring dir den Kaffee ans Bett. Vielleicht schaut er sie dann noch einmal an, da würgt sie tapfer an diesen dummen hysterischen Tränen, er kann Szenen nicht leiden, geh, leg dich nieder, Schatz, schau, ruh dich aus.

Aber wenn er dann schläft, dann kann es geschehen, daß sie eine Stunde vor unbegreiflicher Lust und Wonne schluchzt, ja solcher Jubel, solcher Triumph ergießt sich durch ihre Adern und hinterläßt ein so dauerndes Fluidum, daß ihre bloße Gegenwart den feinen Damen allen Spaß verdirbt.

EIN BEGRIFF WILL SICH DER REALITÄT BEMÄCHTIGEN

Wie denn, haben wir nicht auf dem Wege ein Kind verloren? Das peinliche, entsetzliche Kind, das in mühselige Apparencen von sogenannter guter Familie hineingewachsen war? Das Kind, über dessen unerwünschte Antrittsmeldung selbst Onkel Max vor seinem Tode ärgerlich geworden ist? Wo ist es hingeraten? Hat man es am Ende im Kiemenstadium oder gar noch früher aufgehalten? O nein. Es hat sich zum Menschen herausbilden dürfen, biologisch gesprochen.

Johanna rang nicht wenig die Hände, als Olga ihr in trockener Verbissenheit die Eröffnung machte. So und so stehe es mit ihr, no großartig, soll schon einmal vorgekommen sein, ich bitt dich, Mama, red nicht von vertuschen, die Malwine weiß es schon, sie hat es der Großmama beigebracht, die Herrschaften werden halt irgend etwas für mich tun, schandenhalber müssen sie ja. Heiraten? Das weiß ich nicht, das kommt in zweiter Linie.

So dachte aber die Familie keineswegs, das Heiraten schien ihr die unerläßliche Voraussetzung auch der kleinsten geldlichen Hilfe, nicht nur die von Verachtung dampfende Tante Proch bestand darauf, selbst der menschenfreundliche Onkel Max erklärte: erst will ich einmal diesen Herrn, wie heißt er? Geßl, sehen. Mit Wildlingsmanieren wird er bei mir nichts ausrichten. Der Ruf seiner milden Hilfsbereitschaft und seiner heiteren Klugheit, die lebte und leben ließ, war so beträchtlich, daß selbst Geßl dieser Aufforderung sich nicht entziehen konnte.

Für den Mann des billigen Erfolgs, und das war in seinen Augen jener berühmte Onkel Max, hatte er nur die Galle parat, die ihm bei seinen gewissen Stürzen in den Notenständer des ersten Geigers jeweils ins Blut gedrungen und dort verblieben war. Dennoch kam er, als der Onkel rief, es ging etwas aus von diesem Mann, Geßl höhnte, aber er ging hin. In allen Leugnern, Quälern und mit Lust Verzweifelnden schlägt, wenn es niemand ahnt, ein kleines Kind die hungernden Augen auf.

Aber wie das so bei ihm ging, auf dem Wege dachte er sich was aus. Heiraten, bitte schön, das will ich ja, habe prinzipiell nichts dagegen, das Herz der kleinen Person hängt doch daran, wenn sie auch noch so tapfer tut. Aber Verpflichtungen? Lächerlich. Ich statuiere keine Verpflichtungen, die aus einem Malheur erwachsen. Wenn ich erster Kapellmeister an der Hofoper bin, werde ich auch Verpflichtungen übernehmen. Um aber erster Kapellmeister an der Hofoper zu werden, muß ich meine Nerven kurieren, Kopf und Gemüt freihalten, kann also keine Verpflichtungen übernehmen, keinerlei, nicht die geringste, es wäre Selbstmord, ich denke nicht daran, verehrter Herr Max Gaudenz! Wenn Sie also wünschen, daß ich in Ihre Familie eintrete, ist es an Ihrer Familie, sehr geehrter Herr, diese Verpflichtungen so lange zu übernehmen, bis ich meinerseits in Stand gesetzt bin, dieselben abzulösen. Es muß nicht Wien, es kann auch Berlin oder Dresden sein. Aber Sie sehen wohl selbst ein, sehr geehrter Herr, daß Ihnen, selbst wenn ich dazu gewillt wäre – hier lachte Geßl auf der hübschen teppichbelegten Treppe des Gaudenzschen Hauses belustigt auf –, zu diesem Wahnsinn gewillt wäre, daß weder Ihnen noch der Olga mit meinem Selbstmord gedient sein kann.

Solcherart erschien der zur Rechtfertigung befohlene Urheber der mißlichsten, ihn selbst entehrenden Situation vor dem humanen Richterstuhl des weltfreundlichen Onkels zu dessen Verblüffung mit einem quasi gezückten finanziellen Projekt. Gestatten Sie, sehr geehrter Herr, daß ich in Ihnen die Gesamtheit der Familie verkörpert sehe. (Onkel Max, der sich aus Rücksicht auf seine verwitwete Mutter in dringendsten Fällen herbeiließ, seine Abneigung gegen alles Tanten-, Vettern- und Cousinenwesen mit einem Stoßseufzer zu überwinden, empfand den heftigsten Widerwillen gegen solches Ansinnen.) Hierauf hielt er dem Manne, der ihm helfen sollte, einen halbstündigen Vortrag über sein Verhältnis zu menschlichen Verpflichtungen im allgemeinen, sodann zu dieser besonderen mit Rücksicht auf Sendung und Beruf. Er legte die Art seiner Nervenzufälle dar und was die Ärzte, die er zu Rat gezogen, darüber sagten. Hier wollte ihn der Onkel unterbrechen, allein Geßl rief mit erhobener Stimme: Lassen Sie mich ausreden, sehr geehrter Herr! Er perorierte auf und ab schreitend, drückte seine zehn Finger an der spiegelklar polierten Fensterscheibe ab, zog ein zerkautes Bleistiftende und versuchte in die blanke Nußholzplatte des Schreibtisches Notenköpfe einzukerben. Nein, danke, er sei Nichtraucher. Sehr geehrter Herr, ich bin mir wohl bewußt des Unterschiedes zwischen persönlichen Einnahmen und liegendem Vermögen. Es wäre unbillig, und ich bin kein Narr, ich weiß, daß niemand daran denkt, Einnahmen, persönlichen Erwerb zugunsten dieser neuen Zweigniederlassung der Familie zu belasten. Aber, geschätzter Herr Max Gaudenz, wie verhält es sich mit dem liegenden Vermögen? Hier handelt es sich doch gewissermaßen um Kommunalbesitz? Wenn ich durch Olga recht unterrichtet bin, ist die Familie Hausbesitzerin …

Hier riß dem Onkel plötzlich die Geduld. Wieso denn die Familie? rief er unwirsch, meine Mutter besitzt leider ein Haus, das ist richtig, aber was hat denn das mit Ihrer Vaterschaft zu tun? Geßl starrte ihn an. Der Onkel furchte die helle, weiße Stirn, es war unheimlich, wie der ekelhafte Mensch da vor ihm die Farbe wechselte. Jetzt soll er nur noch hier bei mir einen epileptischen Anfall kriegen, oder was er hat. Ach, hat denn diese alberne Johanna so viel Kinder kriegen müssen!

Vaterschaft! Geßls stierer Blick war um Haaresbreite von seinem Gegenüber abgeglitten. Das zerkaute Bleistiftende rollte auf den Boden. Ich verstehe Ihr Erstaunen nicht, Herr – Herr Geßl. Ihre ganze, wie mir scheint, wohlvorbereitete Rede hatte doch offenbar das zu erwartende Kind zur Voraussetzung. Bei dieser Gelegenheit erwähne ich nebenbei, daß niemand meines Wissens den Wunsch hegt, Sie, wie Sie das nennen, in die Familie aufzunehmen. Es handelt sich überhaupt nicht um Sie, Herr – Herr Geßl, sondern um meine Nichte und das von ihr erwartete Kind, dessen Vater Sie sind. Hiermit ist eine Situation geschaffen –

Vater. Vaterschaft. Entschuldigen Sie, ich höre diese Worte zum erstenmal. Ich – bin mir darüber noch nicht klar –

Der Mensch benahm sich wie ein Narr. Erlauben Sie, Sie haben sich oder der Olga doch sogar eine Prämie verschaffen wollen in Gestalt eines Hausanteils – verzeihen Sie –, haben Sie dieses Haus jemals gesehen? (Gott, wenn ich den Menschen nur schon draußen hätt, er hat die fallende Sucht oder den Veitstanz, jeden Moment kann es losgehen.)

Was reden Sie da von Prämie, von mir oder von der Olga, für das Kind wollte ich den Hausanteil realisiert haben.

Aber das Kind selbst haben Sie nicht realisiert? Wenn da ein Kind ist, sind Sie der Vater, das leugnen Sie ja auch gar nicht. Wie soll ich das verstehen, lieber Freund?

Recht so, er hat schon die Oberhand, er verachtet mich schon, lieber Freund sagt er zu mir, da ist ja auch nichts zu verstehen, Vater, ich bin Vater, ich Geschöpf, dessen Kräfte nicht hinreichen, die vierundzwanzig Stunden des Tages zu ertragen, ich bin Vater, großer Gott, mir wird sehr übel. Wie ein Wahnsinniger muß ich dem da vorkommen, aber ich bin durchaus nicht wahnsinnig. Ich habe die Sache nur zu mathematisch angesehen, als reinen Begriff, und jetzt bin ich Vater. Bitte, geben Sie mir einen Kognak –!

Er stürzte zwei oder drei kleine Gläser herunter, faßte mit den Augen krampfhaft Posten, steifte den Rücken und fiel diesmal nicht vom Pult herab, aber mit dem Dirigieren war es wieder nichts. Zwar versuchte er dem Onkel den Standpunkt prinzipiellen Denkens klarzumachen, aber die Natur war gegen ihn, er fühlte es, verwirrte sich immer mehr und stampfte schließlich schwer atmend wortlos auf und ab. Onkel Max redete noch dies und jenes, das Haus meiner Mutter ist ein Monument des Elends und des Betrugs, sagte er, man hat sie einfach hereingelegt. Am Ende brachte er Geßl mit guter Manier zur Tür, wischte nachher den Schweiß von der Stirn, betupfte sich mehrmals die Lippen und sah sehr angegriffen aus. Er selbst und die seufzende, kopfschüttelnde Großmama statteten Olga aus, so gut es ohne Lust und Liebe ging. Es wurde geheiratet, noch vier Wochen vor der Entbindung.

Geßl trieb während dieser Zeit eine rabiate Kaltwasserkur, die ihn völlig in Anspruch nahm. Olga wurde in einem Frauenspital von einem Knaben entbunden, Geßl hatte die Wimmernde hingebracht und kehrte erst nach sechs Stunden, wie man ihm bedeutet hatte, in den salzigen Desinfektionsgeruch des unheimlichen Gebäudes zurück. Hier war alles Ordnung und Geschäftigkeit, eine männerausschließende Welt, aber als ihm eine freundlichrotbackige Klosterfrau das Kleine zeigen wollte, prallte er zurück und ließ die Verdutzte hart an. Er war bleich wie Papier und von Frösten überströmt. An Olgas Bett tretend, sagte er: Ich habe eine pneumatische Karte bekommen, ich soll in der zweiten Symphonie von Mahler den außerhalb des Saales postierten Chor dirigieren. Ich muß gleich in die Probe. – Ja, Robi, halt dich nicht auf. – Und – gehts dir gut? – Sehr gut. – Hat – hat es wirklich – so weh getan? – Ja, schon, aber der Herr Primarius hat mich gelobt, weil ich so feste Bauchmuskeln hab. Es ist ein starker, schwerer Bub, der schwerste vom heutigen Tag. – Olga, es bleibt aber dabei, du machst mir keine Geschichten! – Aber Robi. – Du mußt von Herzen einverstanden sein, sonst hab ich nichts davon. – Aber Robi, ich weiß doch, es ist besser für ihn. – Jetzt weinst du! So geht es nicht, so geht es nicht, es ist kein Fertigwerden. – Robi, reg dich um Gotteswillen nicht auf, du mußt in die Prob, ich wein doch gar nicht, ich bin halt ein bißl schwach. – Es muß fort, es muß fort von mir, fort aus der Stadt, es hat nichts von einem Vater, wie ich einer bin, du hast es geschworen. – Sie hatte geschworen, sie hielt den Schwur, das Kind kam zu wohlhabenden kinderlosen Bauern in der Retzer Weingegend, die Fahrt hin war so kompliziert und langwierig, daß Olga sie fast niemals unternahm. Da sie obendrein diese Reisen vor Geßl geheimhalten mußte, fehlte ihr bald der Mut dazu. Die blutwarme, feuchte, weich strampelnde, krähende Wirklichkeit zwischen ihren Schenkeln verwandelte sich unaufhaltsam in einen leeren Begriff, ja bald sogar in einen ärgerlichen, denn um seinetwillen wurde Robert von der Familie erneut und nun mit echtem Abscheu angegriffen. Es hatten Tanten, Schwestern, Brüder, Onkel in der Tat alle Satzungen menschlichen Zukunftsglaubens hier für sich, und worin wäre die Allgemeinheit empfindlicher als in ihrem Glauben an die Zukunft? Man arbeitete in dieser Epoche und in dieser bürgerlichen Welt nicht mit religiösen Dogmen; da wirkt noch die josephinische Geisteshaltung, man spricht das Urteil im Namen der Natur. Als ob eben diese Natur nicht dem gewöhnlichsten Hauskater das Bedürfnis eingepflanzt hätte, seine eigenen Jungen zu verspeisen. Damit verglichen, beträgt sich Robert Geßl höchst human, denn weit davon entfernt, sich sein Junges animalisch einzuverleiben, bricht er ja nieder unter der Last eines Dinges, das die Natur nicht kennt, unter der Verantwortung. Nächtelang ist er am Bett der Schwangeren gekauert und hat ihr das Los des Kindes ausgemalt, das Kind des Neurasthenikers, das Kind der ums Brot arbeitenden Mutter, das Kind der kranken Kraft. Um Mitternacht sind ihm die hellen Tränen über das Gesicht gelaufen, er hat das Kleine vor sich durch die Stube schwanken sehen, siehst dus, auf krummen, rachitischen Beinchen, mit dem übergroßen Kopf der Armut und dem unergründlich wissenden Blick der Not. Ihm das Hälschen abdrücken wäre das beste. Er liebt es, er weint darüber, er erbarmt sich darüber, er zittert. Da umhalsen sie einander und weinen und lieben ihr

Kind, und Olga tut den Schwur. Das Geschrei über seine Unnatur lächerte ihn dann bloß. Seine Hölle schaufelt und heizt sich seinesgleichen allein.

Überflüssigerweise also verteidigte ihn Olga wie eine Tigerin. Jedesmal schwor sie die ganze Familie ab, jedesmal treibt es sie wieder hin, sie gierte nach dem Ärger, nach der Wut. Sie begriff sich selber nicht, sie wußte nicht, daß sie auf diese Art den untersten, wühlenden Widerspruch in sich ausbrannte, bis Kind und Qual in der Erinnerung vertilgt war. Von Mutterschaft und Niederkunft blieb ihr nichts zurück als der langsam schwindende bräunliche Hof um die rosigen Brustspitzen und sieben metallisch schimmernde weißere Striemen in der weißen, glatten, stramm elastischen Haut des Bauchs.

MALWINE WAR EIN UNFREIES GESCHÖPF

So ist jedem sein Teil zugemessen, und wir können nie erfahren, wie es gemeint ist. Malwine zum Beispiel, die älteste der Schnabelschen Geschwister, lebt vergleichsweise in höheren Sphären. Die alte Generalin Braikovich stirbt, ehe sie ihre Gesellschafterin ins Irrenhaus gebracht hat. Gerade vorher trifft sie der Schlag, ein unvorhergesehener, glücklicher Zufall. Tante Proch gibt ihre Einwilligung, daß Malwine den gleichen Posten, unbesoldet, bei ihrer eigenen Großmama (Tante Prochs Mutter) beziehe.

Bei Malwine halte ich mich nicht lange auf, sie sitzt immer am Stickrahmen über ihren Gobelins und drückt zuweilen die dicken, weißen Patschhände mit den tadellos gepflegten, spitzigen aber kurzen Fingern an die Schläfen. Sie hat immer Kopfweh, das nicht allein von der verstopften Nase kommt, die ihre ist eigentlich am wenigsten verstopft, und trotz ihrer gedrungenen Fülle sieht Malwine ungesund und ungelüftet aus. Sie wird jung sterben an einer rätselhaften Krankheit, die nicht Leukämie ist, aber so aussieht, und die in allen weiblichen Zuschauern die grausige Vorstellung erweckt, sie sieche an gebrochenem Herzen dahin.

Denn es hängt ihr todtrauriges Ende allen Ernstes zusammen mit der plötzlichen Absage ihres Bräutigams nach achtjährigem Verlöbnis. Auf die Ehe mit dem stattlichen blonden Philologen hat sie hingelebt mit ihrem ewigen Kopfweh, an ihrem ewigen Stickrahmen (so verdient sie sich das Toilettegeld). Sie war acht Jahre unbändig stolz auf den klassisch gebildeten Mann Dr. Mosola.

Sogar Onkel Max hat zuweilen Gespräche mit ihm geführt. Auch das kleine Mädchen, das zu Beginn meines Berichts eine so überwältigende Offenbarung menschlicher Gemeinheit erlebt hat, war acht Jahre in den Mann Dr. Mosola verliebt (neben einem schönen, freigeistigen Pfarrer und einem berühmten Schauspieler). Das kleine Mädchen bekam entzücktes Herzklopfen, als es vernahm, der Papa finde den Dr. Mosola recht intelligent. Es wollte diese Auszeichnung sogleich der Cousine übermitteln und erschrak nicht wenig, als die Mama ihm verlegen auseinandersetzte, „recht intelligent", das würde Malwine ungeheuer kränken, von einem Dienstmädchen sage man „recht intelligent".

Unaussprechlich stolz war also Malwine, und außerdem, ihrer Körperbeschaffenheit zufolge, ganz ungemein verliebt. Hierin aber erwies sich, daß sie ihrer unfeinen jüngeren Schwester sittlich überlegen war: sie ihrerseits ließ sich auf gar nichts ein. Es mag ihr auch der junge Lehramtskandidat Dr. Mosola nicht auf solche Weise nahegekommen sein wie der zuchtlose Robert Geßl dem pfeifenden Lehrmädchen Olga. Außerdem schleppte sich Malwine ungleich schwerer mit der Familienschande.

Das hing mit ihrer Stellung bei der Großmama zusammen.

In einem engen, einspännigen Marterkasten, die Großmama nennt das Vehikel einen Komfortabel, rollt die Malwine mit der Großmutter den Rennweg herunter. Die Großmutter hat die Gewohnheit, laute Selbstgespräche zu führen, sie reibt sich dabei die Nase, wenn sie böse ist. Auf ihrem schwarzen Bindehut steht mitten vorn ein schwarzer Reiher in Jettfassung.

– Eine Frechheit, die keinen Namen hat! sagt sie laut.

Die arme Malwine macht ihr feines ägriertes Gesicht. Sie schaut mit hochgezogenen Brauen durch das regenüberströmte Wagenfenster, als versichere sie sich des Einverständnisses der eilig durch die Nässe strebenden Passanten.

– Eine Unverschämtheit, die an Betrug grenzt.

Der Gaul stolpert auf dem spiegelnassen Asphalt. Malwine gikst betont erschrocken. Aber die Großmama ist ja fast taub. Sie reibt sich nur die Nase.

– In so einem Stall steckt also mein ganzes Geld! Diese Versammlung von Pfründnern kann freilich keinen Zins bezahlen.

Großmama, – Malwine faßt sich an die Schläfe. Gott, es hat so gezogen in dem entsetzlichen Proletarierhaus.

– Das frißt nur, das frißt. Der Franz muß verrückt gewesen sein. Der Franz war aber schon von jeher ein Esel.

(Daß er sie einfach schändlich betrogen hat, weiß sie nicht, wird sie nie erfahren.)

– Und verbohrt, wie alle Esel. Der selige Max hat mich immer gewarnt. Der Franz hat ja sein Gutes, hat er gesagt, aber vor solchen ewigen Erfindern soll man sich in acht nehmen. Sie leiden an einer Obstipation der Ehrgeizdrüse, das wirkt nachteilig auf ihre Handlungen. Aber schließlich hat es der Franz ja gut gemeint, so hätts nicht weitergehen können mit den Schnabels und ihren ewigen –

Großmama –

– In diesem Komfortabel gibts Fliegen, pfui! Ich hasse Fliegen! Die Großmutter wedelt heftig mit den Händen durch die Luft. Gott sei Dank, wir sind schon am Belvedere, denkt Malwine, hier fangen die eleganten Häuser an, da oben soll die Gräfin Wydenbruck ihre Wohnung haben –

– Die Schnabels mit ihren ewigen Geldforderungen. Schuld ist an allem diese Wirtschaft bei den Schnabels – Wenn ich kurzsichtig wäre, denkt Malwine innerlich schreiend, würde ich bestimmt so ein kurzstieliges Schildkrotlorgnon wie die Gräfin Wydenbruck –

– Wenn der August Schnabel kein so leichtsinniges Subjekt und diese Johanna halbwegs räsonnabel –

Großmama, hör auf, sonst spring ich aus dem Wagen!

Malwine schreit so gellend, daß die Großmutter den Lärm offenbar wie von weitem vernimmt. Sie zwinkert belästigt, schaut weg, hebt das Augenglas, läßt es fallen, reibt sich die Nase. Malwine hört sie ab und zu ingrimmig brummen. Verzweifelt zwingt sie sich, an die entzückende Gräfin Wydenbruck zu denken. Aber auf einmal bricht das Schluchzen aus ihr wie ein Krampf. Sie schluchzt ausgiebig, laut, verzweifelt, sie durchnäßt ein mit Kölnischwasser parfümiertes Sacktuch ganz. A la bonne heure, brummt die alte Dame plötzlich, das hat mir noch gefehlt. Malwine, hast du Kopfweh? Oder weinst du? –

Es geht der Großmutter knapp zusammen und der Enkelin natürlich noch knapper. Schnabels sind schuld, sie weiß. Tante Proch kommt dreimal die Woche und zählt hie und da unauffällig das Silber. Später wird sie auch das Leinen im Wäschekasten zählen. Seit Onkel Max tot ist, hat auch das bißchen Glanz von Welt und Menschenfreundlichkeit ein Ende. Malwine stickt. Es gibt nur mehr den Georg Mosola.

Malwine war ein unfreies Geschöpf, abhängiger als ein Dienstmädchen, das seinen gesetzlich garantierten Ausgang hat. Die arme Malwine war Enkelin und „junge Dame“ (obschon sie nun sechs Jahre verlobt und reichlich zweiunddreißig alt war), wollte sie Braut sein, mußte die Großmama Gesellschaft haben. Es galt also, Verwandte für den Nachmittag herbeizuschaffen. Aber auch für Mosola bestand die gewisse Uhr, die von Sonntag zu Sonntag springt, seine Feiertage fielen durchaus nicht immer mit Malwinens Urlaubsstunden zusammen, und sonderbar, während in den ersten zwei Jahren das Unmögliche zur beiderseitigen beglückten Überraschung häufig möglich wurde, waltete von Jahr zu Jahr fühlbarer ein Unstern über ihren Zusammenkünften. Dies nicht etwa, weil Mosola die Seine hinters Licht führte oder zu einer anderen lief, nein, es stimmte nur immer seltener, die boshaftesten Zufälle mischten sich ein, sie hatten Pech. Wo aber Liebende Pech haben, rührt es unter allen Umständen daher, daß einer von beiden (manchmal beide) die dämonische Unschuld seines Gefühls verloren hat. Die Liebe selber hängt dann im Herzen wie eine vertrocknete Kaktee in ihrem Töpfchen, das heißt, die ganze Sache wackelt ringsherum, und beim geringsten Zugriff fällt sie bröckelig und tot heraus. Ein hartnäckig waltendes Mißgeschick bedarf der Nahrung, es wird auch immer genährt, in aller Ahnungslosigkeit. Der unschuldige, daher ungespaltene und starke Wille, der nur sein Ziel im Auge hat, ist produktiv, also erfindungsreich. Darum muß er noch keineswegs zu Lügen seine Zuflucht nehmen. Aber das Leben, mehr mit dem Unstern als mit den guten Zeichen sympathisierend, stellt uns bei jeder Gelegenheit ein Bein. Dieser Tücke zu begegnen, ihre

Stöße geschickt zu parieren, bedarf es eben jenes erfindungsreichen Willens, besser Gegenwillens, er schließt in sich Geduld, Ausdauer, Voraussicht, Einbildungskraft, Seelenkenntnis, Humor, Elastizität und Energie. An der Erschlaffung frißt sich das Mißgeschick voll wie ein Vampyr. Läßt es im Falle eines Liebespaares auch nur ein Teil zu dieser Fütterung des Mißgeschickes kommen, so verlieren beide sogleich bedeutend mehr als bloß fünfzig Prozent der Glücksmöglichkeiten. Die Imponderabilien haben ihr besonderes Hexeneinmaleins. Der Gleichtakt ist verloren, alles hinkt, es dauert nicht lange, und es geht ihnen wie im Liede vom lieben Augustin, alles ist hin.

Im sechsten Jahre ihres Verlöbnisses, das der zynische Geßl als trockenes Gedeck zu bezeichnen pflegte, war der Unstern schon ein wahrer Vollmond geworden, obgleich Malwine als Gefangene und Verliebte jenen erfindungsreichen Gegenwillen in erhöhtem Maß entwickelte. Sie grämte sich heimlich viel, schrieb lange Briefe an Mosola und sandte sie in die Schule, in der er jetzt fest angestellt Latein und Griechisch unterrichtete. Sie schickte ihre Briefe in die Schule, weil Mosolas Familie, mit der er lebte, von der mitgiftlosen Braut nichts wissen wollte. In der Schule aber sah der Direktor die ewigen Briefchen nicht mit guten Augen an. Wie leicht doch eine zärtliche Frau zur Plage wird! Mosola atmete den Rauch seiner Freistundenzigarette inbrünstig seufzend in die Lungen und dachte viel lieber an seinen unerfüllbaren Traum, die Dozentur.

Malwine schrieb gern treffende Sinnsprüche ab oder Gedichte. Sie schrieb ihm:

Und uns fehlt nur eine Kleinigkeit,
Um so frei zu sein wie die Vögel sind:
Nur Zeit.

O du mein Gott. Gerade Zeit hatten sie ja schon so entsetzlich viel verbraucht.

Brief

Liebe Olga, ich wäre Dir sehr dankbar, wenn Du nächsten Sonntag um ½4 zur Großmama kommen könntest, Georg hat dann wieder wochenlang Familienverpflichtungen, und wenn die Großmama nicht versorgt ist, kann ich Sonntag nachmittag nicht fort, weil die Tina Ausgang hat. Vielleicht könnte Dich dann Leo gegen Abend ablösen, was ist denn mit ihm, er hat sich über einen Monat nicht blicken lassen. Ich bin immer in Angst, wenn ich an ihn denke, er hat auch das letztemal so miserabel ausgesehen, leider Gottes sehr verlumpt. Es ist ein Jammer, daß er so hübsch ist, daß ihm alle Frauenzimmer sagen, er sehe dem Erzherzog Otto ähnlich. Da will er ihm auch im Wandel nacheifern, der ist schon für einen Erzherzog schädlich, wie erst für einen armen Kontoristen, denn eine humanistische Bildung hat er sich ja nie aneignen wollen. Also schau, daß er kommt, damit die Großmama nicht zu böse auf ihn wird, und komm selber, wenn du kannst, ich habe jetzt vierzehn Tage Kopfweh gehabt und müßte dringend mit Georg einen halben Tag aufs Land. Es grüßt Dich herzlich Deine Dich liebende Schwester Malwine.

ARMUT HAT EINEN SECHSTEN SINN

Nicht nur Malwine ängstigte sich, sie bekamen alle Angst, weil Leo auf einmal bares Geld zur Verfügung hatte. Armut wäre kein so bitterlich gehaßtes Übel, unzählige Seelen haben sie ja freiwillig erkoren, drängte sie die von ihr Erfaßten nicht so hart an die Grenze unablässig lauernder Angst. Jene freiwillig Armen leben wenigstens geistig in Sicherheit, und nach Sicherheit strebt die Kreatur mit Naturgewalt. Tier drängt sich an Tier und Weibchen an Männchen und Kind an Kind um der Sicherheit willen. Der arme Mensch geht einzeln, denn er wandelt auf einer hohen Mauer, rechts und links Abgrund neben seinem Schritt. Das Rudel der Seinigen vermag ihn nicht zu stützen, denn die Mauer hat kaum Breite für seinen Fuß, und obendrein sind Glasscherben mit der Spitze gegen ihn hineingesteckt. Die Seinigen sind immer hinter ihm, nicht bei ihm, er kann sie nur hinunterreißen oder sie ihn, es ist ein ganz besonderes statisches Gesetz. Darum ist auch immer die Angst im Eingeweide, bei jeder kleinsten Änderung die unwillkürliche Furchtgebärde der Abwehr, des Mißtrauens. Leo hat Geld. Findet man das natürlich? Freut sich jemand darüber? Nein. Keiner wagt dem anderen seine Befürchtung einzugestehen. Denn in aller Verschwiegenheit wissen sie: er ist ein Lumperl, das ist ein Diminutiv, es mindert sogar den Lumpen noch herab. Leo bleibt nicht mehr in tiefsinniger Zerstreutheit, mit zwei Knöpfen in den leeren Hosentaschen klimpernd, vor Arthur stehen, der immer ein paar Heller erübrigt, oder vor der Mama, die gerade das Wirtschaftsgeld zusammengekratzt hat: Mama, ich bin dem Hausmeister schon ein paarmal das Sechserl schuldig blieben – der Mann hat vier Kinder –, das kann man doch nicht tun – so ein hochanständiger Mensch, Mama. Er fragt nicht mehr, mit einer schlängelnden Bewegung der Hüften nach Näschereien auf der Kredenz auslugend: Du, Fritzi! Ich mein nur – zieh dir die Haare doch nicht so in die Augen – ich wollte sagen – du hast eine so schöne Haut, Fritzi, tu was für deine Lippen, die sind immer aufgesprungen, da ist das Fräulein Lolina Lalé, eine Bekannte von mir, eine stadtbekannte Beauté, die weiß eine Salbe. Eigentlich siehst du kolossal distinguiert aus. Was wollt ich denn – ja, hat dir die Großmama nicht gestern mittag einen Gulden Taschengeld gegeben?

Man kennt das leere, scheinbar traumverlorene Starren seiner großen Kuhaugen, es kostet Geld. Man kennt das halb bittende, halb tückisch drohende, hin und her zuckende Lächeln, das in den Winkeln das bläuliche Zahnfleisch bloßlegt, als öffneten sich die Lippen wie eine leere Tasche mit Reißverschluß. Es kostet Geld. Man kennt sein mimosenhaftes soziales Gewissen den sogenannten kleinen Leuten gegenüber, denen er Waren und Dienste mit seinem lauernden und gierigen Lächeln abfordert, das kostet Geld, viel Geld, da wird er aufgebracht, da schlägt sein Menschenherz, der Mensch ist gut. Man kennt die herzgewinnende Einsicht, mit der er seine Fehler beklagt. Sie kostet Geld. Man kennt all das Halbe, Zweideutige, Verzwickte, Schwache, Verschlagene, die Frechheit und das feige Entweichen, und alles kostet Geld. Die Oberlippe steht ihm immer kindlich aufgewölbt; denn auch er hat natürlich Wucherungen und keine Luft durch die Nase. Das verdrießt ihn bitter. Er steht viertelstundenlang vor dem Spiegel und studiert seinen Gesichtsausdruck, den das Familienübel natürlich beeinträchtigt. Ernstl, der Jüngste, der in die Handelsschule geht, belauert ihn, wie er seinen Hals entblößt und das frauenhafte Gebilde so und so zur Seite dreht. Zu Hause schlurft er kragenlos und in Pantoffeln herum; aber wenn er ausgeht, ist er genau das, was Schnabels ein Gigerl nennen, geputzt, geschniegelt, parfümiert, gescheitelt, nur mit zu schreienden, zu prächtigen Krawatten. Er könnte einen Mord begehen für Krawatten.

Niemand gesteht sichs ein, aber irgendwo in ihren verworrensten Angstträumen sind alle davon überzeugt, auch die fast schwachsinnige Johanna, die ihn geboren hat, die ihn vergöttert und ihm Süßigkeiten zusteckt, das Lumperl wird sie hineinreißen. Mit diesen feuchten, langen, ausgelaugten, manikürten Fingern wird er, muß er sie hineinreißen.

Aber wenn sie am Sonntag nachmittag, von Malwine herbeigefleht, bei der Großmutter sitzen, die Zwergin Johanna und Olga mit den rastlos nadelführenden Händen (Johanna muß heute noch den Wohnungszins erbetteln), da schreien sie der tauben alten Dame bald von rechts und bald von links in die Ohren: Mama, er ist ein herzensguter Kerl, sag ich dir.

Großmama! Glaub nur, wenn er nicht so ein Aff wär mit die Fetzen, wär überhaupt gar nichts gegen ihn einzuwenden –

Mama, unser Hausherr hat vier Kinder. Wirklich so ein anständiger Mensch, er kann einem leid tun, in der Nacht muß er heraus, so einer tut sich schwer –

Großmama, ich bitt dich, die Mama will sagen, daß die Fratzen vom Hausmeister, vom Portier, so am Leo hängen. Na logisch, wenn er ihnen immer Zuckerln spendiert –

Mama, da ist so ein kleines Pauxerl, so ein blondlockiges, beim Hausherrn, ah, beim Hausmeister, das fragt mich immer: bitt schön, gnä Frau, wo is der Herr Leo? Also so ein Pauxerl –

Großmama, wenn man gerecht sein will, er kost dir nicht mehr, als wenn du ihn studieren lassen hättst, wies ja einmal geheißen hat. Das mit den Fetzen – er is halt ein hübscher Mensch, er wird sich die Hörner schon abstoßen. Wegen so was muß man nicht gleich ein Geseires machen wie die gnädige Frau Tante Karolin. Von der mußt du dir nix einreden lassen, die kennt sich gar nicht aus vor Einbildung, die gönnt uns Schnabels nicht einmal ein hübsches Gesicht.

Johanna murmelt mit blödseligem Lächeln vor sich hin: Jöh, du hast aber ein gesegnetes Mundwerk! Jedoch Olga pufft sie ungeduldig, erschrocken erhebt sie die Stimme und schreit mit der Tochter im Chor: Mama! (Großmama!) Der Leo ist kein schlechter Mensch, ich kenn ihn besser, weil ein fescher Bursch gern den Mädeln gefällt, ist er noch kein Verbrecher.

Sie fürchten sich, die Armen, sie halten zusammen, sie rücken dicht aneinander heran und machen Mauer, drängen sich bebend vom Instinkt gejagt, das Rudel braucht Sicherheit! Aber indem sie mit schnappenden Zähnen ein Fadenende abbeißt, murmelt Olga nervös: Im Ernst, Mama, die Großmama hörts ja nicht, ich zerbrech mir den Kopf, woher hat der Leo das Geld –?

MOUCHES VOLANTES

Während die beiden Frauen sich selbst und der Ahnin, dem Schutzbild der Familie, dem Totem vor der Hütte, weismachen wollen, daß der Leo schon nichts anstellen wird, waren Malwine und der Doktor Mosola mit der Wientalbahn hinausgefahren nach Ober-St.-Veit. Malwine trug ein aufgeregt erwartungsvolles Wesen zur Schau, aber Mosola schien umwölkt. Malwine war aufs beste herausgeputzt in ihrem neuen Kostüm, darum stickte sie ja in die Nacht hinein mit dem ewig schmerzenden Kopf. Auch Mosola trug einen neuen Mantel, Malwine fand ihn insgeheim zu lang, sehr schöner Stoff und so solid gearbeitet, aber warum so lang und zugeknöpft bis zum Hals, vielleicht bin ichs nur nicht gewohnt. – Georg, bist du präokkupiert? Ach, sie liebte Fremdworte, die gute Seele. Mosola antwortete: nein, gar nicht, was in solchen Fällen nach einer stillschweigenden Übereinkunft gesagt wird statt: ja, riesig, oder: laß mich in Ruh. Sie traten auf die Straße, ein rauher, eisiger Sturm blies sie an, der Boden klang hohl bei jedem Schritt, so gefroren war er, auch die Schmutzwellen auf dem Fahrweg waren steif gefroren. Darüber fegte der Staub. Malwine wollte entzückt auf Naturschönheiten aufmerksam machen, aber es waren keine da, die Bäume standen spießig und bösartig vereinzelt oder in Rudeln, der Himmel glich einer schmutzigen gekalkten Zimmerdecke. Es blieb ihr nichts übrig, als angesichts einer öden, flach hingestreckten Bodenwelle von den musikalischen Linien des Wiener Waldes zu reden. – Ich war schon als Kind empfänglich für Naturschönheit. Als achtjähriges kleines Mädchen hatte ich die Stadt noch nie verlassen, wir wurden nur in den Prater geführt, und ich war überzeugt, daß das Wort „Gegend“ schon an und für sich etwas Herrliches bezeichnet, man sagt doch auch immer, das und das ist eine schöne Gegend und so. In meinem neunten Jahr wurde ich einmal von Onkel Max auf eine Reise mitgenommen, ich sollte die Großeltern in Ischl besuchen –

Malwine, à propos Großeltern. Ich hätte dich da gern etwas gefragt, das heißt, ich möchte gern die Sache mit dir besprechen. Aber hier friert einem ja die Zunge im Mund. Wollen wir nicht in ein Kaffeehaus gehen oder in eine Konditorei? Tun denn dir deine Füße nicht weh?

Doch, sie schmerzen entsetzlich, ach, und die Fingerspitzen. Malwine hätte es wohl von selbst nicht eingestanden, das Ganze war doch eine Landpartie, nicht wahr, so was Hübsches für Brautleute, oh, die Kälte sprengte ihr fast die Knochen im Kopf. Da schimmern die Fenster eines kleinen Vorstadtcafés, hinter der Glasscheibe steht: „Frühstück 40 Heller“ und „Frisches Gebäck“ und „Heute frische Indianerkrapfen“. Sie weiß, wie es drin riechen wird, nach Füllofen, nach heißgewordenem Linoleum, nach alten Zigarettenstummeln und nach altem Feigenkaffee. Die Haut wird einem schmutzig werden vor Gestank, aber es wird warm sein, man wird an einem Tischchen in einer Nische sitzen, das Gaslicht wird singen, und vielleicht wird Georg ein bißchen nahe rücken, o Gott, Georg, recht, recht nahe!

Nachdem er seinen Mantel abgelegt und Malwine aus der Jacke geholfen hatte, bestellte er Kaffee und Indianerkrapfen. Beim Anziehen wird er vielleicht doch meinen

Hals anrühren. Er setzte sich umständlich zurecht, zog die guten Sonntagshosen über die Knie herauf und räusperte sich hinter der vorgehaltenen Hand. (Übrigens trug er einen spitz zugeschnittenen, blonden, gekräuselten Bart.) Hierauf zog er die Zigarettendose – du erlaubst doch – und zündete nach vielem Herumklopfen auf allen Taschen oben und unten, immer vergeß ich die Zündhölzer, hier stehen auch keine, zuguterletzt die Ägyptische III. Sorte an. Die rauch ich nur am Sonntag. Ja also, sag einmal, Malwine – bitte Aschenbecher, Fräulein! – Warum hatte sie so unerträgliches Herzklopfen, die starr lächelnde Malwine?

Ja, also sag einmal, wieviel Kinder und Enkel hat eigentlich deine Großmama? Warte, ich weiß ja von allen: ihr seid sechs, bei Prochs sind vier, ist dir übrigens aufgefallen, wie hübsch und gescheit die Lori geworden ist, die Jüngere, die aus dem Bregenzer Sacré Coeur – (die Bekanntschaft mit Mosola hatte auf einem „Jour" bei Oberst Proch begonnen) – dann zwei Gaudenz vom Onkel Max und drei vom Onkel Franz, macht fünfzehn, dazu die lebenden Kinder, drei, Onkel Max ist ja tot, macht achtzehn Erben. Stimmt das?

Ja, hauchte Malwine mit aufgerissenen Augen.

So, da kommt der Kaffee, eine Wohltat, danke, Fräulein, ja, viel Schlagobers.

Die Kellnerin schob ihm den größeren Indianerkrapfen hin. Das Lokal war fast leer, sie hatte Zeit, sie konnte sich kaum trennen. War das ein schöner Mann, eine Haut hatte der wie Milch und Blut, und die gekräuselten Haare.

Also achtzehn Erben. Siehst du, Malwine, man muß das Leben doch auch praktisch anpacken. Du hast mir gesagt, daß du Einblick genommen hast in das Testament der Großmama, natürlich, du bist ja immer um sie, das finde ich ganz in der Ordnung. Das Vermögen steckt, wie du mir gesagt hast, in einem großen Zinshaus am Rennweg. Das ist ja ein bedeutender Wert, ein seht bedeutender Wert, selbst wenn der Erlös seinerzeit in achtzehn – habe ich achtzehn gesagt? – Teile zerlegt wird. Ich habe mich so unter der Hand nach dem Wert von Realitäten erkundigt, der Unterschied ist enorm, nach Größe, Bauart, Lage und so weiter richtet sich das, aber das Haus, das der Großmama gehört, ist ja in jeder Hinsicht erstklassig. Nebenbei bemerkt, ich würde es mir gern einmal ansehen, spaßeshalber, wir müssen demnächst hingehen, du mußt es mir zeigen. Mißversteh mich nicht, Malwine, du kennst mich ja zur Genüge –

Er drückte die Brust etwas heraus und befühlte seine Krawatte. Aber seine Augen irrten unsicher. Er war kein unfeiner Mensch im großen und ganzen, es trieb ihn nur herum, es trieb ihn nur, nicht bei den Schulbuben zu bleiben, er träumte von den Brüsten der Wissenschaft – Georg – Malwines Stimme klang gewürgt – aber Georg, ich habe geglaubt, im nächsten Jahr reicht dein Gehalt –

Aber natürlich, das Ganze ist ja auch mehr eine theoretische Untersuchung. Ich hielte es nämlich nicht für unbillig – und darauf wollte ich hinaus –, wenn die Großmama dir eine Vorzugsstellung unter den Enkeln einräumte. Schließlich hast du ihr deine schönsten Jahre zum Opfer gebracht. Sie könnte dir ganz gut – zwei Achtzehntel des Hauses vermachen. Das wäre dann schon ein Vermögen. Zwar bleibt es noch immer Zukunftsmusik, ich gönne ja deiner Großmutter das Leben, aber sie ist immerhin schon hoch in den Siebzig. Gewiß, zunächst wird das Gehalt reichen, mit Ach und Krach –

O Georg, ich versteh die Wirtschaft. Ich mach alles. Ich kann kochen, nähen, waschen, bügeln, räumen –

Meine Liebe, ich kann aber nicht ewig Mensa deklinieren! So stehts. Ich halts nicht aus. Ich muß auf die Dozentur hinarbeiten, dazu brauche ich einen Rückhalt, und den könntest du mit deinen – wieviel? – Dienstjahren bei der reichen Großmutter verdient haben.

Ja, Georg. Wenn du meinst –. Direkt kann ich da nichts machen. Ich möchte auch ungern mit den Interessen der andern kollidieren – ich müßt mich hinter Großmamas Advokaten stecken. Der hat ein Penchant für mich.

Sie reden hin und her, das Gaslicht singt, draußen wird es Nacht, zuweilen stampft ein Gast herein, Sturmkälte hinter sich. Georg bestellt süßen Likör. Jetzt sind sie schon dabei, das verdoppelte Erbe im voraus nutzbar zu machen. Es gibt da einen weitschichtigen Vetter in Hannover, eine Art Neffe der Großmama, großer Geschäftsmann, Zigarrenhändler en gros, der einzige „Verwandte", der Geld gemacht hat, ungeheuer viel Geld, sagt man. Ob einem der borgen würde auf das Haus hin? Er kommt alle zwei bis drei Jahre nach Wien, man ist sogar doppelt verwandt, seine Frau ist gleichfalls eine Cousine zweiten Grades, vom Onkel Proch her. In der Dorotheerkirche war die Trauung, riesig elegant. Jetzt ist der Besuch der Hannoveraner bald wieder fällig. Vielleicht –

Auf einmal verstummt Malwine, ihr fleischiges Gesicht verfällt, sie starrt vor sich hin. Das Haus taucht vor ihr auf, das schreckliche, wirkliche Haus, in dem zerlumpte Kinder sich auf den Gängen balgen und Frauen mit nackten Füßen in vertretenen Pantoffeln aus ihren höhlenartigen Wohnungen hervorbrechen und zeternd auf die Kinder losschlagen, zwei Achtzehntel, du lieber Gott, und wenn schon, wie bring ichs ihm bei, das Gehalt reicht doch, reicht nicht, Dozentur, ich möchte heiraten, ich möchte heiraten, ich will endlich heiraten!

Georg sah auf die Uhr, er hatte um neun eine gelehrte Zusammenkunft mit Kollegen, es lag ihm viel daran. Er zahlte, half Malwine in die Jacke. Sie warf den Kopf fast abgeschmackt kokett zu ihm zurück, aber es half nichts, er dachte nicht an ihren Hals. Vor der Tür klirrte die Gaslaterne, steif wackelnd im Sturm. Georg sah zu der Laterne auf, knöpfte den langen Mantel oben und unten fest zu und sagte: Es ist kalt heute, es weht ein kalter Nordwind heute.

Malwine schauderte nervös zusammen. Ihre Zähne klapperten, sie fühlte sich ordentlich schwinden und blau werden vor Kälte und innerem Frost. Während sie halb hinter Mosola herlief, hatte sie auf einmal die fürchterliche Empfindung, er sei es gar nicht, sondern ein anderer eile im langen Mantel vor ihr her, einer, den sie kenne aus den Schrecken der Kinderzeit. War er nicht das Gespenst der dunklen Winterfrühe, die Würgeangst in finsteren Gassen, die ewige Gefahr in den unheimlichen Vierteln der Armut, Kindermörder, Frauenmörder, ein Kind ist geschlachtet worden, eine junge Dienstmagd erschlagen, wo ist der Mörder, da, dort, nirgends, der da, dieser da, er lacht, er ists, er ists nicht, Georg, Georg, ich kann nicht so schnell – sie stürzt von hinten vor und hängt sich schwer an seinen Arm. – Weißt du, Georg, ich wollte dir doch diese Geschichte aus meiner Kindheit erzählen. Also ich sollte die Großeltern in Ischl besuchen, und der Onkel Max nahm mich mit. Und wir fahren, und wir fahren, du weißt doch, wie es aussieht hinter Neulengbach und dann so fort über Amstetten nach Linz, langweilig, fast traurig, nicht die Spur romantisch. Ich erinnere mich genau, wie die Enttäuschung angefangen hat, die Enttäuschung eines Kindes, das ist wie eine Bleikugel in der Luftröhre, die wird immer schwerer und schwerer. Alles kann man aushalten, Schlag, Angst, Unrecht, aber vor der Enttäuschung geht man einfach in die Knie, da ist es aus, da ist man hin. Hinter Wels hab ichs nicht mehr ausgehalten, der Onkel Max hat immerfort gelesen, ich hab ihn gezupft und hab ihn gefragt: Onkel Max, wann kommt schon endlich die Gegend?

Hu, wie ihre Zähne klapperten. Und die lautlosen Tränen beizte ihr der Nordwind erstarrend ins Fleisch.

Als Malwine heimkam, wartete ihrer ein absonderlicher Unfall. Das Mädchen Tina war bereits zurückgekehrt und hatte sich in ihre Kammer begeben. Johanna und Olga, die das Nachtmahl bereitet hatten, waren fortgegangen. Die Großmama saß im Wohnzimmer (außer diesem gab es nur noch das gemeinsame Schlafzimmer) und las die Zeitung. Sie las ganz anders als andere Leute, Wort für Wort, Silbe für Silbe, vom Kopf bis zur letzten Druckzeile, Kurszettel, Annoncen, alles. Sie las auch Bücher so, Berge von Büchern, ohne Brille, das blinde Auge zugekniffen, die linke Hand als Schirm über dem „gesunden“ haltend, in dem nur die tanzende Mücke ihr Unwesen trieb. Es ist natürlich, daß einer so unausdenkbaren Bemühung auch ein für andere unvorstellbarer Gewinn entsprechen mußte. Sie las, wie sie gelebt hatte, mit unbewußtem Feuer, mit selbsttätiger Hingabe. Lektüre war die Lebensessenz, die ihre Organe ihr noch aufzunehmen gestatteten, und ihre Organe waren bis auf Ohr und Auge weder schwächlich noch verbraucht. Sie hatte achtmal geboren, hatte vier Kinder sterben sehen. Ihr Körper war stark und trocken wie ein uralter Baum. Siebzehnjährig mit den Eltern entzweit, weil diese samt allen übrigen sechs Kindern katholisch wurden um eines Ämtervorteils willen, blieb sie hartnäckig Protestantin und verzichtete auf eine äußerst günstige Ehe. Die Verbindung, die sie nachher einging, war weder gut noch böse, sie erlebte Aufruhr, Barrikadenkampf im Jahre 48, die Jellacicdragoner waren nachher auf der Jagd nach ihrem Mann. Sie saß mit vier kleinen Kindern in Böhmen, als der Krieg mit den Preußen ausbrach. Sie erlebte Armut, Aufstieg, Wohlstand, Niedergang. Sie hatte Kinder, die auf ihr Herz traten, wie das Mädchen im Märchen auf das reine weiße Brot, und sie hatte den Sohn, der keinen Tag verstreichen ließ, ohne ihr die Hand zu küssen und ihre Sorgen und Bedenklichkeiten mit sich fortzutragen, als wäre diese Bürde nicht der Rede wert. Der Sohn wurde ihr genommen, die anderen Kinder trieben es nach ihrer Weise fort, oder besser, sie wurden nach ihrer Weise weitergetrieben. Aber das alte Herz fühlte die Leiden nicht mehr, vielleicht war es an den Rand voll, vielleicht aber lebt, wer lange genug lebt, über alles Menschliche hinaus in eine unbegreifliche Einsamkeit. Sie besaß Würde trotz ihres Jähzorns und höchst bestimmte Ansichten von Moral und Anstand. Sie verabscheute Wagner, die Ungarn und den Zarismus, sie verachtete Napoleon den Dritten und die sogenannten „Nationalitäten“, ob es nun Polen, Tschechen oder Südslawen waren, sie vergötterte Schubert, schwärmte für Cavour, fühlte bürgerlich-demokratisch und träumte zuweilen von Liszt und Rubinstein. Sie hatte fast das ganze neunzehnte Jahrhundert durchmessen, sie war mit der Postkutsche nach Prag gereist und fuhr am Ende ihres Lebens mit einem Krankenauto von Petersdorf nach Wien. Sie glaubte willig, daß manche Menschen vom Affen abstammen, und hegte die innigste Verehrung für die Bazillenbezwinger Pasteur und Koch. Ihre Leidenschaft war die Politik und von der Politik her die Historie. Darum waren ihr die Journale wichtig, sie studierte sie wie ein Staatsmann eher als wie eine alte Frau. Sie behielt alle Fäden emsig in der Hand, der Kurszettel interessierte sie aus politischen Gründen. Sie beherrschte das Französische als eine Selbstverständlichkeit, und ihre Sehnsucht war, auch eine französische Zeitung halten zu können. Aber dergleichen erschien ihrem knappen bürgerlichen Sinn als eine Extravaganz, die ihr nicht zukam. Sie studierte auch die Anzeigen von Realitätenkäufen und -verkäufen. Dies tat sie aus menschlicher Lust am Ärger. Irgendwo draußen in der Stadt, sie wußte jetzt sehr genau, in welcher düsteren Gegend, starrte ja das praktische Resultat ihres Lebens aus vielfach zerstörten Augen von gesprungenem Fensterglas. Aber im Grunde focht sie auch das nicht mehr ernstlich an, im Grunde war sie auch darüber hinweg.

Sie hatte sehr oft die schreckhafte Empfindung: das Licht geht aus. Sie machte kein Wesen, sie schüttelte nur wiederholt und verdrossen den Kopf und lugte nach der Lichtquelle, sei es Sonne oder Petroleumlampe. Die elektrische Beleuchtung war zwar bestellt, aber noch nicht eingeleitet; Gasflammen hatte sie jahrzehntelang mit Haß und Verachtung abgelehnt. So sitzt sie auch an diesem Abend am Tisch unter der Hängelampe, was geht da vor, in Petersburg ist wieder Lärm. Sie liest, sie ereifert sich, was nur die Lampe heute hat, sicher ist der Docht nicht sauber beschnitten. Sie greift nach der Schraube, dreht. Es wird heller, sie setzt die Lesung sehr befriedigt fort. Da sieht mans, die Malwine läßt mich nie an die Lampe, und ich muß mich quälen. Ein rechter Tyrann wird die Malwine. Wenn sie heiratet, nehm ich die Fritzi. Aber wird sie denn heiraten? Die Helligkeit scheint nachzulassen, nach einer Weile dreht die alte Dame wieder und wohl noch etliche Male auf die gleiche Art.

Als Malwine die Wohnungstür öffnet, fliegt das Unheil schon im Vorzimmer in der Luft herum. Sie ist so benommen von ihren eigenen trostlosen Gedanken, daß sie im Augenblick nicht recht begreift. Es tanzen schwarze Mücken durch die Luft, Zehntausende von Mouches volantes, Malwine fährt greifend vor ihr Gesicht, da entdeckt sie auf der weißen Decke eines Tischchens die Bescherung. Ruß! Fettiger Lampenruß! Sie reißt die Zimmertür auf, sie prallt vor einer Tropfsteinhöhle schwarzer Rußgehänge zurück. Wände, Decke, Bilderrahmen, Möbel, die Lampe, die Kredenz, die Silberleuchter, das Körbchen mit Backwerk, die Obstschale mit den Südfrüchten und Äpfeln, der Arbeitskorb der Großmama mit Garn und Spitze, jedwedes kleinste Ding ist wie mit einer zarten Häkelarbeit von fettem, schwarzem Ruß umhüllt. Durch die Luft schweben gelassen schwarze Mücken hinauf und hinab. Das silberweiße Haar der alten Frau ist kohlschwarz, die Jettzieraten auf ihrem Häubchen haben zu schimmern aufgehört. Emsig liest sie mit vorgestützter Hand. Auf der Zeitung tanzt Ruß, den hält sie für das Übel in ihrer Netzhaut. Aber das Öffnen der Tür, das Herandringen eines Menschen scheint sie gespürt zu haben. Sie richtet sich auf, blickt in die Richtung, die der Instinkt ihr weist, an den kleinen Brillanten in ihren Ohren haben sich lange, schwarze Berloques angesetzt. Malwine, bist dus? ruft sie aus. Denk dir: In Petersburg haben sie Revolution! Das gönn ich dem Zaren.

CORDIS SPECULATOR

Wo treibt sich der Leo herum? Das ist ein finsteres Kapitel. Zwar geht es nicht zu Mord und Raub hinaus, ja nicht einmal zu einem rechtschaffenen Betrug. Es ist nur Schwindel, Schwindelei. Eigentlich ist Leo ein Genie, denn er eilt der wirtschaftlichen Entwicklung um gut zwölf Jahre voraus. Leo Schnabel, der hübsche Freund stark beschäftigter Nachtkaffeehausdamen, macht in aller Unschuld eine Erfindung, die er gar nicht für eine Erfindung hält. Es kommt alles so selbstverständlich aus seiner Natur. Redet er von einem Diener (Gott, wer hochstapelt nicht gern ein bißchen), so muß es ein „gallonierter" Diener sein. Offenbar macht er sich nach der Ausstattung abenteuerlich betreßter Pförtner von Nachtlokalen eine Vorstellung, wie „gallonierte" Diener aussehen, und glaubt, daß sich ein vornehmer Mann von einem so staffierten Kerl im Bade helfen läßt. Er hat das lebhafteste Bedürfnis, sich selbst zu ehren, darum ist er freigebig mit Ehrennamen, jedes Lärvchen erklärt er für eine stadtbekannte Beauté. Wen nimmt es wunder, daß Leo Schnabel, der in Assoziationen denkt (Erbteil der Mutter?), für sich allein das Luftgeschäft erfindet? Das heißt, er führt erfolgreich aus, was wir im Laufe dieser Geschichte schon durch solidere Gehirne geistern sahen, er erreicht in der Tat, wovon die anderen träumen. „Der ganze Schwindel" heißt in der Gaunersprache auch die ungeteilte Beute. Sofern man davon absieht, daß eigentlich Onkel Franz, der Erfinder und gleichsam unechte Bruder des Dichters, schon den ganzen Schwindel im

Entstehen eingesteckt hat (oder vielmehr seine Gattin, die geoffenbarte menschliche Gemeinheit), wird ihm also der Schwindel ganz zuteil, jenes Achtzehntel natürlich, das ihm zukommt. Er machts zu Geld. Er findet einen, der ihm Geld darauf borgt, das wäre ja an sich kein Schwindel, der Besitz ist ja eine Realität und wird auch grundbücherlich nachgewiesen. So weit ist alles in Ordnung, aber eben hier beginnt die Gespensterei. Ein Haus ist ein Haus, nicht wahr, auch wenn es nichts enthält als bröckelnde Mauern, zerfallende Klosettröhren, schimmelbewachsene Wände, Geschrei, Exekutionen, Jammer, Flüche, Krankheiten, Ratten und Schmutz. Ein Haus kann man belehnen, das ist nirgends verboten, das geschieht alle Tage. Als aber die Bombe mit dem Leo platzte, da schauderten sie alle. Es war nicht nur das beklemmende Gefühl, daß etwas Unsauberes passiert sei (die Männer sagten: eine Schweinerei), das Mißbehagen drang aus tieferer Schicht herauf. Malwine fiel von einer Migräne in die andere, die armen, wohlpolierten Nägel ihrer dicken Patschhände hatten die Farbe von gewässerter Tinte. Von Mosola hatte sie wochenlang nichts gehört, sie wagte nicht, ihm zu schreiben, nichts erwähnen war nicht möglich, den Jammer bekennen ganz unmöglich, sie sagte sich: ich kann ihm so was von meinem Bruder nicht gestehen, aber es war auch noch eine dumpfere Hemmung da. Man steckte so drin, o Gott, man steckte so drin. Wer eigentlich und worin, das hätte sie nicht zu sagen vermocht, es war wie ein Bottich voll klebrigen Schmutzes, in dem man kopfabwärts steckte, die Mutter, die Geschwister, die Großmama und Prochs und alle ringsherum. Sie wollte zu Georgs vergöttertem Bilde aufbeten, da gings ihr durch und durch, der Georg steckte auch drin. Sie hörte das Gaslicht singen, die Kellnerin stand da und Georg sagte: Siehst du, meine Liebe, man muß das Leben praktisch anpacken ... du verdienst zwei Achtzehntel, du hast der Großmama deine besten Jahre aufgeopfert, deine besten Jahre, deine besten Jahre, jetzt erst begriff sie die ganze Grausamkeit, du bist ja eine alte Jungfer, hatte er sagen wollen, da mußt du wenigstens Geld haben. Das machte sie ganz lahm und steif. Sie hörte den Komfortabel über den Rennweg rattern, und die Großmama haderte und sagte, an dem entsetzlichen Haus seien am Ende doch die Schnabels schuld.

Olga kam gelaufen, grün im Gesicht, wild entschlossen, den Bruder zu verteidigen. Aber plötzlich schluchzte sie auf: So ein Lump, so ein elender, schon als Bub hat er mir die Trinkgeldsechserln gestohlen, und ich war doch so ein armes Luder, Frostbeulen an allen Zehen und immer todmüd. Erinnerst dich? Nie hat er was stehen sehen können, und wenns ein Lackerl Milch war, er hats haben müssen, der Ernstl hat oft geweint deswegen, und er hat gelacht, weißt du, wie? Wie ein Hund lacht er, sie riß die Mundwinkel auseinander, das war so aufreizend.

Mosola erfuhr den Fall Leo Schnabel bei Prochs. Lori zog ihn in ihr Zimmer und sagte blaß und aufgeregt, die anderen wollten es ihm verschweigen oder es Malwine überlassen, es handle sich doch um ihren Bruder, sie aber finde, damit bürde man einerseits der armen Malwine eine zu schwere Last auf die Seele, andererseits nehme man ihm die Möglichkeit, der Unglückseligen männlich beizustehen, wie es seine Pflicht sei, denn dazu müsse er vorbereitet sein. – Wie gut und gescheit sie war, sie fühlten es beide, sie fühlten sich beide gehoben, es wurde eine schöne Stunde, sie endete mit einem Kuß oder, wenn wir bei der Wahrheit bleiben wollen, mit einer Küsserei. Lori ging höchst aufgeregt in ihr feines Jungmädchenbett, es war neu, wie die gesamte Einrichtung ihres Zimmers, Prochs hatten eine Erbschaft gemacht, und der Papa war außertourlich avanciert. Am übernächsten Tag bekam sie einen Brief von Mosola (Malwine übrigens auch, sie weinte die demütigsten Dankestränen, das arme Geschöpf), und so fing das ganz sachte und allmählich an. Dem Doktor Mosola war sicherlich nicht wohl dabei, wenn er so umschichtig schrieb, bald an die Ältere, bald an die Junge, die rechte Hand, die linke Hand, zwar fordert das Evangelium, daß sie nichts voneinander wissen sollen, aber ist das menschenmöglich? Sie wissen immer. Mosola handelte nach dem Kinderreim, er gab sie beide als Unterpfand, bei Erwachsenen kommt aber nichts Gutes dabei heraus. Allein was half es? Er wünschte Malwine immer seltener zu sehen, der Unstern schwoll und schwoll, da mußte er wohl oder übel schreiben; an Lori wollte er schreiben, weil er nicht jeden Tag bei Prochs erscheinen durfte. Auf einem Berg von Briefen rutschte der schöne Philologe schließlich nach Jahr und Tag (ihren Eltern genügte er nicht) in Loris Brautbett, auf einem Berg von Briefen fuhr Malwine zwei Jahre später ins Spital. Es sollen hier keine Zusammenhänge konstruiert werden, wahrscheinlich hatte sie die Anlage, die Ärzte redeten von den blauen Nägeln und den ewigen Kopfschmerzen. Es gab freilich auch etliche, die sagten, bei einem freudigen Leben wäre es nicht dazu gekommen, und die entsetzliche Erschütterung hätte es mit sich gebracht, und das ewige Grübeln, Gott, man weiß ja nicht. Insonderheit über den Briefen grübelte sie ohne Rast und Ruhe, das mit der rechten und der linken Hand kam heraus,

Lori war stark in Bekenntnissen, sie war eine sehr sittliche Natur.

Das Zimmer im Spital war hoch wie eine Kapelle und eng, das hohe Fenster kahl hineingeschnitten, die Wände weiß, die beiden Eisenbetten schwarz, die Klosterfrauen streng und schwarz und weiß, wenn die Nachbarin gestorben war, lag die dunkelgraue Wolldecke sauber gefaltet auf dem zweiten Bett. Zu Malwinens Häupten war ein Täfelchen befestigt, da stand ihr Name und Befund, lateinische und deutsche Worte, sie war stolz darauf, alle Rekruten des Todes sind stolz auf ihre Beschreibung. Dies ergibt sich aus einer menschlichen Grundverfassung, hauptsächlich aber aus der Disziplin des Hauses. In einer Kaserne, die vom Oberstkommandierenden (ach, was war gegen den der Onkel Oberst Proch) bei Tag und bei Nacht so häufig visitiert wird, mag ein besonderer Geist regieren, ein Elitegeist, der nicht den Hauch einer Unregelmäßigkeit aufkommen läßt. Hier ist alles durchdiszipliniert bis auf die Knochen, man lebt sozusagen beständig im Angesicht des Herrn. So hat auch Malwine hier endlich ihren Jammer mit dem Bräutigam vergessen. Sie hat nur zuweilen Ärger mit einer Klosterfrau, manche sind freilich Engel, manche weiß der Himmel nicht. Dann weint sie ein bißchen, die Tränen purzeln mühelos, im ganzen geht es ihr ähnlich wie der Großmama, es dringt nichts nah an sie heran. Sie lebt für ihr Täfelchen, sie will, daß etwas Erhebliches, etwas Besonderes darauf stehe. Ihre Haut wird eigentümlich steinern, als wolle diese arme Haut keinen Stoß mehr weiterleiten, keinen Druck empfangen, Schmerz nicht melden, es ist jetzt genug. Die Ärzte unterhalten sich immer lang an ihrem Bett, das schmeichelt ihr, die Adern füllen sich mit schnellem warmen Blut, sie lächelt neckisch, macht geistreiche Anspielungen mit Fremdwörtern. Die Ärzte mögen sie gern. Hautsklerose, Verkieselung der Haut, steht auf der Tafel, Kiesel, sonderbar, gerade Kiesel sind so hart, die Patschhände auf der Wolldecke sehen noch immer so weich aus. Dem Herzen innen in der Leibeshöhle muß es komisch zumute sein. Es hängt doch da drin in Hitze und Bewegung, es pumpt, es schafft, alles ringsherum zuckt und bebt, Licht, Allerfeinstes von Licht kommt im Blut geschwommen, Blutlicht, Karfunkellicht, Luft haucht ein und aus, der Mensch ist nichts Festes, er ist im Strom geboren, Strom aus dem Urherzen geht durch ihn hindurch, die Haut schließt ihn nur scheinbar ab, sie ist wie ein Netz im Strömenden, tausendfache Botschaft von Welt zu Welt geht durch, wir wissen es, wir wissen es nicht, das Herz hängt mitten drin in leuchtender, bewegter Hitze. Auf einmal, es ist kein Aufruhr, kein gewaltiger Fieberalarm, es ist kein Fehler am inneren Werk, kein Schmarotzer, kein Parasit. Es ist auch kein Gebot der Zeit ergangen, es ist ja noch nicht spät, es war ja so wenig, es war ja beinah nichts, der Tag geht noch nicht zur Rüste. Was begibt sich? Es wird dunkler. Es wird enger. Es wird dumpf. Licht dringt ängstlich kaum herein, Botschaft bleibt aus, es wird still, so still, es wird knapp ums Herz, es wird eingemauert, das Herz, es ist nicht zu begreifen wie, aber unheimlich schnell, unfaßbar dicht sind die Gewölbe gemauert, vielleicht schreit es innen auf, niemand hört, die Kieselmauern, die kein Menschenauge sieht, sind dick, so dick, nun tut dir keiner mehr was, du arme Haut, es ist genug. Vom Strom des Lebens abgemauert, erstickt das Herz und gibt das Schlagen auf.

SO HEITER IST DAS LEBEN IN WIEN

Bei alledem haben wir nicht erfahren, wie und in welchen dolosen Handel Leo das Lumperl sich verstrickt hat. Als sich der Hannoveraner endlich herbeiließ, die Sache in die Hand zu nehmen, war sie bereits so gründlich verworren und vergiftet, daß dem gebieterischen Mann, der den Bettel schließlich bezahlte, von selbst die Rolle eines Himmelsboten zufiel, außer den neun Achtzehntelhausanteilen, also der Hälfte der Gesamtrealität, die rechtens sein wurde und die er auch für sich in Anspruch nahm. Solcherart scheint sich der Realitätenschwindel nach einem eigenen Gesetz in sich selber zu drehen und aus sich selber zu gebären. Es war niemals festzustellen, wie hoch sich die Summe belief, die Leo tatsächlich durchgebracht hatte, denn der Hauptposten, eine unglaubliche Anzahl feinster Krawatten, zwei Anzüge, ein Mantel und ein schwarzer Seidenhut, erwies sich als unbezahlt. Durch die Mahnungen des Schneiders kam die Sache überhaupt erst auf. Es wurden dann noch mehrere Barwirte ermittelt, in deren Etablissements Leo größere Gesellschaften traktiert hatte, in welchen sich immer wieder ein gewisses Fräulein Lolina Lalé, Künstlerin, befand. Einen ordinären Lärm aber schlug erst der Fleischer Schlögl, den ein ganzes „Konsortium von Falloten", wie er sich ausdrückte, beim Heurigen betrunken gemacht und zu irgendeiner Unterschrift verleitet hatte. Auch hier war die Künstlerin Lolina Lalé im Spiel gewesen. Der Fleischer, ein Mensch wie eine Blutwurst, mit vollkommen flacher Nase und seitlich aufgerissenen

Nasenlöchern, bricht bei Schnabels förmlich ein, nimmt schon im Vorzimmer (Hut auf dem Kopf) eine drohende Haltung an, fuchtelt herum, schreit was von Wachmann holen, und so ein Schlieferl und hergehen soll er, dem wird mans zeigen. Der Ausdruck „Schlieferl" läßt darauf schließen, daß Lolina Lalé die geschlitzte Blutwurst auch zu anderen Dingen als zu einer Unterschrift bewogen haben dürfte.

Der Zufall wollte, daß Arthur, das arme, brave Schaf Arthur, wegen einer Halsentzündung nicht in sein Bureau gegangen war; als der Lärm losbrach, sprang er mit umwickelter Gurgel aus der Tür und fand den rabiaten Menschen schon einigermaßen verdutzt, ja zur Wand retirierend, das Schreien besorgte jetzt die Zwergin Johanna allein. Mama! krächzt Arthur, sie aber, die Hände hoch überm Kopf gerungen, tanzt von einem Wirbel erfaßt und mit durchdringendem Gerase rundherum: Jesus Maria, der Mensch will mich umbringen, Jesus Maria, der Mensch will mich umbringen, er will mich ja umbringen, er will mich ja umbringen – die Halsmuskeln sind geschwollen, die Augen quellen ihr aus dem Kopf, sie hört nicht auf zu schreien und tanzt mit starken Schritten, ein schauerlicher Anblick. Arthur umschlingt sie, sie wehrt sich mit Riesenkräften und brüllt, der Mund ist ihr aufgerissen vor Entsetzen und Lust. So ist der erste Angriff des Fleischers abgeschlagen, der Mensch ist froh, daß er davonkommt, Arthur selbst muß ihn vor dem Zudringen der Nachbarn bewahren. Der Mann läuft aber zum Advokaten, und jetzt gehts los. Summen fliegen durch die Luft wie Hexen auf ihren Besen, bald solche, bald solche, niemand weiß eigentlich, wer wem wieviel schuldet, statt des Fleischers erscheint plötzlich

Strisower, Vertreter, auf dem Plan. Was vertritt denn der? Augenblicklich nichts als seine Forderung, angeblich ist er der Geprellte. Das Fräulein Lolina Lalé hat sich doch gar nichts gemacht aus dem Fleischer, der kann mir lang schöntun mit Salami, hat sie gesagt, und in der Sache hat sie sich an mich gewendet, Gott, sie weiß doch, ich hab immer bedeutende Geldgeber an der Hand. (Warum greift diese schmutzige, unentwickelte Kinderhand aus gefransten Manschetten immer so hungrig schnappend in die Luft?) Hinter Strisower, der nicht brutal ist, sondern hartnäckig und gewunden, tauchen, wie man sieht, schon wieder Geldgeber auf, geheimnisvolle, schwankende Figuren. Leo scheint sich in Besitz eines Vermögens gebracht zu haben. Aber er, der einzige, der vielleicht – vielleicht! hätte Auskunft geben können, er war fort, er war verduftet.

Der letzte authentische Bericht stammt von Ernstl, seinem jüngsten Bruder. Der hat ihn zuletzt gesehen, wie er vor seinem Rasierspiegel, den er sich immer im Speisezimmer ans Fensterkreuz hängt, Krawatten probiert hat. Leo muß wunderbar aufgelegt sein, denn er singt:

O Vaterland, du machst bei Tag
Mir schon genügend Müh und Plag –

Du, sagt Ernstl, du schaust wirklich dem Treumann als Danilo ähnlich! – Du bist ein Esel, das is doch ein Jud! – Aber es freut ihn doch, denn gleich darauf langt er in die Hosentasche: Ernstl, magst einen Gulden? und wirft ihn durch die Luft herüber.

Daaa – geh ich zu Maxim,
Dort bin ich sehr intim –

Der singt Ihnen ja alles nach dem Gehör, der Bursch. Du, sagt er, da haben wir neulich beim Heurigen ein Theater gehabt, kolossal, sag ich dir. Ich war dir da mit einer pikfeinen Gesellschaft, stadtbekannte Beautés, und lauter Kavaliere. Gsungen is worn, also tadellos:

Da blickt der Steffl freundlich auf uns nieder
Und denkt sich still, der stolze Dom:
Das ist mein Wien, die Stadt der Lieder,
Das ist mein Wien am Donaustrom.

Blöde Idee eigentlich. Was für ein Wien denn sonst? Es gibt ja nur das an der Donau. Auf dem Ring is 's traurig, und der Wind bläst schaurig:

Nur im Grandhotel is Jubel drin,
Dort hat man vernommen, 's soll ein Fremder kommen.
Segn S', so heiter ist das Leben in Wien.

Geh, Ernstl, hol mir meine Bürsten, aber mach sie naß, hörst du? Der Mensch, der Volkssänger, hat aber auch tragische Sachen gesungen, herzergreifend, sag ich dir, so, den Scheitel trag ich jetzt in der Mitte, ganz von hinten nach vorn.

Wia i no a Bua war mit gschneklerte Haar,
Da hat mi mei Muatta verhatscherlt ...

Na also, die ganze Singerei hat ja kan Wert, ich bin jetzt fertig, servus, Ernstl! In der Tür dreht er sich noch einmal halb um, zieht Handschuhe an und sagt: Ich laß der Mama die Hand küssen, ich fahr auf eine Landpartie. Richt ihrs aus, hörst? Ich laß ihr die Hand küssen. Tschao!

Und verwahrlost steht jetzt da,
Auf der Welt dei Buaberl ...

Seitdem war er weg.

DAS LEBEN IST EINE KETTE VON ENTBEHRUNGEN

Hans Seyfferth aus Hannover machte also Ordnung. Prochs riefen ihn herbei, für den Oberst war Vermeidung des Skandals eine Lebensfrage. Am Avancement hingen alle seine irdischen Hoffnungen, unirdische besaß er nicht. Seyfferth erschien mit Frau und Tochter, wie es ohnedies seine Absicht in diesem Jahr gewesen war, und wie immer nahm er Wohnung im Hotel Imperial. Dort herrschte Jubel, in der Tat, wie es in Leos Lieblingsliedchen hieß, und die Herren der reichsdeutschen Kolonie, die sich alsbald um den Zigarrenkönig sammelten, fanden das Leben in Wien auch heiter genug. Frau Minka Seyfferth, eine geborene Proch, Cousine des Obersten, liebte diese Gesellschaft eigentlich nicht, sie trug eine petrifizierte Liebe zu Wien im Busen und saß mit ihrer siebzehnjährigen Vivian (Typus süßer Weihnachtsengel in Altwienerkleidchen) den ganzen Tag bei Prochs und beklagte sich über das Leben in Hannover. Sie beklagte sich bitter und heftig seit nunmehr dreiundzwanzig Jahren, manche Personen weiblichen Geschlechts verfügen über eine staunenswerte Konsequenz. Auf diese Konsequenz war sie stolz, sie kleidete und frisierte sich zum Beispiel genau so wie zur Zeit, als Seyfferth um sie angehalten hatte, Ponyfransen, Wespentaille, Schinkenärmel, Wipphütchen. Das Dünnste an ihr waren die Lippen, das Üppigste das Gesäß. Tante Minka, eigentlich war sie auf den Namen Martha getauft, aber Minka wurde sie bei Gaudenz, Prochs und Schnabels genannt, vergötterte Äffchen und Kätzchen aus Wiener Bronze; musizierende, kochende, schäkernde, radfahrende, zeitunglesende, sich waschende, malende, verdauende Äffchen und Kätzchen. Solche verteilte sie als „Mitbringsel". Aus Haß gegen Hannover kaufte sie sie in Wien bei Sirk. In Hannover bekam man sie auch nicht so schön.

Ihr Gatte nannte sie „Schwerdtlein", er war ihr achtzehn Jahre treu gewesen, ihr etwas bösartiges Katzengesicht besaß viel Reiz. Seit fünf Jahren trieb er es plötzlich ziemlich toll, seine fleischigen roten Wangen waren unter den Augensäcken violett geworden, die blauen vorquellenden Augen schwammen wie in Gallert, um den bläulichen Mund, der unter dem weißblonden Barthaar hervortrat, zeigte sich grobsinnliche Erschlaffung. Er glich dem König von England, trug sich wie dieser und kehrte überhaupt gern den Gentleman nach englischem Muster heraus. Von seiner moralischen Unordnung wußte man nichts in Wien, die Art, in der Minka ihn überwachte, schrieb man ihrer Sorge um seine Gesundheit zu. Es hieß, er habe Zucker. Die Menschen müssen einen Haken haben, an dem sie ihre Meinungen aufhängen können, in diesem Fall hieß der Haken „musterhafte Ehe". Niemand bei Prochs machte sich Gedanken darüber, daß Tante Minka alle halben Stunden ihren Gatten telephonisch anrief. Schnucki, bist dus? Ja? Wer ist bei dir? Der Herr von Ohnesorge? Ich laß ihn schön grüßen. Nachher hast du die Sitzung im Bankverein. So. Bis drei glaubst du? Um dreiviertel drei ruf ich dich dort an. Wohin? Zu Weißweilers? Ruf mich an, wenn du hinkommst, Schnucki, hörst du mich? Um sechs bin ich im Hotel, wir müssen uns umziehen für die Oper. Wo trinkst du Tee? Könnt ich dich nicht treffen? Die Vivian könnt doch mit der Miß Morley – so, noch eine Sitzung? Beim Advokaten? Schnucki, wie heißt der Advokat?

Das Telephon war ihre erste Sorge, wenn sie kam, und es war ihre letzte, ehe sie ging. Niemand stieß sich daran. Miß Morley, Vivians Gesellschafterin, war fast nie zur Stelle, niemand erriet, daß sie in Tante Minkas Auftrag ihren Brotherrn überwachte. Die Hotelstubenmädchen, die Zimmerkellner, die Portiers wurden täglich einem Verhör unterworfen, Minka, für ihre Person genügsam wie eine Katze, war äußerst freigebig gegen Hotelbedienstete. Niemand witterte das geringste. Seyfferth sagte: „Schwerdtlein!" und versuchte, sie in die streng gespannte Haut über den Backenknochen zu kneifen. Minka sagte: „Schnucki!" und hob sich auf die Fußspitzen, um ihn auf den Mund zu küssen. Niemand konnte sich erklären, wieso sie zuweilen schwere hysterische Anfälle bekam.

Seyfferth, gehetzt, bespitzelt, gejagt, gestellt, bedroht, überfiel Frauenspersonen im geschlossenen Wagen. Er hatte keine Wahl und keinen sicheren Ort. Mit einer fuhr er einmal drei Stunden um die Ringstraße herum. Zu Hause in Hannover halfen nicht einmal mehr die Geschäftsreisen. Minka war imstande, ihn telephonisch durch eine ganze Stadt zu verfolgen. Sie wußte alles, kannte alles, durchschaute alles, ihr Argwohn schlief nie ein. Es ist kein schlechter Beweis für die Unzulänglichkeit alles Irdischen, daß Seyfferth es trotzdem auf sieben uneheliche Kinder gebracht hat.

Er trank viel Wein und Likör, am liebsten aber Porterbier und Ale, und rauchte ohne Unterlaß die schwersten und teuersten seiner eigenen schweren und teueren Zigarren. Sie wurden eigens für ihn angefertigt, und Minka hatte eine besondere Art, die fadendünnen Lippen einzuziehen, wenn er bei einem Glase Porter saß und die Zigarre pries. Minkas Gesicht ist eigentlich fix und fertig, wenn man ein paar Spalten und Löcher unter eine schwarze Haarfransengirlande setzt. Zwei schräge Spalten: die Augen. Zwei kleine Punkte: die Löcher der allzukleinen Nase. Ein breiter Spalt: der Mund, ein Sparbüchsenschlitz. Es ist fatal, wenn sie aus all diesen Löchern, Spalten und Schlitzen blickt und spricht: Rauch nicht, Schnucki, du bringst dich um. Trink nicht, Schnucki, du bringst dich um. Sie tut es aus Liebe, nicht wahr? Alle Leute geben ihr recht, nicht wahr? Ich auch, Tatsache, ich auch. Aber weiß der Teufel, es ist so fatal. Warum nur ist es so fatal? Das wollen wir so genau gar nicht untersuchen. Was hilft es, den Dingen auf den Grund zu gehen? Die Zigarre ist gut. Das Porterbier ist gut. Die Zigarre ist sehr gut. Das Leben ist eine Kette von Entbehrungen.

Er qualmt, er trinkt. Er betrinkt sich nie. Hie und da wirft ihn eine Nikotinvergiftung um. Das hat weiter nichts auf sich. Während einer Nikotinvergiftung ist man nicht redselig. Da plaudert man nichts aus. Seine einzige Sorge ist, daß er mal im Schlafe sprechen könnte. Deshalb sperrt er sich allnächtlich in seinem Schlafzimmer ein. Zuweilen martern ihn schreckliche Migränen. Da liegt er im verdunkelten Badezimmer stundenlang in der Wanne, das ganze Haus riecht nach Kölnischwasser und nach sonderbaren Essenzen. Aber all diese Absonderlichkeiten wurden ruchbar erst, als sich die ungeheuerliche Geschäftsgebarung bei Seyfferth & Cie. nicht länger verbergen ließ, die geheimen Konti, die erfundenen Konti, die Korruption eigener und staatlicher Beamter, Ruin und wirtschaftlicher Tod von mehr als hundert Existenzen, der Tobsuchtsanfall des Chefs und sein jahrelanges

Hindämmern dann im Schoß der Familie, Minkas Märtyrerzeit, Minkas große Epoche.

Aber das gehört nicht hierher. Das geschah erst im Jahre dreizehn, heut kommt Seyfferth vom Advokaten, läßt sich von seinem Diener den Frack für die Oper herrichten und spricht auf englisch mit rotem Kopf ins Badezimmer hinein: Do you realize – der Junge hat sein Erbteil bei Lebzeiten der Tante, seiner Großmutter, belehnt, was sag ich belehnt, verklopft, verschleudert. Eine richtige Hypothek hätte ja nur Tante selbst aufnehmen können. Darin liegt eine Gefühlsroheit, die ich noch weniger verzeihe als die Unkorrektheit. Natürlich ist der Junge in Schwindlerhände geraten. Die Burschen haben ihn gehörig eingeseift. Eine schmutzige Affäre. Helfen? Ich habs dir doch versprochen, wegen Vetter Proch und aus Anhänglichkeit an Tante. Malwine hat sich da auch sehr übel aufgeführt, Indiskretionen bezüglich Tantes Testament – äh, Bande. So ne feine alte Dame – Lumpenpack. Begreifst du, daß mich die Roheit anwidert? Der Kerl hat seine sämtlichen Miterben um die Hälfte ihrer Anteile gebracht. Wieso? Das ist ja die Schweinerei – so ne Art Kettenhandel, und dann die Anwaltskosten, reine Erpressung, es ist ekelhaft. Nein, es ist alles beigelegt. Auf mich kannst du dich verlassen, Schwerdtlein. Ja, das halbe Haus gehört jetzt sozusagen mir. Wie ich das mit Tante ordne, weiß ich noch nicht genau, sie persönlich darf nicht zu Schaden kommen. Wie Prochs dazu kommen? Äh –

Er schwieg, Schwerdtleins leidenschaftliche Behauptung, daß Schnabels verpflichtet seien, den ganzen Schaden allein zu tragen, überzeugte ihn nicht ganz. Ich muß mal rausfahren und mir das Ding besehen, schloß er.

FAMILIENBANKETT

Ehe Seyfferths abreisen, veranstalten sie jedesmal ein Familienbankett. Es wird genau nach dem Muster der gigantischen Schmausereien abgehalten, die Seyfferth Bankpräsidenten, Finanzgrößen, Ministern und den hervorragenden Mitgliedern der deutschen Kolonie zu geben pflegt.

Zwei dick mit Teppichen belegte Säle des Hotels werden für dieses Gastmahl gemietet, das, mit Rücksicht auf die Tante (und Großmama) und ein paar dazugehörige Kinder, zu Mittag stattfindet. Sechzehn Kellner und ein Maître d'hôtel stehen zur Verfügung, das Menu wird mit zehn Gängen festgesetzt und lautet diesmal:

Le potage à la Mullagatawny
Les huitres naturelles et grillés
Les truites au bleu, garnies de lottes frites
Sauce Paprica et plûches
Les poulardes truffées à la Périgueux
Salade
L'escalope de foie gras de canard de Toulouse
Sorbet
La mayonnaise de homard à la Gloucester garnie de pointes d'asperges
Les bécasses rôties
La crême plombière au Rhum
Meringuée
Compote
Fruits

Hierzu wird gereicht: Sherry, Pommard, weißer und roter Bordeaux, Champagner (Heidsieck Monopol) und gegen vier Uhr, wenn nach den Früchten der schwarze Kaffee aufgetragen wird, achterlei Schnäpse, sowohl süße wie scharfe. Nach dem Sorbet hält Seyfferth seine Ansprache, er hat die Schulen in England absolviert und schwört auf Wichtigkeit rhetorischer Gaben. Er besitzt Geist und würzt seine Reden mit witzigen Anspielungen. Am unteren Ende der Tafel ist die Zwergin Johanna placiert worden, rechts und links von ihr Ernstl und Fritzi, ihre Jüngsten. Arthur, das brave Schaf, hat Dienst und versäumt das Freudenfest des Goldenen Kalbes, Geßl, von dem die Bezeichnung stammt, ist natürlich auch nicht da; aber Olga haben sie mitgeschleppt. Du mußt, du mußt, wegen dem Leo mußt du, tu dir nur nichts an, der Mann hat uns gerettet. Malwine, nun schon verlassen, hat ihren Platz neben der Großmama am oberen Tafelende, die alte Dame sitzt mit steinernem Lächeln da und weiß nicht, was um sie vorgeht. Die unterschiedlichen Reden des deutschen Kaisers beschäftigen ihren Geist so stark, daß sie von der gegenwärtigen Rede ihres Neffen nicht Notiz nimmt, sondern mehrmals auffährt und gegen ihren Schwiegersohn, den Oberst, eine heftige politische Bemerkung losläßt. Die Verlegenheit ist groß, Malwine sucht sie zu beschwichtigen, aber ihr selber ist ja so übel zumut, Lori sitzt da, und Loris Geschwister, das Blut siedet einem in den Augen, und alle zehn Fingerspitzen sind tot, kalt und blau. Malwinens Schläfen sind hohl, die Stirn zieht sich hoch hinauf unter den künstlich gebrannten Löckchen, das Haar fällt ihr seit Monaten büschelweis heraus. Großmama, laß doch, der Hans hält einen so geistreichen Speech. Lori sitzt hochgemut auf ihrem Stuhl, wie denn, man wird sich doch nicht verstecken, Wahrheit über alles, ich hab dem Georg gewiß nicht nachgestellt, er sagt, ich bin das moralisch wertvollste Geschöpf, das ihm je begegnet ist. Sieh da, die Zwergin Johanna weint vor Rührung, dort am untersten Ende, wo sonst die Kinderfrauen sitzen dürfen, da weint und lacht sie inbrünstig zu dem redenden Gastgeber hinauf, der Mund speichelt, die Nase tropft, sie nickt, wenn Seyfferth nickt, sie schüttelt den Kopf, wenn Seyfferth den seinen schüttelt, sie zieht mit ihm die rechte Augenbraue hoch, und zu alledem schmatzt sie hingegeben mit der Zunge. Sie staunt heftig, wenn er rhetorisch staunt, sie schreit vor Lachen, wenn er lächelt. Olga zittert vor Wut. Fritzi, stoß die Mama, Ernstl, sie soll sich benehmen! Aber es hilft nichts, die Zwergin hat heut ihren großen Tag, das ungeheure Bankett ist für sie gegeben, ihr ist ja der Gewaltige aus Hannover beigesprungen, sie und die Ihrigen hat er vor Schande und Gefängnis gerettet, die Kinder glaubens nicht, Kinder verstehen das nicht, das versteht nur eine Mutter. Zwischen ihr und Hans Seyfferth besteht ein geheimes Band, er hat Konferenzen gehabt um ihretwillen, er hat mit mächtigen Leuten geredet um ihretwillen, aber er selbst ist der Mächtigste, jetzt zähl ich zum drittenmal die Kellner, es sind siebzehn, nicht sechzehn, und der Hotelier selber paßt auf, daß alles klappt. Was für ein schöner Mensch er ist, der Hans Seyfferth, alle Mädeln sollten sich in ihn verlieben, wo er doch selber eine erwachsene Tochter hat. Und sie nickt und speichelt und lacht und weint und reißt die Augen auf, wenn der Leo jetzt erfährt, daß alles in Ordnung ist, wird er doch wieder nach Hause kommen. Allen hat ers gegeben, der Hans Seyfferth, der ordinäre Fleischhauer wird sich jetzt auch nicht mehr trauen, und der Jud wird schön geschaut haben, der hat auch nicht gewußt, was für eine feine Familie wir sind. Ja, ihr Fest wird heut gefeiert, ein schmerzliches Fest, aber ihrs, man möcht am liebsten aufheulen, die Kinder, die verstehen das nicht. Für die Karolin bin ich freilich Luft, aber das ist nur, weil sie sich ärgert, daß der Hans mich gerettet hat. Ins Zuchthaus hat sie den Leo bringen wollen, aber Gott hats nicht zulassen, Gott hat den Hans geschickt, und die seligen Tränen kollern ihr in den Mund.

Seyfferth hat mit einer brillanten Wendung geendigt, alles springt auf, man ist immer erleichtert, wenn eine Tischrede überstanden ist. Alles grinst nervös durcheinander, Prosit Lori, Prosit Großmama, Prosit Franz, und die menschliche Gemeinheit ist auch da, unterleibsleidend, verfettet. Ernstl stößt an Bettys Glas, Betty ist des verstorbenen Onkel Max nun Siebzehnjährige, das kleine Mädchen von ehemals, das die Offenbarung der menschlichen Gemeinheit empfangen hat. Ach Gott, Betty, erinnerst du dich noch an den Garten im Helenental? Du warst immer die Fee und ich immer der Prinz, ein Tulpenstengel war dein Zauberstab, und ich hätt viel lieber Fußball gespielt. Betty erinnert sich, aber ungern, die Wege streben weit auseinander, der Papa hat den Ernstl doch studieren lassen wollen, aber er ist bei der Aufnahmeprüfung durchgefallen. Hübsch war er, aber dumm, der arme Ernstl, ob das von den Wucherungen in der Nase kommt? Der feuchte Mund, Olgas Mund, steht ihm auch jetzt halb offen, sie haben doch alle den gleichen Typ, Betty geniert sich, ja, sie haben jeden Sonntag miteinander gespielt. Sie möchte von Ernstl nicht so angestarrt werden, der Alkohol und das übermäßige Essen machen ihr die Schläfe heiß, und die Prochschen Cousins sind auch so unheimlich belebt. Hinter ihr sagt Lori zu ihrer Schwester: „Blöde Gans“, und im Prochschen Familiendialekt klingt das genau wie: Bleu de Ganse. Man kann stundenlang so reden wie Prochs, es stammt vom Onkel, Minka Seyfferth, seine Cousine, redet genau so. Eben kommt sie heran, Miß Morley folgt mit Vivian, dem lockigen Weihnachtsengel im Altwienerkleidchen, jetzt bringen sie die Affen und die Katzen aus Bronze, jetzt wird verteilt. Wer wohl den auf dem Nachttöpfchen bekommen wird – Tante Minka schwärmt für Natur. Miß Morley plaudert heftig mit Onkel Franz, jetzt sagt sie theatralisch: Und ich rief: Dort drüben steht des Kaisers Heer! Gott mag wissen, was das heißen soll. Olga stößt Malwine in die Seite: Warum redet die Minka, diese geschnürte Bisgurn, immer von dem Beuterl, das ihr die Prochischen gehäkelt haben. Unser Polster ist tausendmal schöner und kostbarer. Gott weiß, wieviele Nächte er uns gekostet hat! In der Tat, oben in Minkas Schlafzimmer liegt irgendwo ein Wunderwerk von Nadelkissen, Malwine hat sich mit einem alten Muster in Petit Point die Augen aus dem kranken Kopf gestickt, und Olga hat eine zarte, schön getönte Garnierung dazu erfunden, ach, ihre armen Hände sind so kunstreich wie rastlos. Sie haben sichs auch Geld kosten lassen, abgespartes Darbegeld, um den furchteinflößenden Götzen günstig zu stimmen und Dankbarkeit zu beweisen, noch ehe die Wohltat wie ein Beil auf ihre Köpfe fiel. Minka reicht überall mit entzückten Ausrufen das Prochsche Beutelchen herum; vom Nadelkissen wird kein Wort gesprochen. Olga erstickt fast vor Zorn, wäre sie nur nicht hergekommen, Robert hat immer recht, hui, wie Robert die ganze Bande verachtet! Und während sie sich weidet an Roberts Verachtung, packt sie den Hals ihres Glases fester, als sei da ein Hals, der sich abdrehen läßt. Nun, schöne Cousine, hab ich kein Prosit verdient? Ah, da ist er ja, der verdammte S-tock- und S-teinhannoveraner, jetzt zusammennehmen, jetzt freundlich grinsen, wir sind arme Ludern, kusch dich, kusch dich, mein Kind. Wie denn, was ist denn das, was will er denn, was murmelt er zwischen den Zähnen, ist er besoffen, der Mustermann, der Mustergatte, ist er nicht Kirchenvater bei sich zu Hause, und die Tochter hat er da, was stiert er auf meinen Hals? Olga, ich bin verrückt nach dir, ich hol dich morgen zu einer Praterfahrt, wo, wann, großer Gott, was für ein Teufel steckt in dem Menschen drin! Olga, lach weiter, wenn du dich rührst, laß ich eure Stinkaffäre (S-tinkaffäre) s-springen, Erpressung, egal, mir sagt man nicht nein, du bist eine Prachtperson, dich krieg ich doch. Da schiebt sich die Zwergin mit erhobenem Kelch heran, sie sabbert vor demütiger Wonne, der Maître d'hôtel macht betretene Zeichen, alles faßt sich, alles beruhigt sich, auf dem Tisch schäkern drei Dutzend bronzene Katzen und Affen, und nun wird aufgetragen die Mayonnaise de homard à la Gloucester, garnie de pointes d'asperges.

Onkel Franz, der Erfinder, und seine Gattin wechseln Blicke wie zwei Verschwörer. Ihnen ist kurz vor dem Essen übel mitgespielt worden, Seyfferth hat sie in der Kanzlei des Advokaten fast wie Betrüger traktiert, und das in Gegenwart des Ehepaares Proch und der Zwergin Johanna samt ihrem Sohne Arthur. Warum sitzen sie da? Einer wirft es dem anderen mit giftigen Blicken des Ingrimms vor. Sehr einfach, sie sitzen da, weil man nicht wissen kann. Franz zieht den viereckigen Kopf bis auf die Schultern herunter. Er brütet seit Monaten die entscheidende Erfindung seines Lebens aus: einen Stoßfänger, der, an Personenaufzügen befestigt, die Gefahren eines Absturzes vermindern soll. Dazu braucht er Geld. Also herunterschlucken die Sottisen, die einem der gemeine Protz gesagt hat, und freundlich grinsen. Wenn mein Patent angemeldet ist, bin ich ein reicher Mann, dann können sie mir alle –

Er blickt herausfordernd um sich, er ballt die Faust auf dem Tisch, die armselige Faust eines Neuropathen. Wo ist die Lilli? fährt er plötzlich heraus. Die Schwägerin fehlt. Sie hat bloß Betty geschickt, was schadets der Betty, das Kind soll sich amüsieren, vielleicht tanzen die Vettern später. Franz verfärbt sich. Die kommt nur nicht, weil ich da bin! Der Teufel soll sie holen! Er meint es ernst mit dem Fluch. Alles, was Max angehört, haßt er übers Grab hinaus. Er hat recht, die Schwägerin fehlt seinetwegen. Der Wahnsinnige hat sie einmal in ihrer Witwentrauer besucht und ihr seine Verwandtenliebe zu deutlich angetragen. Niemand ahnt es. Die Frau wird das Grauen nie verwinden. Der uralte Bruderhaß hat sie aus Drachenaugen angestarrt. Auch Kain war der ältere Bruder. Auch Kain war wahnsinnig. Gottes Liebe sollte ihm Abel gestohlen haben. Franz schielt geduckt zur alten Mutter hinauf. Das Herzblatt ist tot, was? Und der Narr ist am Leben, was? Nie hätt ich das böse, fette Weib an meiner Seite geehelicht, hättest du mich lieb gehabt wie du solltest, wie du mußtest, wie die Natur es verlangt. Nie hätt ich das verfluchte Haus gekauft, hätte der andere mir nicht allen Erfolg gestohlen. Bücher hat er gemacht, Läppereien aus Papier. Was war er gegen mich?

Ich bin Erfinder. Mir gehört die Zukunft! Mir hättet ihr helfen sollen, statt ihm nachzubeten. Da habt ihrs nun. Geschieht euch recht. Nein, geschieht euch noch lange nicht recht. Es soll der Tag kommen, an dem ihr alle zu mir gekrochen kommt. Der Tag der Genugtuung, an dem ihr zu Kreuze kriecht. Der Tag, an dem ich groß, stark und berühmt bin und ihr alle vor die Hunde gegangen seid wie dieser Fallott da, das Lumperl, der Leo!

Er sieht nicht, daß zwei Kinderaugen ihn fixieren. Betty schaut ihn an wie der Vogel das Reptil. Der Bruder. Dieser hier ist der Bruder des verklärten Vaters. Dort sitzt die Mutter, versteinter Schoß, Großmama, fast taub, fast blind, aber das zierliche Geistesflämmchen springt auf und ab im Gefängnis des Alters. O Vater, Sohn der zierlichen Flamme, Bruder aus dem versteinten Schoß. Verklärter Vater, wie bist du lebendig. Kann eine Mutter unter zwei Sternen stehen? Kann eine Mutter unter zwei Sternen gebären, einem seligen, einem unseligen? Ist von deiner Finsternis ein Tropfen in mein Blut gefallen, schrecklicher Bruder? Furchtbares Geheimnis der Blutgemeinschaft. Geliebter Vater, in deine Hände befehle ich alle meine Gedanken. Betty zittert heftig.

Seit Shakespeare ist ein Bankett nicht denkbar ohne Bankos Geist. Vielleicht ist darum das Zusammensein von vielen heftig schmausenden und trinkenden Männern und Frauen so unheimlich. Wenn sich auf dem Theater etliche Schauspieler um einen gedeckten Tisch versammeln, weiß man doch gleich, jetzt gehts zu bösen Häusern. Je munterer sich jene gebärden, desto grauslicher kommts. Bald wird der ungebetene Gast erscheinen, mir wird angst und bang. Flöge die vierte Wand des teppichbelegten Saales auf, da würde es kalt, kälter noch als in den elend geheizten Spelunken eines gewissen Hauses draußen in Simmering, Rauchgase fressen dort am Gestein, Kälte bricht die Rohre, Hitze macht den giftig schwarzen Schornstein bröckeln. Hinter dem schmutzigen Kalkbewurf rollen Steinchen. Reparaturen sind höchlich vonnöten, aber der Verwalter hat kein Geld. Zins treibt er ein, aber was will das sagen, wenn den Leuten die Decke über dem Kopf zusammenkracht, langt es unter Stöhnen und Schimpfen doch nur zum notwendigsten Geflicke. Es waren Herren da, einer in dickem Pelz, mit einer großartigen Zigarre im Mund, sie sind hinaufgestiegen, sie sind hinuntergestiegen, sie haben die Köpfe geschüttelt und sind wieder weggefahren. Wohl denen, die wegfahren können. Nach Tisch wird Seyfferth seine Haushälfte großmütig an die Tante zurückerstatten. Aus Takt hat er diese peinliche Sache nicht in seine Tischrede verflochten. Nun, Olga, verdien ich keinen Dank? Die Zwergin küßt ihm beide Hände ab, Olga reißt sie weg, Ernstl wird dunkelrot und schielt nach Betty. Fritzi ist zu kurzsichtig, sie hat nichts gesehen, sie hat auch nichts gehört, denn sie denkt daran, wie korrekt sie aussieht mit dem gesteiften Herrenkragen. Tante Minka hat ihr allein von allen Schnabels eine bronzene Katze geschenkt. Onkel Hans beachtet sie zwar nicht, trotz ihres herrlichen goldgesponnenen Haares, trotz ihres distinguierten schmalen Gesichts, trotz ihrer zarten und eleganten Figur, aber sie kennt das, sie ist Damen sympathischer als Herren. Sie leckt zuweilen mit der Zungenspitze ihre trockene, gesprungene Oberlippe und zwinkert stark mit den goldbefransten Lidern. Sie hat wenig gegessen und von den Weinen kaum genippt. Vielleicht darf sie morgen mit Miß Morley und dem Weihnachtsengel ausfahren, morgen ist Sonntag, ihr Bureau ist zu.

Die Aufregung hat sich gelegt, die Zwergin weiß nicht, daß Arthur sich für seine Person und für den abwesenden Leo auf Jahre hinaus zur ratenweisen Rückerstattung verpflichtet hat. Auch Ernstl ist mit inbegriffen, zwar ist er mit seinen siebzehn Jahren eben Lehrling in einem Textilbureau geworden, aber auch er wird sein Teil ablösen, von den Mädchen will Seyfferth keinen Beitrag. Er werde kein harter Gläubiger sein, hat Seyfferth versichert. Aber eine Schenkung à fond perdu gehe in diesem Falle gegen die Moral. Auf das Geld, solche Lappalie, komme es ihm nicht an, es handle sich um die Moral. Von dieser Erklärung zeigen sich alle Beteiligten erbaut. Die Zwergin erfaßts nicht, Seyfferth ist für sie auch ohne Berufung auf die Moral ein Engel vom Himmel, mit wilder Inbrunst vergöttert sie den Engel des Herrn. Ernstl für seine Person war als Minderjähriger nicht zugezogen, er weiß nicht, welche Fron auf ihn gelegt werden soll. Er steht noch immer in seiner Spiegelecke und kaut Nägel, er ist sowieso gedrückt genug, wer macht sich schon was aus ihm, er ist zu dumm. Die Betty, mit der er doch jeden Sonntag gespielt hat, die ist nur ein Mädl und wird im nächsten Jahr schon die Matura machen. Sie verachtet ihn, alle verachten ihn, nur die Olga, der er so ähnlich sieht, die steckt ihm heimlich eine Krone oder das Billett für einen Opernstehplatz zu. Das Wasser schießt ihm in die Augen, wenn er daran denkt. Sie flößt ihm auch Mut ein, sie „hußt“ ihn auf, „du kannst schon“, und „du wirst schon!“ sagt sie, wär nur die Olga jeden Tag schon in der Früh bei ihm. Er schielt verstohlen nach ihr hin, es ist lächerlich, wo die Geschwister beieinander sind, hängt er an ihrem Rockschoß wie ein kleines Kind. Wo steckt die Olga, ist sie am Ende fort? Ach nein, sie wollte nur gern, es leidet sie nicht länger hier, wo sie hinschaut, fühlt sie sich von Seyfferths glasigem Fischblick eingefangen, das Herz schlägt ihr zum Hals heraus, pfui, Olga, was ist das für eine gemeine Aufregung? Was hat der Unmensch an sich, irgendetwas hat er, jetzt nur hinaus, da – da holt er sie ganz öffentlich dicht zu sich her. Ist er betrunken? Nein, er ist nie betrunken, er faßt ihre Hand, ganz väterlich sieht das aus, wo ist denn die Minka, die hat wirklich einen Schwips, die erzählt den Prochs und Gaudenzkindern von einer Nummer bei Ronacher, die zu ihrer Zeit das Wiener Publikum entzückt hat. Sieh mal, Olga, sagt Seyfferth mit dieser hohen, eleganten Stimme, die er hat, sieh mich mal fest an, ganz fest, ich zeig dir, was meine Vivian immer von mir haben will. Aber du mußt mir ins Gesicht gucken, so – ganz fest – ins Gesicht – gucken – siehst du – kleines – armes – kleines – tapferes – Tierchen – armes – kleines – braves – tapferes – Tierchen – nicht umsinken – fest – halten – braves – tapferes – Tierchen – fest ins – Gesicht gucken – ist das – nicht ulkig – wie ich – mit den Ohren wackeln – kann?

Er kann es in der Tat, das ganze gewaltige, fleischige, blaugeäderte Mannsgesicht fliegt auf und ab, Olga schreit auf, ist es Lachen, ist es Schluchzen, es schüttelt sie durch und durch, ihr graut vor dem Clown, sie kreischt, ihr weichquellendes, üppiges Lachen ist in gellendes Schreien umgebrochen. Laß mich los, hör auf, sie keucht, sie windet sich, als ob sie einer zu Tode kitzeln wollte. Wo ist Minka, her mit Minka, aber die ist von allen Geistern der Wachsamkeit verlassen, hört sie nur an: Kinder, was wißt denn ihr, da war Rass drin, da war Kraft drin, Minka stellt sich in Positur, sie wackelt mit dem Gesäß und legt los:

Segns ihnen nur die Muskerln an,
Die hupfen schon, die springen schon.
Das war das Wassergigerl, am Wasser, am Wasser,
am Wasser bin i zhaus.
Am Wasser, am Wasser, da kenn i mi gut aus,
Am Wasser, am Wasser, da ziehts mich immer hin,
Weil ich vom Donaukarpfenklub
Das Wassergigerl bin.

Einer der Kellner mochte in dem Qualm und Dunst ein Fenster geöffnet haben, Karoline Proch schrie jedenfalls grell auf: Fenster zumachen, da kann man sich ja den Tod holen! Aus einem hohen, kohlschwarzen Rechteck quoll Kälte in den Saal. Wer beruft den Tod, wer redet vom Tod, schrie Franz erbost, natürlich die Karolin, wem gönnt die das Leben? Meinen Mantel! Ich will meinen Mantel haben! Es entsteht Aufregung, irgend jemand will das schwere Fenster zuschlagen, niemand kann es bewältigen, tückisch und furchteinflößend fliegt es langsam wieder auf. Der Maître d'hôtel stürzt herbei: Es ist kalt heute, sagt er, es weht ein kalter Nordwind heute! Malwine, die eben der Großmama in den Pelz hilft, stößt einen leisen Laut aus, schon fällt sie, ein Prochscher Vetter fängt sie auf, Wasser, Wasser, seit einiger Zeit hat sie Anfälle. Wenn der von Karoline berufene Tod wirklich im Saale war, so ist er wohl jetzt entschwunden, der Maître d'hôtel und zwei Kellner bringen das Fenster zu. Der Tod aber schwebt hinaus, wie es in dem herrlichen Märchen von des Kaisers Nachtigall heißt, aber nicht ganz bis zu den weißen Trauerrosen des Zentralfriedhofs in Simmering, sondern er kehrt ein wenig früher ein, er fliegt dort in der Nähe in ein gewisses baufälliges Haus und hockt nieder vor der Tür eines säumigen Mieters. Bei dem soll der Franz in der nächsten Woche den Zins eintreiben, es gibt eine lange, böse Streiterei auf dem zugigen Flur, Franz gerät gewaltig in Hitze, der Schweiß bricht ihm aus, den Zins bekommt er nicht, aber den Tod trägt er huckepack aus dem Hause. Und wieder eine Woche darauf, als er in feuchtkaltem Neubau einer Kommission von gelangweilten Ingenieuren seine Puffererfindung vorführt, da dreht ihm der Tod das Genick um.

ER IST SO DUMM

Schnabel, um Gottes willen, stieren Sie mich nicht so an. Wenn Sie mich nicht verstehen, drehen Sie sich um. Ich beschwöre Sie, drehen Sie sich um. Sonst geschieht ein Unglück – der Chef läutet Sturm. Schicken Sie einen anderen! Ernstl drückt sich hinaus. Im finsteren Vorzimmer, hinter den drohenden schwarzen Regalen der Registratur, weint er ein bißchen. Er ist so dumm. Er bringt alle Leute zur Raserei, trotz seinen Kirschenaugen und dem üppigen, feuchtblühenden Olgamund. Immer steht ihm die Oberlippe über den großen, mandelweißen Zähnen kindlich aufgewölbt. Gar keine Luft kriegt er, seine Wucherungen sind am wildesten ins Kraut geschossen. Es hilft ihm nichts, daß er ein schön gebauter, lockenköpfiger Bursch ist. Es hilft ihm nichts, daß er dienstbereit ist, gefällig, gutmütig bis zur Würdelosigkeit. Die Mädeln vom Kontor hänseln und quälen ihn bloß, er ist zu dumm. Das Schlimmste aber: er weiß, daß er so dumm ist. Seine ewige Angst macht alle Menschen wild und bösartig. Wer sich nicht wehren kann, dem weist selbst ein Totenschädel noch die Zähne. Die Lebendigen gar bewaffnen sich mit Knütteln und mit Messern. Sie stoßen und schlagen blindlings zu und tragen ihrem Opfer am Ende ihr schlechtes Gewissen nach.

Das Leben ist ein finsteres Loch, von Stacheldraht umstrickt. Draußen ist es grell, da stieren Fratzen herein, furchteinjagende, verzerrte Fratzen. Sie reißen die Augen auf, sie gestikulieren mit drohenden, rohen und grausamen Händen, sie brüllen mit bleckenden Zähnen, sie wollen was, sie geben Aufträge, sie befehlen Unverständliches, wer kann ihre Absichten erraten, es geht so toll durcheinander, der schreit, dieser schreit, jener ballt die Faust, dort schäumt einer schon, drüben wiehern sie vor Gelächter. Niemand drückt sich klar aus, alle haben Hintergedanken, will er rechts rennen, stößt ihn einer von hinten, will er links, stößt ihn einer vorne vor die Brust. Kein Licht, das ihn erhellt, keine tröstende Stimme, die erklärt. Olga, freilich, die Olga. Aber die kann auch nur streicheln und Zigaretten oder Zuckerln zustecken, erklären kann die auch nichts, man kann ihr ja nicht einmal begreiflich machen, was man erklärt haben möchte.

Wenn sie am Abend schnell einmal heraufhastet und auch die halbe Stunde noch im Lampenlicht dasitzt und emsig näht, da schaut sie freilich, und sie fragt: Wie gehts dir, Ernstl? Ist dir was? Wie gehts im Geschäft, ist der Bureauchef nett? Gott, was soll man da sagen? Er sitzt da, kaut Nägel, brummt etwas und zieht erfolglos das Störende in der Nase hoch. Olga probiert es eine Weile so, am Ende verliert auch sie die Geduld, und dann raunzt auch noch die Mama, die doch wirklich nichts zu sagen hat: Jöh, der Bub, er ist so dumm.

Manchmal legt er sich einfach auf den Tisch, der lange Mensch, und bleibt da liegen bis zum Schlafengehen. Da liegt er, denkt nichts, tut nichts, weiß nichts. Er weiß wirklich nur das eine: Alle Schnabels sind Menschen zweiter Klasse. Das hat ihm als Kind schon einmal ein Vetter Proch gesagt. Das hat er sich gemerkt. Das weiß er. Und dann, daß alle Menschen Hintergedanken haben, die man beim besten Willen nicht erraten kann. Oft grübelt er darüber nach, wie sies wohl untereinander treiben. Jeden Morgen wird man aus dem Bett gestoßen und fällt in das schreckliche Loch des Tages, und rundherum toben die Grimassen und Befehle. Abends kriecht man wieder ins Bett. Hie und da ist Musik. Olga schenkt eine Opernkarte. Wenn man das nicht hätte, wäre man vielleicht –

Er redet manchmal davon. In der Zeitung sucht er immer, ob sich einer umgebracht hat. Wenn man gut sucht, findet man oft einen. Er ermuntert die Fritzi, geh, hilf mir suchen. Im Extrablatt stehen besonders gute. Grausiger Fund in der Neutorgasse. Mit drei Kindern in den Tod. Eine Leiche in der Badewanne. Badewanne haben wir keine. Er lacht gutmütig. Auf einmal haut ihm die Fritzi eine Ohrfeige herunter. Sie zittert vor Wut, ganz fahl sind ihre ewig aufgesprungenen Lippen. Sie ist so entsetzlich jähzornig, die Person, der Zwicker ist ihr von der Nase heruntergefallen, so fein und klein ist die Nase, ein kleines apartes Höckerchen sitzt darauf, da rutscht der Zwicker immer wieder von der weißgespannten Haut ab. Hör auf mit deiner blöden Interessantmacherei! schreit sie. Das ist ja unerträglich! Sie hat ihm die Zeitung weggerissen. Das ist ja un–erträglich!

Alle macht er wild. Es ist ein Wunder, wie er sich durch die Jahre schleppt. Aber es wundert sich niemand darüber. Er wird am Ende vom Kontor weg in den Laden gesteckt, er ist stark, und ehrlich ist er auch. Da steht er also jetzt und bedient Kunden. Alle Schnabels, sagt Vetter Proch, sind Menschen zweiter Klasse. Fritzi bezieht doppelt soviel Gehalt wie er. Sie ist nach Malwinens Tod keineswegs Gesellschafterin der Großmama geworden. Auf keinen Fall gibt sie ihre Selbständigkeit auf. Sie ist nicht dumm, nein, gar keine Spur. Sie ißt zweimal wöchentlich bei der Großmama und liest ihr vor. Auch neue

Häkelmuster verschafft sie, sie häkelt selber in allen freien Stunden verbissen emsig Einsätze und Spitzen. Sie lernt jetzt Böhmisch, wegen gewisser Korrespondenzen. Man wird sie vielleicht nach Böhmen hinausschicken, sie ist bei einer großen Kohlenfirma angestellt. Sie redet vom Ostrauer Revier wie von der Ringstraße. Ernstl kann sie nicht leiden, sie ist der einzige Mensch, den er haßt. Sie vergilt es ihm doppelt und dreifach. Wie eine Katze faucht sie und macht einen Buckel. Der Buckel ist voll Verachtung. Nein, sie ist die letzte, die sich darüber wundern würde, wie Ernst sich durch die finsteren Jahre schleppt. Sie ist eine wehrhafte, bissige Person. Eines Abends macht Arthur, der schon eine Glatze bekommt, eine Anspielung darauf, daß sie sich mit ihrem Gehalt von Rechts wegen an der gewissen Schuldentilgung in Hannover beteiligen könnte. Da kommt er schön an. Daß sie ihm nur nicht ins Gesicht springt. Das ganze schmale, dünnhäutige Gesicht steht in Flammen. Die Lippen verschwinden über dem tadellosen, aber vorgewölbten Gebiß. Ob er verrückt geworden ist? Was das Mannsvolk eingebrockt hat, soll das Mannsvolk ausfressen. So ein Esel! Hineinlegen habt ihr euch lassen von dem Zigarrenkavalier. Und was hat der Leo, das Lumperl, schon eigentlich davon gehabt? Siebenhundert Kronen, das hat man schließlich fest stellen können, wegen siebenhundert Kronen ist er auf und davon, und man hat nie mehr etwas von ihm gehört. Alles übrige haben die anderen Gauner eingesteckt. Wie kann man so blöd sein! Ihre Art, die steil aufgestellte Hand mit fest aneinandergepreßten Fingern bei vor die Brust gestemmtem Ellbogen dicht vor ihren Augen argumentierend vor und rückwärts zu bewegen, hat etwas unaussprechlich Pedantisch-

Arrogantes an sich. So, als ob der andere ein Schwachkopf wäre, dem man jede Silbe nicht nachdrücklich genug ins Bewußtsein hämmern könne. Alle Männer sind Schwachköpfe. Sie bäumt sich vor Verachtung und Abscheu, wenn sie von Männern redet. Strizzis wie der Mosola oder egoistische Tollhäusler wie der Geßl. Küß die Hand, danke ergebenst. Sie tut nicht mit. Sie hat an sich selber zu denken. Denkt eh sonst keiner an sie. Arthur ist müde, er bricht ab. Fritzi keift noch beinah eine Stunde fort. Ernstl zahlt nun auch schon nach Hannover. Er weiß dunkel, da ist irgendwo ein Haus. Weil dieses Haus da ist, kann er nicht einmal einem Mädel einen Kalbsbraten spendieren. Er bäumt sich nicht auf, er nimmts hin, er schleppt es durch die Jahre. Im Geschäft gibts schmutzige Anspielungen, meckerndes Gelächter. Warum geht er nie mit einem Mädel? Unmöglich kann er ihnen erklären: es ist da irgendwo ein Haus, dem ich zinspflichtig bin. Sie haben doch Geld! Sie gehen doch in die Oper! – Er pfeift die kompliziertesten Orchesterstellen aus den Meistersingern. Ja, das kann er. Neulich bei Geßls hat er sogar gesungen. Wie das auf einmal aus seiner Brust hervorgeströmt ist, tief erschrocken ist er über den eigenen Klang. Der Schwager hat gesagt: Da sieht man, daß Musikalität nichts mit dem Gehirn zu tun hat. Die Olga hat ihn auf den Mund geküßt. Der Robert hat etwas von „ausbilden“ geschwafelt. Ernst mußte alles singen, was er so in seinem Kopf beherbergt. Heiliger Strohsack, wieviel das war! Stundenlang kann er fortsingen, meist mit „La-la“, denn die Worte merkt er sich nicht, vom Sinn hat er keine Ahnung, aber die Orchesterstellen legt er tadellos mitten hinein. Nachher war er so aufgeregt, daß er weinte. Er weint so leicht wie ein dreijähriges Kind. So einem Vieh, sagt Geßl, hilft auch die Stimme eines Caruso nicht! Aber ich wills versuchen. Doch Ernstl reißt sofort die Augen auf und stammelt: Das kann ich nicht. Nein, nein, er kann nichts, er vermag nichts, er wehrt sich wie ein Verrückter, er kann nichts anderes, der große schöne Bursch, als in das stacheldrahtumstrickte Loch des Tages fallen und seine Jahre schleppen, Tag um Tag.

Rund um ihn sind alle tüchtig, wissen was sie wollen, streben vorwärts, haben Ziele, bauen an ihrem Glück, nehmen Weiber, zeugen Kinder, alles rührt sich, rennt und tut und schafft. Und immer blickt der Steffl freundlich auf sie nieder. Bis es, ganz urplötzlich, eines Tages ein Ende hat. Der Krieg ist da, aus allen Häusern bricht es hervor: Ratlose, Verzweifelte, Gepreßte, Gehetzte, sie wissen nicht aus noch ein. Ihre Kreise sind gestört, ihre Ziele verstellt, ihr Leben ist ihnen entwunden, und sie hatten es doch so sicher in der Hand. Einen nach dem anderen triffts: der Geschäftsführer muß fort, die Kommis müssen fort, no, und Sie, Schnabel? So ein Riesenlackel wie Sie? Er hat nicht gedient, er hat Plattfüße. Wie haßerfüllt sie ihn anschauen! Und ihm würde es gerade gar nichts ausmachen. Ihm ist es wurst, ganz wurst. Er würde gern tauschen, Ehrenwort, läßt sich so was nicht machen? So ein Lackel, so ein blöder. Der ist noch zum Erschossenwerden zu dumm.

Aber nein, gerade das ist er nicht. Das heißt, ums Erschossenwerden geht es zunächst nicht, sondern um die Vorschule dazu, den Militärdienst. Am Ende wird Ernstl nämlich doch „einrückend“ gemacht, trotz der Plattfüße, zu irgendeinem Ersatzkader, der ungeheure Walfisch hat ein tiefgestaffeltes System von Zahnreihen, da rutscht keiner durch, man zieht ihm eine verrunzelte graue

Montur an, die nach Lysol stinkt, drückt ihm ein viel zu kleines, stinkendes, graues Mützchen auf den geschorenen Kopf, und marsch hinaus, aber es geht nicht weiter als bis Tulln. Soll er den Brückenkopf bewachen? Gott bewahre. Herumstehen soll er, rauchen, spucken, sich kratzen, mit Krankheiten geimpft werden, Schweinereien lernen, und hauptsächlich soll er stinken, stinken nach Lysol, nach Gegenwärtigkeit, nach Menschenherde, nach Menschenstall, nach Menschenmaterial. Niemand findet ihn dumm. Niemand hat Hintergedanken. Nichts ist unerklärlich. Was die da wollen, das kapiert er. Er kann schön salutieren mit Brust heraus und Bauch hinein, das hat er schon als kleiner Bub gekonnt. Im ungeheuren Getöse von Millionen Fragwürdigkeiten hat Ernst zum erstenmal keine Angst. Er weiß nicht, daß er diese fast wahnwitzige Erleichterung mit allen Randexistenzen aller kriegführenden Staaten teilt. Ernst weiß nichts von dieser grenzenlosen Brüderschaft der Chaossüchtigen. Aber ihre Strahlung durchflutet ihn. Er lacht, er grinst, er singt den ganzen Tag. Aus voller Seele singt er, die Höheren haben ihn gern. Ein musikalischer Rechnungsoffizier verliebt sich geradezu in ihn. So kommt er in die Regimentskanzlei. So, die Handelsschule gemacht, immer bei Stankovits und Zwirn gewesen, kenn ich. Das offene, ehrliche, grundanständige Gesicht! Er bekommt mit dem Geld zu tun. Es wird bekannt, daß er so schön singt. Wohltätigkeitsveranstaltungen und Spitäler bewerben sich um ihn. Er singt alles durcheinander: Leos Leiblieder und den Prinz Eugen und La donna è mobile und In der Heimat, in der Heimat, da ists so wunder-wunderwunderschön, und es tropft ihm aus der Nase, die Augen gehen ihm über, stürmisch nimmt sein Leben die höchste

Steilkurve, er bekommt Mannesmut, er trinkt Bier und Schnaps durcheinander, aber der Rausch, in dem er lebt, kommt nicht aus dem Alkohol, er kommt aus der Seele, aus der innersten Herzkammer dringt er, da sind die eisernen Klammern gebrochen, flieg auf, arme Seele, 's ist Zeit, 's ist Zeit. Und weil die Herzkammer bereitet ist, wartet die Braut auch. Wie ein Irrsinniger wälzt er sich die ganze Nacht herum, als er eines Abends die Pflegerin Irma Janauschek kennengelernt hat.

IRMELIN ROSE

Sie ist achtzehn Jahre alt und eigentlich Volksschullehrerin. Um Gottes willen, sie hat ihn gern. Was soll er denn nur tun, um Gottes willen, um Gottes willen. Das kann ja kein Mensch für möglich halten. So schön ist die, so fein, so anständig. Das Singen hat die beiden zueinander gebracht. Sie singt auch, zur Gitarre, so rein wie ein Vogel. Dreihundertzweiundfünfzig Lieder kann sie, sie und ihre jüngere Schwester haben es einmal zusammengezählt und aufgeschrieben. Ja. Er fängt an zu zittern, wenn er nur an sie denkt. Wie sie den süßen, runden Kopf trägt, akkurat wie ein Vogel. Das Gesicht, das macht ihn wie blind. So fest ist da alles, so rein hingezeichnet, so entschieden, so fix und fertig, die vorgewölbte Kinderstirn, die harte kleine Nase, der weiche, feste, streng beherrschte, glühend rote Mund. Gott, Gott, Gott. Alles ist weich und fest und glühend und beherrscht an ihr. Wenn sie frei hat und die Gasse daherkommt im dunklen Mantel mit dem nie recht weißen Dingsda auf dem Kopf, da sieht man ihre festen, runden, couragierten Beine. Weiß der Teufel, Courage hat das Frauenzimmer. Mutig geht sie, mutig lebt sie, mutig zerrt sie eine kranke Mutter und zwei Geschwister hinter sich durch Graus und Not. Schwester, alle sagen Schwester, das ist ihr Name Titel und Gebühr. Dem Ernstl ist er ohnedies viel teurer, heiliger als der Name „Mutter“. Sie redet sparsam von den Ihrigen, aber er weiß gleich, das ist das Herz ihres Herzens, daher kommen fliegende Röten über die hohe Kinderstirn, daher ein gewisses Schwimmen in die kleinen, hellen, braunen Augen. Sie redet überhaupt nicht viel, es dringt alles recht stockend, ja hart aus ihrer Brust herauf, eher noch singt sie, aber die beiden sind ja obdachlos, sie im Spital, er in der Kaserne eingesperrt, meist treffen sie sich auf der Gasse, da wirds nichts mit dem Singen. Wenn sie nichts zu berichten hat, schweigt sie auf eine ernste und lebhafte Weise, alles an ihr ist ja prall von Leben, von einer dunklen Wucht des Lebens überschattet. Wenn sie lacht, brechen die achtzehn Jahre aus ihr heraus, wenn sie rot wird, ist es das Aufschießen des Saftes in einem jungen Baum. Sie ist viel zu dicht und zu stark für das locker aufgeschossene Mannsbild an ihrer Seite, sie weiß es aber nicht, sie hat sich ihn herangeholt, unbekümmert stampft sie ihren Weg neben ihm fort, Straßenschmutz spritzt ihr die Strümpfe hoch, sie achtets nicht, sie wirds auch im Spital nicht merken. Sie ist unordentlich, die Oberschwester schreit sie zehnmal im Tag an, weil sie irgendwo Kämme mit Haaren liegen läßt, oder Verbandszeug in einem blutigen Knäuel vergißt, oder gläserne Gefäße zerhaut, es ist oft zum Verzweifeln. Und doch wirft man sie nicht hinaus, gerade die Oberschwester bittet immer wieder für sie, denn Schwester Irma besitzt eine unglaubliche Gabe, mit Verzweifelten umzugehen. Leute mit Rückenmarksschüssen, Blinde, Gelähmte, Amputierte, Leute, deren Wartung das Äußerste an menschlicher Fassung, Geduld und Einbildungskraft erfordert, solche Leute pflegt Irma Janauschek. Sie geht nicht anders mit ihnen um als mit ihren Volksschulkindern, sie verliert einfach oft achtzehn Stunden des Tages nicht die Geduld. Sie allein bringt ihnen das Essen in den Mund hinein. Sie allein kriegt sie zu den entsetzlichen Leiden des Verbandwechsels. Nach ihr wimmern sie in der Nacht. Sie ist zur Stelle. Sie nimmt von allen Dingen das Schreckliche fort wie ein Tuch. Sie hilft leben, sie hilft sterben, sie ist so tapfer, daß einer lachen müßte vor Sympathie und Grausen, wenn er ihr zusähe. Aber niemand im Spital hat Zeit und Liebe genug, sich darüber zu verwundern; ein jüngerer Arzt ertappt sie nur drei- oder viermal dabei, wie sie sich, seiner Verordnung lauschend, mit einem halben Lächeln vollkommenster Freundlichkeit die derben, kurzen Finger ihrer fleischigen, fast rohen roten Hände sinnlos ausrenkt. Er fragt sie nicht, er hat keine Zeit, er nimmt halb unbewußt die Vorstellung mit: die Kleine ist grausam. Alles das weiß der arme Ernstl nicht. Sie hat ihm, hinter den Zähnen summend, ein Lied beigebracht, darin heißt es:

Irmelin Rose, Irmelin Sonne,
Irmelin alles was schön ist!

Sie ist nicht kokett, aber das Liedchen hat sie ihm doch beigebracht. Wenn sie singt, wird ihr rötliches Herzspitzenkinn blaß von der Streckung, in der kleinen Vertiefung unter der hervorblühenden Unterlippe sitzen immer Mengen von kleinen roten Hautunreinlichkeiten, rechts und links von der rötlichen Nasenspitze auch, das ganze runde, kräftig gefärbte Gesicht sieht immer zugleich gescheuert und ein wenig unrein aus. Ernst könnte diesen Teint mit dem bleichen Samt vergleichen, in dem Olgas Mund sich zu zwei zarten Schattenwinkeln senkt, aber denkt er auch nur daran? Er denkt: Irmelin Rose, Irmelin Sonne, Irmelin alles was schön ist.

Das Auf- und Abstampfen auf der Straße muß ein Ende haben, sie möchte bei ihm sitzen, mit ihm singen, sie will nah an ihn heran, der große, schöne Bursch hats ihr angetan, sie schaut zu ihm hinauf, lacht ein bißchen, du hast Augen! sagt sie. Daß sie so viele Blinde pflegt, sagt sie schon nicht mehr, ihr Blick fällt seitwärts zu Boden, und eine Finsternis fliegt über sie hin. Ihn schauerts durch und durch, sie ist ihm unergründlich, da hat sie ihm doch was sehr Liebes gesagt, und ihm gehts in die Haarwurzeln. Wie sollen wirs nur machen, stöhnt er, ich weiß und weiß halt keinen Ort. Sie schaut gerade vor sich hin, die Zunge wandert ihr nachdenklich im Mund herum, sie wippt ein bißchen auf den Beinen, die Fäuste hat sie in den Manteltaschen vergraben. Na, behüt dich, sagt sie und dreht sich davon, sehr schnell und bolzgerade aufgerichtet.

Das nächstemal hat sies. Es ist eine Freundin da, Mizzi Stöger heißt sie, die bewohnt allein eine Kammer. Sie selbst geht in eine Fabrik, sie wird also meist nicht da sein, wenn Ernst und Irma hinkommen. Der Schlüssel wird unter dem Türvorleger versteckt sein. Einheizen wird man halt müssen, das heißt, den Petroleumofen anzünden. Das Petroleum werden sie selbst hintragen. Die Mietfrau scheuert im Spital, mit der hat Irma sich geeinigt. Freust du dich, Ernstl? Du!! Freust du dich?

Sie schleppen eine Petroleumkanne hin, Brot, Tee, Marmelade und die Gitarre. Die Kammer ist wie aus Eis gebaut, die Luft steht ihnen weiß vor den Mündern. Sie fühlen es nicht, sie wissen es nicht, sie verklammern sich ineinander im ersten Augenblick. Lysol stinkt, Petroleum stinkt, Spitalskleid und Soldatenkittel stinken Not und Tod, sie spüren es nicht, sie trinken einander den weißen Atem weg, du hast Augen, du hast Hände, du hast Füße, Ernstl, du bist stark, du bist ein schöner starker

Mensch. Irma, Irmelin, du hast einen Mund, du hast einen Hals, Gott im Himmel, darf ich, gib, und er stammelt, er fällt auf die Knie, er reißt sich wieder hoch, er ist außer sich, er ist mehr als er selbst, sie steht da und zittert ein bißchen, sie fürchtet sich nicht, sie zittert nur, oben bei den Schultern fängt es an, im Kreuz packt es sie dann mächtig, und endlich werden die kleinen mutigen Säulen der Beine schwach. Sie ist Jungfrau, sie macht sich nichts draus, sie schreit nicht um Schonung, sie wird nicht ungeduldig, sie bricht nicht in Tränen aus, ein-, zweimal renkt sie sich die Finger herum und knirscht mit den Zähnen. Ernstl kann ihr fanatisch versteintes Gesicht nicht sehen, es ist keiner da, der sich denkt: die Kleine ist grausam. Er liegt schlaff und schwer wie Adam auf ihrer Brust, durch sein Blut geisterts: bis in den Tod Irmelin Rose, bis in den Tod Irmelin – alles was schön ist – bis – in – den – Tod.

Aber sie verlangt keine Schwüre. Heut nicht, das nächstemal nicht, die zahllosen Male nicht, nie, niemals. Doch, einmal muß er schwören. Da geht es sogar verflucht finster zu, sie versteht keinen Spaß, nie wird er ihr Gesicht vergessen, diese steinerne Härte im Kinderfleisch der Wangen, die Stirn gesenkt wie ein Kampfstier, und das Zucken um Mund und Wangen: Schwör mir, daß du nie wieder saufen wirst! Hier schwör mirs, auf mein Herz sollst du schwören! Es soll zu schlagen aufhören, auf der Stelle, wenn du einen Schnaps anrührst! Spürst du mein Herz? Spürst du, wie es schlägt? Schwör mir, daß du nie wieder saufen wirst!

Er hat seinen Kummer in Branntwein ertränkt, weil er sie drei Wochen nicht sehen könnte. Er schwört, die Hand auf ihrem laut schlagenden Herzen. Aber es dauert lang, ehe das Düstere in ihren Zügen sich auflöst, immer wieder fällt sie sekundenlang in das eigentümlich vertiefte Starren, als müsse sie etwas Unheimlichem auf den Grund kommen, als habe sie sich sprachlos auf einen Ringkampf eingelassen. Dann wieder fährt sie schlaftrunken auf, Irma, Irmelein, sag, bist du vielleicht mondsüchtig? Er hat keinen anderen Begriff, er will damit etwas ausdrücken wie: Gesichte haben, hellsehen, das Mädchen ist seine einzige Verbindung mit der Geisterwelt, seien es obere, seien es untere Geister, Engel oder Dämonen. Er rührt keinen Schnaps mehr an, er hat eine abergläubische Idee von ihrer Fähigkeit zu ahnen, und den Willen und den bitteren Trotz traut er ihr schon zu, daß sie ihr Herz stillstehen heißt, um ihn zu strafen. Überhaupt von Strafe hat sie eine schwarze ungeheure Vorstellung, das bekommt er heraus. Zwar die schmutzigen Gassenkinder, die oft rudelweis um sie sind, erleben nichts von Strafsucht an ihr, sie putzt ihnen zwar die Nasen nicht, aber sie erzählt ihnen herrliche Geschichten und singt hundert Lieder dazu. Kranke Hunde laufen ihr nach, verhungerte Katzen schnurren an ihren Beinen, einmal stirbt eine im Spital, bei der hockt sie die ganze Nacht und singt dem fieberkranken Tier Schlaflieder vor. Tiere dürfen nicht gestraft werden, Menschen aber müssen sich beugen unter die Strafe, wenn sie die Pflicht verletzen, und Pflicht ist allein das eine, einzigste: das Böse überwinden in sich selbst. Sie sitzt am Bettrand, er liegt schlaff darin. Gott, Irmlein, in mir ist wahrhaftig gar nichts Böses! Sie hört ihn kaum, sie blickt und nickt vor sich hin, dann hebt sie den Kopf, sieht in die hilflosen grübelnden Kirschenaugen, langsam zieht ein mütterliches Leuchten über ihre Stirn, sie lacht, sie küßt ihn: Du, du bist ein guter Mensch, du ja! An der Brust dorrt ihr ein Sträußchen, ein dankbarer Pflegling hat es ihr verehrt, aber bei ihr gedeihen Blumen nicht, sie läßt sie kaputt gehen, sogar eingepflanzte Stöckchen läßt sie verdorren und verdursten, wer kann die begreifen, sonderbares Geschöpf.

Ende Februar verliert sie die Farbe, unter den Augen entstehen schwarze Ringe. Sie wird nervös, oft finster bockig wie ein böses Kind, Ernst sorgt sich ab, das rührt sie, das ist sie nicht gewohnt, aber es macht sie auch wieder ungeduldig, so nervös ist sie. Sie spricht fast nichts mehr, sie zerrt an ihren Fingern, die Gitarre wirft sie derb hin, daß sie einen unheilbaren Sprung in den Leib kriegt. Ihre Lippen sind kalt, ihre Hände naß. Was hast du denn, Irmelein, Jesus Maria, sag mirs doch, du bringst mich ja um. Sie stiert in eine Ecke. Die Leute machen mich wahnsinnig. Sie machen mich wahnsinnig. Ich halts nicht mehr aus, das Gewimmer, das Geschrei in der Nacht, Schwester Irma, Schwester Irma, es gibt welche, die brüllen, es gibt welche, die betteln. Schlafen möcht ich, ich möcht das Spital anzünden, anzünden! schreit sie auf einmal heraus und ballt die Fäuste. Es schüttelt sie, es schlägt sie hin und her, ich bin so schlecht, du glaubst es nicht, du weißt es nicht, sie beißt sich mit den kleinen Zähnen in die weiß hervortretenden Fingerknöchel, jedem einzelnen könnt ich Gift eintränken in der Nacht, das wär ja kein Verbrechen, zu was sind die denn noch gut, aber warum muß ich sie denn so furchtbar hassen!

Er kann ihr nicht helfen, er fühlt seine Hilflosigkeit wie einen schrecklichen Buckel, den er tragen muß, er streichelt sie, er sagt, nach dem Krieg werden wir heiraten, ich hab ein ganz schönes Auskommen, und wenn meine Großmutter stirbt, erb ich ein Haus. Das heißt, einen Teil von einem Haus, aber sie wird jetzt sechsundachtzig Jahre alt. Sie hört ihm gar nicht zu, das Auskommen scheint sie wenig zu kümmern, und der glorreiche Hausbesitz schon gar nicht. Von Besitz hegt sie überhaupt die unklare Vorstellung, daß er strafbar ist. Finster schweigt sie in sich hinein, von Zeit zu Zeit überläuft sie ein Schauder. Das alles spielt sich Mittwoch ab, Freitag bekommt Ernst einen Expreßbrief: sie ist fort, sie hat stante pede packen und auf Urlaub müssen, sie hat einen Nervenzusammenbruch gehabt, die Oberschwester hat sie für zwei Wochen nach Hause geschickt. Das ist nicht sehr weit weg, aber für Ernstl dennoch unerreichbar. Ihm wird ganz schwarz und schwindlig, als hätte ihm jemand Herz und Hirn herausgenommen, so leer ist ihm innen. Den ganzen Tag tappt er so herum, er kauft Tinte und Papier. Der freundliche Reserveleutnant beschäftigt ihn in der Kanzlei (vielleicht ist auch ruchbar geworden, daß er einen Onkel hat, der mit dem Rang eines Generals im Kriegsministerium beschäftigt ist), da kann er viel nachdenken und schreiben. Irma, Irmelein, schreibt er, daß du so fort hast müssen, und ich hab dich gar nicht mehr sehen können. Es fällt mir jetzt alles ein, wenn du nicht zufrieden mit mir warst, und ich hab dir eine traurige Stunde bereitet. O mein geliebtes Irmelein, ich will dich ganz gewiß im Leben nie mehr kränken. Trinken tu ich keinen Tropfen, ich denke nur immer an dich, Irmelein, du bist meine fixe Idee.

Dann holt er ein Lineal, zieht fünf Linien und malt unter vielem Schnaufen Notenköpfe hinein, die er mühselig abschreibt: Irmelin Rose, Irmelin Sonne, Irmelin alles was schön ist. Darunter schreibt er noch einmal:

Irmelein, du bist meine fixe Idee. Das gefällt ihm, das hat in seinen Augen etwas Gebildetes. Sie antwortet auch einmal, er ist fast wahnsinnig vor Stolz. Er muß den Brief herzeigen. Das hat er ja gar nicht gewußt, daß ein Mensch, daß ein Mädel so schreiben kann. Keine seiner Schwestern kann das, nicht einmal die Olga, die außerdem immer orthographische Fehler macht. Der Mutter geht es besser, schreibt die Irma, so sanft wie das Schneewittchen sieht sie aus. Die Christine, der kleine Fratz, hat mir zum Willkommen so ein spitzkaltes Mündchen hergehalten, am liebsten hätt ich hineingebissen wie in eine Erdbeere aus Gefrorenem. Du glaubst nicht, wie still es hier ist, und wie gut es überall riecht. Und jede Nacht schlaf ich unserem Herrgott den Himmel voll. Es geht etliche Seiten so fort, auch Zärtlichkeiten für ihn kommen vor, aber überall schlägt das Glück durch: sie ist zu Hause. Sie hat ein Zuhause, das sie mit glühendem Stolze liebt, eine schmerzliche Eifersucht beschleicht den Burschen, im ersten Augenblick hat er das nicht so gefühlt. Sie alle, die sie kleidet und nährt, auf die ist sie stolz. Ihm setzt sie die Nachschrift hin: Nicht wahr, du hast mir versprochen, daß du die Kitschlieder von deinem Bruder Leo nie mehr singst, außer wenn es der Leutnant verlangt. Da kannst du nicht aus, aber sonst wärs eine Blamage. – Da denkt er hin und her, auch in der Kränkung ist er völlig von ihr besessen. Er antwortet, malt, stammelt seine Liebesschwüre hin, er schreibt jeden Tag. Aber er bekommt keinen Brief mehr, Irma ist wie vom Boden verschluckt. Zehn Tage vergehen, er ißt nicht, er schläft nicht, er torkelt zum Dienst, man verhöhnt ihn schon wieder, der Feldwebel pfeift ihn fürchterlich an, er steht stramm, wenn man ihm ein

Bajonett hineinrennen würde, er fiele um wie ein Sack. Am elften Tag muß sie da sein, er stolpert ins Spital, ja, sie ist da. Schwester Irma soll einen Moment herauskommen. Er kriegt einen Schwindelanfall, in einem feurigen Rad steht sie vor ihm, Irma, Irmlein, was ist denn. – Was soll denn sein? antwortet sie mit einer rauhen Stimme, die nicht ihr gehört. Und wie sie aussieht! Grau im Gesicht wie mit Asche angestaubt, die Haube schief auf, Säcke unter den Augen. Geh weg jetzt, mach kein Aufsehen. Morgen treffen wir uns in meiner Freizeit, du weißt wo. Sie ist fort, er muß weg.

Am nächsten Tag sagt sies ihm. Sie ist schwanger, es ist kein Zweifel mehr. Ganz kalt und trocken sagt sies heraus, nur die Hände windet und dreht sie, daß es nicht zum Anschauen ist. Sie setzt sich in der Kammer gar nicht nieder, stehend legt sie Bericht ab, sieht ihn nicht an. So und so ist es, und was da ist, das darf nicht sein. Es muß weg, es muß weg, denn sein muß Dienst, die kranke Mutter, die kleinen Schwestern leben davon, und wenn der Krieg aus ist, kann sie nicht Lehrerin bleiben, wenn sie ein Kind hat. Nach dem Krieg, stottert Ernst, aber mit einer einzigen Kopfbewegung fegt sie ihm alle Vertröstungshoffnung glatt aus der Welt. Red doch nicht. Dann starrt sie mit vorgewölbter Stirn auf einen entfernten Punkt des schmutzigen Fußbodens.

Ernst tappt in die Kaserne zurück, auf dem Wege fällt er zweimal hin. Er hat eine Schraube im Gehirn, die Irma hat ihm eine Schraube hineingedreht. Ihm kann keiner raten oder helfen. Im Kasernenhof ist das, was sie einen Wirbel nennen, richtig ja, es geht heut ein Transport hinaus. Jesus Maria, mit dürfen, hinaus dürfen, er bekommt furchtbares Herzklopfen, man kann sich ja freiwillig melden, so etwas war schon da. Er packt einen an, der vorüberrennt – du! – aber wie er ihn anfaßt, wird ihm klar, wenn er sie so elend hat sitzen lassen, darf er nie wieder zur Irma, dann ist es aus mit ihm und der Irma. Was willst? Nichts, nichts, gar nichts will ich. Getrampel, Lärm, Geschrei, Kommandorufe. Bis zur Bahn geht Musik mit, in der Heimat, in der Heimat, da ists so wunder-wunderschön, der Märzwind tobt schneidend gegen die Donau hinunter, irgend jemand redet vom Eisstoß. Das kann noch dauern bis dahin, der Winter nimmt kein Ende, der Winter ist streng. Es wird finster, der Sturm hat die Musik verschluckt, aber irgendwo ist ein Gewimmer in der schwarzen Luft. Ein langer Kerl im schlotterichten Mantel steht da und bleckt den Ernst an: Es ist kalt heute, es weht ein kalter Nordwind heute –, dabei schaudert der Kerl zusammen und lacht. Ernst fährt in die Höhe, als hätte ihn ein Vorgesetzter angerufen, er steht stramm, aber da ist keiner, er schaut leer um sich und schleicht davon, durch die Korridore links um die Ecke, in die Kanzlei.

In Anbetracht dessen, daß es in der Heimat ja so wunder-wunderschön ist, können die Ereignisse der nächsten vier Wochen samt ihrem Abschluß nur als sehr unerheblich bezeichnet werden. Schwester Irma ist musterhaft im Dienst, sie drängt sich, was sie niemals tat, zur schwersten körperlichen Arbeit. Früher ist sie faul gewesen, jetzt scheuert sie und schleppt die riesigen Laugeneimer treppauf, treppab. Sie liegt auf denselben Treppen und scheuert, wenn sie aufschaut, ist ihr Gesicht entzündet und naß. Wie unter einem Blutschleier lächelt sie, wenn gelächelt werden soll, und scheuert weiter. Niemand beachtet, daß sie beinahe nichts genießt und alles

Hinuntergewürgte wieder erbricht. In der Nacht hebt sie ein achtzig Kilo schweres Mannsbild allein aus dem Bett. Aber alles Wüten ist umsonst, ihr eiserner junger Körper läßt sich nichts abtrotzen, da muß die Sonde her.

Vor dem Lazarett lungert zuweilen der Ernst herum, wie ein Toter sieht der Bursche aus. Er paßt ihr auf, in die kleine Kammer kommt sie nicht mehr, es ist das alte Lied, also so sieht das aus, jetzt muß ichs alleine schleppen. Irmelin Rose, Irmelin Sonne – Um Gottes willen, kapier doch, die Frau will hundertfünfzig Kronen auf den Tisch. Das Risiko ist zu groß, sagt sie, ich kann ja vielleicht eine finden, die weniger verlangt, aber wenn ich draufgeh, verhungert mir die Mutter! Sie packt ihn am Mantel, sie schüttelt ihn, ganz wild ist sie, und das entzündete Gesicht, und die grauweißen Flecken unter den Augen! Wie die schreien kann bloß mit dem stummen, nassen Gesicht, Irma, Irma, wo soll ich hundertfünfzig Kronen hernehmen! Da läßt sie los, stiert fort, deine Leute sind doch reich, du bist doch Hausbesitzer, aber so seid ihr, pfui, pfui, pfui, pfui, so seid ihr Geldsäcke, keine hundertfünfzig Kronen bringt der auf. Plötzlich dreht sie sich auf den Hacken herum und stürzt in die Finsternis davon. Er ihr nach, sie rennt wie besessen, er erreicht sie nicht mehr, es ist fürchterlich.

Strafe, Strafe. Sie springt in der Office von einem Schrank herunter, aber sie verstaucht sich bloß den Fuß. Da liegt sie nun, der Arzt kommt, befiehlt Bettruhe. In derselben Nacht schon stößt er auf sie bei einem Amputierten. Wieder fährt es ihm durch den Kopf; die Kleine ist grausam. Er fährt sie an, aber was ist denn das, was hat denn die Person, wie schaut mich die an, Donnerwetter, sonderbares Ding. Aber Irma hat nur gedacht: hundertfünfzig Kronen, ob mir der Doktor hundertfünfzig Kronen gibt –?

Sie wird ganz verrückt. Vielleicht liebt sie der Ernst nicht mehr genug. Da ruft sie ihn in die Kammer. Nachts. Nachts soll er kommen. Er bringt es fertig. Wo hat sie nur die Stöger Mizzi hingetan? Wo nächtigt die? Ach, die hat schon einen, der ihr Quartier gibt. Irma liegt bereits im Bett, als er hereintappt, das macht ihn wirr, hats die auf einmal nicht erwarten können? Wie ihre Zähne klappern, wie kalt ihre Haut ist, wie fremd und krank der Atem. Sie reißt ihn förmlich in sich hinein, da ist nicht Zartheit, nicht Zärtlichkeit, nicht Hingabe, lächerlich: Hingabe! Da ist kein Weib, das ist nur Wille, Verzweiflung, Selbstvernichtungssucht, Zweckwut, das Ende. Das so im Kern beleidigte Mannsgeschöpf ist aber auch kein Liebender mehr, da ist nur Gier und endlich Raserei: Was hast du mich gekostet, Tage, Nächte, Fleisch und Blut, wo ist denn das verdammte Böse in dir drin, ich kriegs schon noch, und wenn ich dir den Hals abdreh, dann bist du hin. Wart, stärker bin ich immer noch als du, du Luder, was, spürst dus jetzt, werd hin, werd hin! – Ja ja ja ja! keucht sie unter ihm, und immer wieder, obwohl ihm keine Silbe entfahren ist, ja ja ja ja. Was denn ja, wieso denn ja, soll denn hier eine umgebracht werden, soll er ein Mörder sein, ist denn der Teufel in dem kranken Weib? Er läßt ab von ihr, fremd, fremd, fremd, starr liegen sie nebeneinander begraben in der kalten Nacht. Der Jüngste Tag graut, wie müssen sich die nackten Toten schämen.

Zwei Tage später, gegen sechs Uhr abends, winkt ihn der Leutnant Komarek heran. Schnabel, Sie sind doch ein ordentlicher Mensch, da, gehn Sie zum Herrn Leutnant

Blaimschein, Kompliment vom Herrn Leutnant Komarek, der Herr Leutnant weiß schon. Und er zieht aus seinem dünnen schmierigen Portefeuille zwei Hundertkronenscheine, will sie in einen Briefumschlag stecken, findet keinen, brummt etwas, dann äh! und gibt die Scheine dem Schnabel nackend in die Hand. Wissen Sie, wo der Herr Leutnant Blaimschein wohnt? Fünf Minuten hinterm Lazarett, rechts an der äußeren Mauer herum und hinauf, beim Kaufmann Schiel. Zu Befehl, Herr Leutnant. Er trabt davon, die fettigen Hundertkronenscheine steckt er sorgfältig ein. Sonderbar, nur fünf Minuten trennen ihn von der Ewigkeit, jene fünf Minuten „hinterm Lazarett", sie würden ihn auffangen und bewahren, diese fünf Minuten, aber er sucht sie gar nicht, er geht nicht hinters Lazarett, wo sie offenbar wie fünf wegbereitende Genien auf ihn warten, sondern er geht ins Lazarett hinein, stracks auf die Abteilung der Schwester Irma. Im Gang fängt er sie ab. Da, sagt er und schmeißt ihr die zwei Hundertkronenscheine hin. Sie reißt die Augen auf und muß sich festhalten. Woher, woher – Ernstl! Oh – Ernstl! Meine Leut haben in Wien unser Haus verkauft, sagt er, und jetzt wird doch eine Ruh sein, nehm ich an! Ihr zermartertes Gesicht wird auf einmal traurig und weich, die feuchten roten Hände knittern das Geld, und jetzt schlägt sie die Augen zu ihm auf, nur ganz kurz, nur ein einziges Mal. Da stöhnt er: Um Gottes willen, kannst du dir für das Geld nicht einen ordentlichen Doktor zahlen –? Sie hat aber gespürt, daß hinter ihr der Arzt und die Oberschwester aus einem Saal getreten sind. Schon ist sie fort. Ernst schlurft mechanisch dem Ausgang zu und hält dabei die eigene Rechte in der Linken. Immerfort hält er die Hand, streichelt er die Hand, es ist etwas Wahnsinniges passiert, sie hat ihm die Hand geküßt.

Draußen vor dem Lazarett packt ihn eine tolle Windsbraut und hebt ihn fast vom Boden. Rast denn der Unsinnssturm schon seit vier Wochen fort? Ist es kalt heute, ist das ein kalter Nordwind heute? Irmelin Rose, Irmelin Sonne, Irmelin alles was schön ist. Ob das Weib sie auf einen Tisch legen wird? Nein, du bist nicht mehr meine fixe Idee. Du bist oben, du bist unten, ich bin in dich eingetreten, ich bin in dir drin, ich schwimme in deinem Blut herum, Irmelin Sonne. Die Bäume biegen sich fast bis zur Erde, es donnert über die Halden, weit, weit fort sind die Fünfminutengenien, die hinterm Lazarett auf den Ernstl warten, die können lang warten, den Ernstl trägt jetzt die Windsbraut in den Armen, er wippt auf den Fußspitzen, so hoch hebt sie ihn, sie schleudert ihn rechts, sie schleudert ihn links, das ist ein verrücktes Wiegen, über ihm ächzt das Märzgeäst der Bäume. In eine einsame Wirtsstube stundenweit ob Tulln wirft es ihn hinein, dort trinkt er Schnaps und Bier und Bier und Schnaps, des Schwures ist er ledig. Herz, hörst du auf zu klopfen, dort unter der festen kleinen Brust? Klopf du nur weiter, ich ruf herein. Da hat sie mir einreden wollen, es hört auf zu klopfen. Bum, bum, überall klopft es doch, nur hereinspaziert, bitte sehr, Sie wünschen, was steht zu Diensten, schon bedient die Dame, schon bedient? Er schlägt sich auf die Schenkel, lacht und lallt betrunken. Der Wirt, ein finsterer Mensch, klein, schäbig, schief, meint, jetzt ist der Riesenlackel so besoffen, daß man ihn hinausstoßen kann wie einen Hund. Aber die Wirtin, ein schweres Weib mit einem viereckigen Kopf und komisch zwinkerndem Blick, schiebt ihn weg wie einen leeren Topf, sie erbarmt sich über das junge Gesicht des Soldaten, der wird was ausgefressen haben, aber die in Tulln werden ihn nicht gleich hängen. Sie redet ihm zu, er soll in der Früh freiwillig zurückgehen, über Nacht will sie ihn beherbergen. Aber Ernst, mit der schrecklichen Energie der puren Schwerkraft, torkelt zur Tür, dreht sich um, winkt: Ich verreise. Er klammert sich an das Wort wie an einen Stock und stolpert mit der Zunge weiter: Ich verreise sehr weit. Ich verreise zweiter Klasse. Alle Schnabels – er winkt – zweiter Klasse. Er salutiert. Dann wendet er sich zur Tür, dienert vor einer unsichtbaren Kundschaft. Ich habe die Ehre, empfehle mich, die Dame, ich küß die Hand. Er erschrickt, er sucht seine rechte Hand, stiert darauf nieder. Aber gleich schlägt es wieder über ihm zusammen, er reißt an der Klinke, und dann hinaus ins Vergnügen, mit betrunkener Lust Leos Leiblied heulend:

– Und denkt sich still, der stolze Dom:
Das ist mein Wien, die Stadt der Lieder,
Das ist mein Wien am Donaustrom.

*

Der Eisstoß war gewaltig in diesem Jahr. Dennoch wurde die Leiche, die ziemlich weit unter Tulln im April ans Land schwamm, als die des abgängigen Ersatzreservisten Ernst Josef Schnabel agnosziert.

FLUCHT IN DIE WIRKLICHKEIT

Im Jahre 22 verkaufen Geßls ihre Wohnung und ihre Möbel und ziehen nach Berlin. Es besteht natürlich anscheinend ein vernünftiger Grund, der dieses waghalsige Unternehmen rechtfertigt, dennoch gehorcht auch Geßl nur dem Gesetz der Unrast, das den Tag regiert. Die Menschen fahren friedlos hin und wider, warum soll er bestehen, den nichts bindet und hält? Da ist der junge, halb exotische Tenor, der Stein und Eisen schwört, er könne ohne seinen Lehrer keinen Ton mehr singen. Der Lehrer ist zufällig Geßl. Der Tenor wird nach Berlin engagiert, er bietet goldene Berge für den Fall, daß ihn der Lehrer begleite. Warum nicht? Vielleicht ist nur die Stadt, in der man lebt, an allem Mißstand, allem Elend schuld. Höchstwahrscheinlich ist die Stadt, ihr Klima, ihr Gesetz an allem schuld. Fort also, wie habe ich es hier so lang ertragen können, Jahre verloren, schauerlich, begreifst du diesen Wahnsinn, da sitze ich, dreh mich wie ein blindes Pferd im Göpel, was soll da werden, da siedet man im eigenen Saft jahraus, jahrein, nicht einen Monat länger bleib ich hier. So verwandeln sie alles, was sie haben, in Geldscheine und fahren davon. Aber das Geld zerrinnt wie Mut und Hoffnung. Ein Auto überkugelt sich, der junge Tenor zerschmettert seinen dummen Kopf an einer Telegraphenstange, die Kehle ist heil geblieben, aber das Geheimnis des Wohllauts hat sich durch die klaffende Schädeldecke davongemacht. Der Tenor ist tot, Geßl sitzt mit Olga in einem möblierten Atelier am Nollendorfplatz. Und so ist Olga nach kurzem

Zwischenspiel wieder bei einer – auf Monatsraten gekauften – Nähmaschine gelandet. Ein paar Kolleginnen des verunglückten Tenors lassen sich aus Gutmütigkeit Blusen von ihr nähen. Und Kleemann ist da, treulich aus Wien gefolgter Apostel, der hat immer ein bißchen Geld und steckt es Olga zu. Bald finden sich auch etliche andere Schüler für Komposition und Theorie, und unter den Theaterleuten wird Geßls Gabe ruchbar, eine Stimme zu behandeln. Er selbst verachtet diese Gabe. Die Mittelmäßigkeiten verjagt er durch seinen Hohn, den Seltenen mit auserlesenen Talenten ist er nicht berühmt genug. Ihm ist es recht so. Das sind Geschäfte zweiten Ranges. Zur Teilarbeit sind andere gut genug. Ihm gehts ums Ganze, alles oder nichts. Seit dem Unfall mit dem Tenoristen liegt er oft tagelang im Bett, kaut an seinen Nägeln, schweigt bohrend in die Wand hinein. Dieses Schweigen füllt die Schlafkammer an, schleicht in die Atelierstube, hockt sich auf Olgas Brust. Die Frau seufzt steinschwer auf, den Kopf über der Näherei vom Nacken abgeknickt. Nachts bedrängen den Mann zuweilen Visionen, dann greift er nach ihr, schaudert unerklärlich zurück, stoßweise erklingen ihm ungeheure Melodien, alles Bruchstück, der Tag kommt herauf, alles dumpf und öde. Die Frau, bei der er nachts Zuflucht und Wärme gesucht hat, sitzt am Tage da, näht, tratscht mit der Aufwärterin, das ist nun seine Frau und er ihr Mann, dazu hat sie ihn gemacht. Aber sie ist geblieben, was sie war, der Moralist stellt es mit jauchzender Verzweiflung fest. Sein Gedächtnis ist so eingerichtet, daß er das Böse bewahrt und das Gute verliert, das Böse ist wie Kalk, es macht die Gewebe starr. Alle Kreatur aber muß biegsam sein, sonst straft sie die oberste Gewalt durch Krümmung und durch Bruch.

Am Abend schleicht er hie und da hinaus, tappt die Treppen hinunter, schlägt sich durch die trostlosen Steinschachte, in der Bülowstraße donnert oben die Hochbahn, unten tanzt der Mist im Nachtwind.

Im Treppenhaus brennt trübes Licht, Geßl dreht mechanisch seinen Schlüssel im Schloß herum, das stickige kleine Vorzimmer ist finster und steht voll Geruch. Aus dem offenen Türspalt zu Olgas Näh- und Probierstube fällt Licht, und ohne es zu wollen, erblickt Geßl eine üppige Frau im Hemd, die eben ihren nackten weißen Arm hochhebt. Ein dickes Büschel wolliger dunkler Haare quillt darunter hervor. Geßl muß sich nach hinten tastend an einem der hängenden Mäntel festhalten, er krampft sich an, denn einen Augenblick lang fällt der Boden unter seinen Füßen steil in ein finsteres Loch. Dann läßt er den Mantel los, springt wie eine Katze durch die Flurtür, zieht sie von außen unhörbar ins Schloß, jagt abermals die Treppen hinunter und auf den Platz hinaus, es regnet jetzt in Strömen, in den stehenden Lachen tanzt das Wasser.

Gegen Mitternacht läutet er in der Duisburger Straße an Kleemanns Haustür, das war nichts Besonderes, das geschah auch in Wien nach jedem Zusammenstoß mit Olga. Geßl schlief auf einem Kanapee, und am Tag darauf oder am zweiten Tag holte ihn die Olga ab. Kleemann kam dann etwa gegen Abend in seine Wohnung zurück und fand einen erklärenden Zettel oder auch gar nichts als das durchdringende Aroma von Geßls ausgerauchten Zigaretten. Das stand kalt und verlassen im stillen Zimmer. Als dies das erstemal geschah, hatte Kleemann auf der Schwelle schon das beklemmende Gefühl: hier ist geweint worden. Hier hat jemand viel und bitterlich geweint.

Und dann sind sie miteinander fortgegangen. Arme Person.

Diesmal dauerte es länger. Olga kam in die Duisburger Straße, aber Geßl ging nicht mit ihr. Kleemann, der sich an solchen Tagen auswärts zu schaffen machte, kehrte abends heim, das Zimmer war finster, aber so voll von gespannter Gegenwärtigkeit, daß man kein Licht brauchte, um zu wissen: es ist jemand da. Aufs Geratewohl fragte er an der Tür: soll ich Licht machen? Geßl antwortete: Wenn Sie nicht müssen, lieber nicht. An der Stimme erkannte Kleemann, daß Geßl mit dem Rücken auf dem Sofa lag, er mochte schon lange regungslos da gelegen haben, die Stimme klang dumpf, wie aus dem Inneren eines Gespinstes, eines Kokons.

Kleemann hängte seinen Mantel an die Tür und fragte: Haben Sie Kopfschmerzen? Wollen Sie Tee? Ich kann nebenan kochen. – Kopfschmerzen, ja. Tee, warum nicht, bitte geben Sie mir eine Schale Tee. – Kleemann ging in die anstoßende Kammer und kochte Tee. Als er mit dem Teebrett zurückkehrte, hatte Geßl selbst Licht gemacht. Er saß auf dem Sofa wie einer, der lieber liegengeblieben wäre. Man möchte doch gar nicht mehr, sagte er und sah Kleemann an. Bitte – was möchten Sie nicht mehr? – Aber da war die kindlich-vorwurfsvolle Weichheit schon verschwunden. Das gerötete Gesicht wurde bleich und fleckig. – Die Antwort ist doch sehr einfach: mit-machen möchte ich nicht mehr. Sie müssen übrigens nicht glauben, daß ich mich für eine singuläre Erscheinung halte. Individuen meiner Sorte muß es gegeben haben, hat es gegeben, seit der Mensch sich einbildet, er habe sich allein und für sich allein vor Gott zu rechtfertigen. Solche gibt es also schon ziemlich lang.

Er griff nach der Teetasse, konnte aber nicht schlucken. Die Jahrhunderte bewahren ihre Namen nicht auf, fügte er im Würgen mit Ironie hinzu. Trinken Sie Tee, Meister, murmelte Kleemann, nehmen Sie einen Schluck heißen Tee –

Abwarten und Teetrinken, sagte Geßl, nickte ein paarmal, bezwang sich und goß die halbe Tasse hinunter. Er tupfte sich den Mund mit dem Taschentuch ab.

Ach, lieber Kleemann. Die Frauen, die haben es gut. Die verlangen den ganzen Schwindel einfach von uns Männern.

Er lachte boshaft. Kleemann schaute ihn verwundert und beklommen an, in diesem Ton hatte Geßl nie geredet. Ausbrüche des Abscheus war er an seinem Lehrer gewohnt. Über Frauen jedoch oder gar über Liebe äußerte sich Geßl nie. Darum erschrak Kleemann wie über einen körperlichen Stoß, als ließe ihn Geßl jetzt ins Leere fallen.

Wenn so ein junger oder auch ein älterer Kerl heiratet, dann denkt er: fein, jetzt hört das Gelaufe auf, jetzt ist immer eine Frau da. Damit glaubt er den Kopf freizukriegen für das Wichtige, die Mannesarbeit. Die Frau aber kann das herrliche Leben allein nicht schleppen, es dauert nicht lang, da wird ihr angst und bang – was tut sie? sie schlüpft selber zum Mann ins Bett. Da verkriecht sie sich. Und das ists, was er animalisch kann und muß: den Erlöser spielen. Er, der selber meist nicht ein noch aus weiß, spielt den Erlöser. Aber den Frauen ist das egal. Sie wollen nur das. Sie hängen an uns nur darum. Prägen Sie es sich ein, Kleemann. Wenn eine noch so geistig tut: sie will nur das. Und Sie werden sie nicht los, solang sie das will. Wenn das Verlangen aus irgendwelchen sinnlosen

Naturgründen abwelkt bei ihr, dann haben Sie Ruh. Eher nicht. – So kommt man nicht weiter, fuhr er plötzlich auf.

Aber ich bitte Sie, stammelte Kleemann ganz bestürzt, gerade von Ihnen habe ich doch glauben gelernt, daß in Dingen der Liebe alles Bestimmung ist, sozusagen alles in den Sternen hängt, ich habe das auch in den ernstesten Fällen bestätigt gefunden und mein Leben danach eingerichtet –

Ich mache Sie darauf aufmerksam, erwiderte Geßl hämisch lächelnd, daß mir nicht einmal mein eigener Widerspruch genügt. Um wieviel weniger der Ihrige.

Er besaß eine große Kraft, jene, die ihn liebten, in ihrem eigenen Gefühl herabzusetzen. Kleemann war gekränkt, das steifte ihn aber nicht, er fiel ganz in sich zusammen. So saßen sie eine Weile in finsterem Schweigen. Ein- oder zweimal warf Kleemann einen scheuen Blick auf sein nägelkauendes Gegenüber. Allmählich hörte das nervöse Zucken und das Nägelkauen auf. Geßl schloß die Augen und warf den Kopf zurück. Bei diesem Anblick hatte Kleemann eine Art von Eingebung, er begriff etwas, worüber er sich jahrelang den Kopf zerbrochen hatte: nämlich, warum Frau Geßl, die nichts, aber auch nichts von ihres Mannes geistiger Bedeutung zu erfassen schien, mit solcher unerschütterlichen Liebe an ihm hing. Das heißt, er begriff diese Liebe nicht so, daß er sie hätte mit Worten einleuchtend erklären können, sondern sie wurde ihm innerlich klar, während er voll Scham den Blick von Geßls todblassem Gesicht herunterfallen ließ. Schrecken und eine Art sinnliche Ehrfurcht erfaßten den einfachen Menschen, und er erinnerte sich, daß er irgendwo gelesen hatte, für den, der darüber nachzudenken verstünde, sei die Ehe ernster als der Tod.

Geßl nahm das Gespräch am nächsten Tage wieder auf, und zwar genau dort, wo er es brüsk geendet hatte. Seine Gedanken hatten offenbar gebohrt wie Zwangsarbeiter in einem Bergwerk. Olga war wiedergekommen, er suchte ihr und Kleemann seine Ideen von Reinheit klarzumachen. Ein Mensch wie er, geboren und verflucht zu diesem ungeheuerlichen Anspruch auf das Vollkommene, dürfe sich niemals an der Reinheit vergehen, ihm sei das als Todsünde gesetzt, die müsse er sein Lebtag büßen. Ist Ihnen gegenwärtig, Kleemann, daß bei Platon die Begriffe Reinheit, Ewigkeit und Realität identisch sind? Olga saß blaß und ergeben da, eigentlich hörte sie nicht recht hin, wozu denn auch, mit dem Kopf verstand sie ihn ja doch nicht, eine dunkle Furcht wühlte in ihren Eingeweiden. Als er von der Todsünde sprach, fiel ihr, Gott weiß warum, die Geburt ihres Kindes ein, erschrocken schaute sie Geßl an. Es war doch in rechtmäßiger Ehe geboren, wofür denn büßen – ach Gott, mein unseliger Kopf, ich begreif doch eben nichts von alledem, das müßte er wissen, er aber kannte weder Gnade noch Schonung. Kleemann ging fort, sie blieben allein, auf einmal fing Olga aus Angst und Hilflosigkeit zu weinen an. Geßl stand am Tisch, zerrte an seiner Unterlippe und warf der weinenden Frau in kurzen Pausen böse und unglückliche Blicke zu. Sie weinte fort und spürte, wie ihre Tränen ihre simple Wirkung übten, aber während er glühend wünschte, die Weinende an sich zu reißen, wäre er leichter gestorben als von der Stelle gerückt. Mit zänkisch quälender Stimme fing er zu reden an, als sei er ein Unterhändler in fremder Sache. Es war für Olga unmöglich, ihn zu verstehen. Auch als er ihr in dürren Worten erklärte, er kehre zu ihr zurück, nur wenn sie ihrem Anspruch auf Geschlechtslohn, wie er es nannte, ein für allemal entsage, starrte sie ihn durch ihre Tränen ohne das leiseste Verständnis an. Er war genötigt, sich ganz einfach auszudrücken, er tat es mit dem äußersten Widerwillen, die Augen peinlich von ihr abgewandt. Da brach Olga zwischen Schluchzen und Schlucken in ihr weiches, quellendes Gelächter aus. Mit manchen Menschen geht das Leben so übel um, daß sie sich nicht anders zu helfen wissen, als indem sie seine Stöße und Plagen hartnäckig nicht ernst nehmen. Ihr Lachen klang zwar nicht ganz natürlich, und die Tränen liefen ihr ohne Unterbrechung über das Gesicht, aber sie lachte eben, und man wußte nicht, ob sie vom Lachen, vom Weinen oder von etwas Drittem so scharlachrot bis in die Schläfen wurde. Aber Robi, aber Robi. Ich mach mir doch – ich mach mir doch – schau, da schäm ich mich ja. Ich hab dich doch nicht nur auf diese Weise, Robert, – wie kannst du nur –

Auch sein Gesicht war hektisch überflammt. Es ist uns hier mit halben Sätzen nicht gedient, fuhr er sie an. Er schlug mit den mageren Knöcheln auf die Tischplatte und schrie außer sich: Ich brauche Klarheit – reinen Tisch –!

Robi, um Gotteswillen – ich schwöre dir –

Schwör nicht!

Sie reißt die Augen auf. Wann hat sie zuletzt geschworen? Denkt er jetzt auch an das Kind? Das ist unmöglich. Er hat nie daran gedacht, nicht deswegen ist er jetzt so grün. Nein, nein, nein, nein –!

Was denn nein? Du willst nicht? Willst nicht entsagen? Das ist wenigstens ehrlich, danke dir, jetzt weiß man doch, woran man ist, danke dir –

Jesus, Robert, ich hab an was ganz anderes gedacht – – plötzlich läßt der Krampf in ihren Muskeln nach, sie kauert sich auf einen Stuhl ganz in sich zusammen und flüstert wie in den Boden hinein: Warum quälen, warum immer quälen –?

Nicht das Wort, die Trostlosigkeit rührt ihn. Geh jetzt fort, Olga. Antwort mir nicht jetzt. Zwang ist wertlos. Du mußt es aus freien Stücken tun. Sonst ist uns nicht geholfen –

Gott, Gott. Wann hat er schon genau so zu ihr geredet? Sie hat gehorsamt. Sie hat ihr Kind weggegeben. Aus freien Stücken. Nicht unter Zwang. Kommt denn alles, alles in einem Menschenleben immer wieder? Ein ewig kreisendes Rad, ewige Wiederkehr des Gleichen? Sie entsetzt sich. Und in ihrem Entsetzen entschlüpft es ihr: So hast du schon einmal mit mir getan – Dann rennt sie fort, der Ausdruck seines Gesichts jagt sie davon.

Die ganze Nacht schreibt er ihr einen Abschiedsbrief, zählt pedantisch die Dinge auf, die sie ihm schicken soll. Es ist besser, du kommst nicht selbst damit. Du bist mir nicht so gleichgültig, daß mich die Vorstellung, du quälst dich unnütz, kalt lassen sollte. Man muß die Anlässe zu leiden nicht aufsuchen –

Olga gehorchte. Aber nach ein paar Tagen kam Kleemann gelaufen und berichtete, Geßl sei krank. Er komme aus den entsetzlichsten Schwindelanfällen nicht mehr heraus. Gegen Abend ging Olga hin. Es konnte gut enden, es konnte schlecht enden. Es endete insofern „gut“, als Geßl einfach mit ihr nach dem Nollendorfplatz zurückging. Die Krise war abgelaufen.

Aber Olga kannte ihn zu gut, um zu glauben, nun sei alles wieder wie zuvor. Das Kind hatte sie ja auch „wirklich" hergeben müssen. Im Anfang ließ sich alles ganz leidlich an, allmählich wurde ihr aber das Herz schwer und immer schwerer, oft saßen sie im Wirtshaus oder zu Hause da, und ihre Seelen trieben langsam aneinander vorüber wie zwei tote Fische in einem trüben Teich. Geßl dehnte nun seine Wanderungen durch die Stadt viel weiter aus, er blieb oft halbe Tage fort, kam heim und sperrte sich in seiner Kammer ein, in der er jetzt allein schlief. Im Anfang konnte man ihn zuzeiten darinnen singen und schreien hören, als ob er ein Orchester dirigierte. In ihrer ungeschickten Art und nicht bedenkend, daß Kleemann nicht wissen konnte und durfte, was das hieß, sagte Olga zu dem ergebenen Burschen, der manchmal ihrer Näharbeit zusah: Wenn er mehr Wirkliches zu tun hätte, wäre er nicht so versessen drauf, seine Hirngespinste wirklich zu machen. Na logisch, fügte sie mit einem schweren Seufzer hinzu. Was soll er tun? antwortete Kleemann traurig. Ins Arbeitshaus gehen? Solche wie er sind in Einzelhaft geboren. Scht! machte Olga plötzlich, und ihr weiches, farbloses Gesicht gerann. Da ist er wieder dabei.

In der Kammer sang Geßl heiser, so daß es wie ein unterdrücktes Schreien klang:

Das Licht, wann löscht es aus,
Wann wird es Ruh im Haus?

Tristan, dritter Akt, murmelte Kleemann. Olga nähte drauflos. Er mag den Wagner sonst nicht, flüsterte sie nach einer Weile, offenbar nur, damit Kleemann nicht merken sollte, daß sie weinte. Dabei vergaß sie wiederum, daß er ja nicht wissen konnte, was diese Stelle im Tristan für sie bedeutete. Das klang herauf aus den versunkenen Jahren der Jugend, böse war er ja schon damals gewesen, aber dann kam doch auch wieder das Liebsein, das Starre schmolz, das Menschengesicht schwebte über dem ihren, Flamme, Abgott, Geschick, ach Gott, das kam nie wieder, wozu lebt sie denn noch, es ist alles egal.

Aber wer kann den Menschen begreifen, eines Tages sagte er ihr plötzlich, er fühle jetzt die Kraft in sich, seine Harmonielehre aufzuschreiben.

Olga erschrickt vor Glück. Sie hat keine Ahnung, was eine Harmonielehre an und für sich ist. Aber Geßls Harmonielehre, das ist eine andere Sache, damit kann sie umgehen, so etwa, wie ein Mathematiker mit einer unbekannten Größe umgeht. Ist es ihr nichts, so bedeutet es doch etwas, sie weiß, daß die Schüler darauf eingeschworen sind. Sie hat endlosen Unterhaltungen über einzelne Punkte still nähend beigewohnt, ohne eine Silbe zu verstehen, aber hat sie als Kind in der Kirche den Text der Messe verstanden? Dennoch ist die Messe etwas Wichtiges, ja Hochheiliges gewesen, und man teilt die Menschen danach ein, ob sie an die Bedeutung der Messe glauben oder nicht. Olga kannte auch die Klage der Schüler, daß diese kostbare, offenbar von der Schulmeinung abweichende Lehre nicht aufgeschrieben werde. Sie war und blieb mündliche Tradition. Nun soll es endlich anders werden. Wie gesagt, Olga erschrickt vor Glück. Sie sieht ihn gläubig an, er liest Gedanken, die sie selbst nicht kennt, in ihrem Gesicht und kehrt sich erschüttert ab. Er spricht Kapitel mit dem Jünger Kleemann durch, der bittet furchtsam: Schreiben! Niederschreiben! Was schreiben, das kommt schon, ich habe alles Wort für Wort im Kopf, nur steckt noch hier und da eine Unklarheit, eine Unreinheit darin. Zunächst dehnt er seine geheimnisvollen Märsche immer länger aus. Olga fängt an, sich zu ängstigen. So unheimlich ist dieses Berlin, und er wandert immer nach Norden oder Osten. Kleemann faßt sich ein Herz, läuft ihm auf Olgas Bitten nach, Geßl hat es aber gleich heraus, schleppt ihn im Zickzacklauf durch üble Viertel, verschwindet ihm schließlich vor der Nase in einem Untergrundbahnzug. Beim nächsten Wiedersehen tut er aber in boshafter Weise keine Erwähnung, bringt Kleemann nur anspielend in Verlegenheit, sein Wesen wird immer reizbarer, er sagt, er muß nun fürchterliche Musterung halten.

Allmählich räumt er die Winkel und Wände seiner Kammer kahl. Der Mann ist nicht ganz richtig, ich sag Ihnen, Frau Geßl, der Mann hats im Kopfe. Die Aufwärterin schlägt die Hände zusammen, wenn sie morgens wieder einen Haufen Bücher und Noten vor der festverschlossenen Kammertür findet. Räumen darf sie in der Kammer nicht, Olga besorgt das selbst, sie schämt sich vor der Frau. In der Kammer ist nämlich das Fenster mit Bettdecken verhängt, das Licht, wann löscht es aus, Geßl schafft sich künstliche Nachtzeiten. Eines Tages, da Kleemann sich aufrafft, ihn wegen seiner Wanderungen vorsichtig zu befragen, steht er plötzlich Rede. In den finsteren Straßen dort kommen mir meine besten Gedanken. Ich bin nicht etwa plötzlich ein Menschenfreund geworden. Dort sind nicht Menschen. Dort sind bewegte Massen. Vielleicht ist das die einzige Berührung mit der Wirklichkeit, die ein Musiker ertragen kann. Er denkt eine Weile nach, dann setzt er hinzu: Es ist Unsinn zu glauben, daß ein einzelner der Zeitseuche entgeht. Die Zeitseuche heißt Flucht in die Wirklichkeit. Das also ist meine Form der Flucht in die Wirklichkeit.

Dann bringen sie ihn eines Tages ohnmächtig, mit zerfetzten Kleidern, blutüberströmtem Gesicht und einem klaffenden Riß quer über die Stirn. Was ist geschehen? Die Sanitätsleute, die ihn, provisorisch verbunden, heraufgetragen haben, wissen nur, daß er in einen Straßenkrawall geraten ist. Weiter nichts. Entweder haben ihn die Leute wegen seiner hartnäckigen Promenaden für einen Polizeispitzel gehalten oder, und das ist das Wahrscheinlichere, er ist von einem Haufen Demonstranten überrannt worden, und sein an Tollheit grenzender Abscheu vor entfesselten Menschen ist plötzlich zu irgendeiner wahnwitzigen Entladung gekommen, er hat attackiert, und sie haben ihn niedergeschlagen, beinahe gelyncht. Daß Olga nicht krank wird vor Entsetzen, kommt nur daher, weil Geßl sich nie wieder erholt. Es ist ein Vegetieren mehr als Leben, was nun folgt. Die Wunde heilt, der Doktor sagt, nun sind Sie wieder gesund, Herr Geßl, Sie können von Glück sagen, das hätte schlimmer kommen können. Ja? fragt Geßl zurück mit dem Lächeln, das Kinder haben, wenn sie Erwachsene schonen wollen. Und die furchtbaren Kopfschmerzen? Die werden vergehen? Todsicher. Sie müssen nur schlafen. Er schreibt ihm ein Veronalrezept.

Die Kopfschmerzen wissen es besser, sie bleiben und weichen nicht. Sie haben ihren Auftrag. Die Betäubungsmittel erfüllen den zweiten Auftrag, sie bringen Apathie. Dazwischen Tage trügerischer Ruhe, in denen selbst Gedanken nur auf Zehenspitzen schleichen. Er geht wieder aus, er hat sogar einen unwiderstehlichen Trieb, auf kurze Fristen auszugehen. Olga ist so erlöst, wenn er heimkommt, daß sie sein kindlich-schuldbewußtes Wimpernschlagen nicht bemerkt, in den Nächten ist er hellwach, spricht und spricht. Er beschreibt das Gesicht des Kerls, der ihm eins über den Kopf gehauen hat, braun war er wie schlechter Kaffee, die Nase eingedrückt, der Umriß feist, eine riesige Mütze. Olga sucht ihm den Kerl auszureden, aber der Kerl ist drin in seinem schmerzenden Gehirn. Er redet heftig auf den Kerl ein, er setzt sich auseinander mit dem Kerl. Er wendet Haß und bohrenden Scharfsinn an den Kerl, er will nicht leben in einer Welt mit ihm. So kann das Universum nicht gemeint sein, mit scheußlichen Fratzen gefüllt. Er weigert sich, diese Wirklichkeit anzuerkennen. Diese Wirklichkeit ist ein Hund. Mögen die andern auf dem Bauch kriechen vor dem Hund, er nicht, er nicht. Wer in die Mutter zurück könnte, die seine ist gestorben, als er geboren war. Eine Nacht lang erzählt er von der Mutter, die er nie gesehen hat, und wie sein Vater ihn haßte und den Vater er. Olga versteht ihn nicht, sie weint vor Müdigkeit, sie ist doch da, was soll das alles. Warum redet er von der gespensterhaften Mutter, ich bin doch da, ich bin von Fleisch und Blut, und es ist alles deines, warum willst du mich nicht anrühren, Robert, Robert.

Und endlich, unberechenbar wie der Tod, der ihm das Zeichen gibt, kommt eine Nacht, da beugt er den Kopf und läßt das Mitleid in sich ein, ungeheuer groß ist das Mitleid, er bezähmt es nicht mehr, es schlägt zusammen über seinem Herzen. Ach Olga, armes gutes Ding, wein nicht so, Olga, er küßt ihr zart die Tränen von den Schläfen. Er liegt die ganze Nacht bei ihr, sie fiebert und schluchzt in ihn hinein, oh, daß du wieder gut bist, Robi, lieb, lieb, oh, du wirst sehen, jetzt wirst du gesund und glücklich. – Armes, gutes, kleines Ding, sei bedankt für deine ahnungslose Unschuld, im Grunde warst du das einzige Geschöpf, das mich nie enttäuscht hat. Aber das spricht er nicht aus, er herzt und hält sie nur, als wüßte er, daß Olgas schmerzliches Verlangen nach diesen Worten nie erlöschen soll. Nein, er spricht die lösenden Worte nicht aus, er vermag es nicht, er darf es nicht, denn seine Seele ist so beschaffen, daß sie den Bienenstachel in der anderen Seele lassen muß. Olga tupft mit der Fingerspitze das Nasse von seiner Wange, Robert, da tropft das Böse aus dir heraus. Eine Ahnung schauert ihn an, er drückt sie fest an sich, aber er hat das Zeichen erhalten, er muß gehorchen. Erst mit dem Licht schleicht er von ihr davon. Hat die wenigstens noch ein Glück gehabt. Jetzt darf ich wohl. Und so trinkt er mit einem Zug und streckt sich in der kahlen, finsteren Kammer hin.

*

Man hat, trotz emsigen Forschens, keine Zeile eines Manuskriptes gefunden. Aber die Kopien des Veronalrezeptes, die er fünfmal angefertigt hat, findet man von fünf Apotheken gestempelt.

ALLES FLEISCH IST WIE GRAS

Seht, wie der große Hammer, der das Reich zerschlagen hat, auch auf die Häuser seiner Stadt herniederdröhnt, sie halten nicht stand. Vom First bis in die Grundmauern fährt der Sprung, im Zickzack hinlaufend wie eine Schädelnaht. Manche sind vor die Stirn getroffen, manche morschen vom Hals herauf. Von innen ist das Leben herausgenommen, da fallen die Weichteile in Gruben. Fassaden bröckeln ab, aufs Pflaster hinaus stehen schräg die Stützen, Zimmerdecken stürzen ein über befleckten Wänden mit Resten von grell rosa oder schimmlig blaugrüner Bemalung. Wenn es so weit ist, dann wird der modernde Kadaver auf Abbruch verkauft. Es ist beträchtlichen und properen Häusern nicht besser ergangen, kein Wunder, daß das Schwindelhaus der menschlichen Gemeinheit (Verkaufe jedes Haus binnen drei Tagen – aber mit diesem war ihr Seliger hängen geblieben) schon beizeiten seine unsaubere Seele aushaucht. Nach dem Tod der Großmutter haben es sieben Erben – fünf Sohneskinder und die zwei über lebenden Töchter – an einen Grundstücksspekulanten verkauft. Sie erhielten, nach Abzug der Steuern und Gebühren und während das Geld von Stunde zu Stunde sank, nach Ablauf von etwa zwei Jahren einige Papierscheine dafür, die sich gleich darauf, Geschwindigkeit ist keine Hexerei, in das absolute Nichts verwandelten, aus dem sie stammten. Es ist ein erstaunliches Maß von Schreiberei nötig gewesen, um dies Ergebnis herbeizuführen, Sachwalter haben Bezahlung erhalten und Betty Gaudenz zum Beispiel, die im Ausland verheiratet ist, setzte ihren Namen unter ein umfangreiches Aktenstück, in welchem sie in Anbetracht der ihr seinerzeit zugewendeten Aussteuer auf ihren Anteil verzichtete zugunsten ihres minderjährigen Bruders. Als diese und viele andere Formalitäten erfüllt waren, wurde das Korallengehäuse, in dem das Ungeziefer und der Mensch in Symbiose lebten, dem gleichgemacht, was unser aller Anteil ist, der Erde. Aus den Schrunden und Spalten des Mauerwerks flüchteten in Träubchen die Wanzen; in den Kellern brachen die Ratten auf und wanderten aus. Über den Platz fegte der Wind, sowohl der heiße, staubige, der den Kalk aufbricht, wie der nasse, der auf Regengüssen aus dem Westen kommt, und der kalte aus Osten und Norden. Über dem tief aufgewühlten, mit Ziegelresten und Steinen beworfenen Boden steht das fahle, im Sprießen schon welkende Gras der Großstadt auf. Armselig und verlottert sieht sie aus, die Realität, denn als solche wird sie ausgeboten, und fällt um ein geringes der Kommune zu.

Auch der Mensch ist ja wie Gras, sprießt auf aus seinem Boden und vergeht. Aber er haftet nicht, er fährt voll Unruhe hin und her, und wo zwei seiner Gattung aneinandergeraten, geschieht das Unscheinbarste und das Ungeheuerste des Menschenlebens, die Begegnung. Begegnung ist uns ganz allein zu eigen, die Tiere des Waldes, die Vögel in der Luft, die Fische im See ziehen gelassen aneinander vorbei. Uns aber füllt auf Erden nichts mit tieferem Entsetzen als eine Begegnung, alle Gespensterträume des Menschengeschlechts wuchern aus dieser Angst; wer kennt den dunklen Schrecken nicht, wenn hart hinter einer unbekümmert aufgemachten Tür ein Mensch bereit steht? Sind wir doch nie des neben uns Schreitenden gewiß, um wieviel weniger dessen, der sich aus dem Dunkel seiner Landschaft löst und uns entgegentritt. Wir können sein Geheimnis nicht erblicken, wir kennen nicht einmal das Element, das ihn umgibt, wir wissen nicht, in welcher stillen Besessenheit er einherschwimmt, ihr selber fremd und ganz von ihr getragen. Freiwillig rührte sich keiner von uns von der Stelle, aus Furcht vor Begegnung. Aber da sind die Triebe, da ist die Not. Unwiderstehlich jagt sie jeden aus seinem Schlupfwinkel. Es ist keine Unerbittlichkeit als diese.

Nein, freiwillig hätte sich Olga nie zu dieser Heimreise entschlossen. Es ist zu vieles aufgetürmt zwischen dem Damals und dem Jetzt. Was wissen die zu Hause denn von ihr? „Sie", das ist vor ihr selbst ihr Leben mit Geßl, mit dem Mann. Und wieder dies ihr Leben, gegen alle Vernunft, nur die Berliner Zeit. Und wieder die Berliner Zeit, nur jene letzte Nacht. Dieses Sichnahen, um für immer wegzustürzen, dieses Umschlingen, um für immer zu verstoßen. Wenn sie nicht hart arbeiten müßte, um zu leben, würde sie über dem Grübeln verrückt. Am Tag nach seiner Beerdigung hat Kleemann Olga ohnmächtig in ihrer Wohnung gefunden. Eine Unruhe hatte ihn hingetrieben, es hatte kein geringes Aufsehen gemacht, die Wohnungstür mußte gewaltsam geöffnet werden, so tief war die Ohnmacht, aber dann, auf der Charité, hatte sich herausgestellt, daß kein Selbstmordversuch vorlag. Man behielt sie ein paar Tage dort, zur Beobachtung, sie wollte weder essen noch trinken, stierte vor sich hin, aber man kennt ja so etwas, eine richtige Depression war es nicht. Sie wußte selbst, daß sie gesund war, sie verwünschte ihre Gesundheit, dennoch saß sie da wie ein

Klotz, stierte vor sich hin, erbrach das Essen. Als man ihr mit Injektionen und Experimenten kam, wehrte sich der physische Kern in ihr, man ließ sie fort, in eine Anstalt gehörte sie sowieso nicht, also liebe Frau, dann nehmen Sie sich eben zusammen. Sie stolperte fort, auf der Straße neigten sich die Häuser einander zu wie Alleebäume, sie hatte Ameisen im Mund, und die Augen fielen ihr in den hohlen Kopf wie bei einer entzweigeschlagenen Puppe. Sie fuhr zu Kleemann, der war nicht da, sie setzte sich auf dem Olivaer Platz in die Sonne und schlief vor Erschöpfung ein. Da kam Er vorüber und sagte, was sitzt du hier, du mußt jetzt Schwimmunterricht haben, sie wußte aber, Er meinte den Tod. Während sie schreien wollte, lag sie schon im eiskalten Wasser, das war rundherum bewacht, sie konnte nicht heraus.

Als sie auffuhr, lag ihre Bank im Schatten, sie fürchtete sich entsetzlich vor ihrer Wohnung, es war auch unmöglich, sich bis dorthin zu schleppen. Eher trugen sie die Beine bis in die nahe Duisburger Straße zurück. Da Kleemann noch immer nicht daheim war, setzte sie sich vor dem Haus auf die Steintreppe. Das Absurde ihrer Lage wurde ihr nicht bewußt. Sie merkte auch nicht, daß Kleemann grau wurde vor Schrecken, als er sie auf dem Prellstein sitzend fand, mit dem leeren geronnenen Gesicht und den Augen, die weggesackt waren, wie man von sinkenden Schiffen sagt. Ich bin nämlich ganz gesund, sagte sie zu ihm. Nur nach Hause geht sie nicht. Sie schüttelt wild den Kopf, nein, nach Hause nicht. Sonst aber ist sie ganz sanft und lenksam, Kleemann hat eine gutmütige Wirtin, Olga darf da nächtigen.

Stünde irgend jemand bereit, der dauernd für sie sorgte, so wäre es um Olga Geßl geschehen. Denn eigentlich will sie nichts als im Bett liegen, Gesicht zur Wand, und nachts schläft sie zwölf bis vierzehn Stunden. Erwacht sie jedoch, so glaubt sie, wachgelegen zu sein, denn es ist kein spürbarer Unterschied zwischen Bewußtsein und Nichtbewußtsein. Die Nacht ist von fratzenhaften Träumen bevölkert, das sind nur andere Formen, die das Taggespenst annimmt, man sagt, wenn sich einer umbringt, verwirkt er die ewige Ruhe und muß an die Stätte seines freiwilligen Abscheidens zurück. Diese Stätte ist Olgas Leib. So hat sie Geßl Tag und Nacht bei sich, empfängt seinen von den grausamen Mächten verhängten Besuch, ist behaust von ihm, besessen. Obschon sie natürlich bald das tut, was man Vernunftannehmen nennt, wie soll sie anders, das nackte Leben will gefristet sein, obschon Kleemann sie dazu bringt, in ihre Wohnung zurückzukehren, obschon sie mit allerhand Leuten redet, wo geredet werden muß, merkt doch niemand, wer mit ihr aus- und eingeht, wer unablässig achtgibt darauf, was sie tut und treibt. So grimmig setzt ihr der tote Mann zu, daß sie in der Verzweiflung wünscht, sie könne ihn erwürgen, dann wäre sie ihn los. Aber sie wird ihn nicht los, sie hat ihn nicht nur im Blut, sie hat ihn in ihrer unsterblichen Seele, sie hat ihn dort, wie andere den Krebs im Fleisch haben, Gott weiß woher.

Zunächst hatte ihr der Arzt, der schon um Geßl bemüht gewesen war, eine Anstellung als Wirtschafterin in einer neuentstehenden Privatklinik verschafft. Denn das Nähen hatte sie an den Nagel gehängt, sie konnte das Stillsitzen in der Wohnung nicht ertragen. Der Arzt hatte sie warm empfohlen. Aber die bleiche, schwerfällige, mürrische Person, die ankam, erweckte keine Sympathie. Als man gewahr wurde, daß sie weniger mürrisch als gleichgültig, ja fast krankhaft apathisch war, daß ihre stumpfen Augen in eine Ecke liefen und dort steckenblieben, während man ihr wichtige Aufträge erteilte, wurde die Sache nicht besser.

Kleemann war in Berlin geblieben, er hatte bei einer jener Zeitungen, die wie Pilze aus dem Boden wachsen, das Musikreferat erhalten, auch fing man an, seine Quartette und die kleinen Symphonien für modernes Kammerorchester aufzuführen. Das Leben geht seinen Gang, es nimmt die Lebendigen mit, Ehre den Verstorbenen, aber laß die Toten ihre Toten begraben. Wieviel Zeit ist verstrichen, zwei Jahre oder mehr? Eines Tages liegt eine Postkarte auf seinem Tisch, die ihm zunächst einen törichten Schrecken einjagt. Robert Geßl ist doch nicht mehr unter den Lebenden, oder wie? Er beruhigt sich auch gleich wieder, natürlich ist das nicht Geßls Handschrift, kein einziger Buchstabe kann sich an Gedrungenheit und Eigensinn der Form mit dem seinigen messen. Wenn man näher hinsieht, besteht nicht die geringste Ähnlichkeit, dies ist eine ungebildete und flüchtige Hand, als er jedoch später abermals einen zufälligen Blick auf Olgas Karte wirft, erfaßt ihn das gleiche Unbehagen.

Ein paar Tage darauf erscheint sie angekündigtermaßen selbst, er hat Mühe, seine Empfindung zu verbergen, wie fremd und doch wie unheimlich bekannt ist ihm die plumpe Person mit dem ausdruckslosen Gesicht ohne Farbe, ohne die leiseste Bewegung. Da sitzt sie, sonderbar steif, ihre Augen quellen etwas vor wie in vergeblicher Bemühung, Menschen und Gegenstände zu erfassen, und erzählt eintönig, daß es mit den Stellungen immer schlechter und schlechter geworden ist. Seit einiger Zeit ist es ganz hoffnungslos, das ist die Wirtschaftskrise, verstehen Sie, da geht es zu wie auf einem ausgesetzten Boot, die unnützen Brotesser wirft man über Bord, das nährt die Fische. Kleemann horcht auf, eine überaus peinliche Idee befällt ihn, wie redet denn die Frau, er erinnert sich, daß er die kleine und bescheidene Festigkeit der ihr eigentümlichen Sprechweise heimlich bewundert hat, es fiel niemand leicht, seine Haut gegen Geßls ätzende Besonderheit zu wahren. Aber dieses eben von Olga gebrauchte, grausame Bild vom Boot und von den Fischen stammte wenn auch nicht gerade wörtlich von ihm, so doch bestimmt nicht ursprünglich von ihr, es war in jener unfaßbaren und quälenden Weise Geist von seinem Geist, wie ihre Handschrift jetzt eine verzerrte Transposition der seinen. Sie berichtete gleichgültig von ihren verschiedenen Mißerfolgen und wie sie schon seit einiger Zeit genötigt sei, die Hilfe ihrer jüngeren Schwester in Wien in Anspruch zu nehmen. Die Art, wie sie graue Tatsachen mit einer, wenn man so sagen darf, unbewußt gewollten Dürrheit und Schärfe nebeneinandersetzte, flößte Kleemann ein der Furcht verwandtes Gefühl ein, er rückte unwillkürlich seinen Stuhl ab und beobachtete die Frau, die ihm ein unerklärliches Phänomen darbot. Er hatte gehört, daß Ehepaare im Laufe von Dezennien einander ähnlich werden, und solche Angleichung war ihm begreiflich. Hier zeigte sich eine beklemmende Umkehrung: solange der unvergleichlich stärkere Mann neben ihr das Leben hatte, war die Frau sie selbst geblieben, jetzt, da er tot war, starrte er ihr aus dem Gesicht. So sehr er sich bemühte, konnte Kleemann nicht den Schauder der Pietät in sich entdecken. Was er sah, hatte mehr mit den unteren als mit den oberen Mächten zu schaffen. Er mußte von Minute zu Minute mehr an sich halten, um es zu ertragen.

Ja, also, und jetzt fuhr sie nach Wien. Es ging nicht mehr anders, die Schwester drängte auch so sehr. Wenn sie zu dritt beisammen hausten, mache sich alles leichter. Man wird ja immer mehr und mehr Geziefer.

Als sie gegangen war, befiel Kleemann ein nervöser Schüttelfrost. Als er sich einigermaßen beruhigt hatte, nahm er einen Zettel und kritzelte wie unter einem Diktat: Es gibt Menschen, die sterben an ihrer eigenen Tödlichkeit. Dann sank er in sich zusammen und verlor sich in jenes Nachdenken, das eigentlich die Abwesenheit aller Gedanken ist. Als er aus diesem Zustand emporschreckte, fiel sein Blick auf den Zettel. Er las, er fühlte, wie er rot wurde, schämte sich des Verrats und zerriß das Blatt eilig in viele Stücke.

Fritzi hatte ihre Schwester nicht im Stich gelassen, nur nahm die Hilfeleistung manchmal sonderbare Formen an. Sie schickte, was wegen des Zolles teuer und beschwerlich war, in fast verschwenderischer Weise Kleider, Gegenstände, Eßwaren, eine teure seidene Bluse, wenn Olga ohne wollene Jacke fror, Sachertorten, auf denen Zuckerzoll stand, Gänselebern, die zu rasch verdarben. Die tat ja rein, als wüßte sie nicht mehr, was ein arbeitender Mensch braucht. Sie ist so überspannt, dachte Olga träge, sie war schon immer überspannt, die Fritzi. Dazu ihre Briefe. Es geht mir ausgezeichnet, schrieb sie, ich habe tausend Schilling Monatsgehalt, mein höchster Ehrgeiz besteht darin, unserer Mutter einen Lebensabend zu bereiten, der ihr ganzes Schmerz- und Jammerdasein sozusagen verklärt. Sie hat keine gute Stunde gehabt, jetzt soll sie im Paradiese sein. Alle haben sie verachtet, jetzt wird sie von allen beneidet. Denn den Prochischen geht es schlecht, der Lori mache ich Präsente, und sogar Tante Lilli beneidet die Mama, denn ihre Kinder sind fort. Die Mama und ich, wir haben es schön, es fehlt ihr an nichts, sie geht mit mir ins Theater, sie hat schöne seidene Kleider und einen Pelz. Die Schuhe lasse ich ihr beim Orthopäden machen, weil die Arme doch Krampfadern hat. Ich glaube, liebe Olga, es wäre auch für dich am besten, wenn du zu uns kämst. Wir wohnen zwar noch immer in der Kraindlgasse, aber es würde sich schon Platz finden. Dann hätte unsere Mutter ein Kind mehr um sich. Denn Arthur ist nicht zu rechnen, der hat eine Friseurin geheiratet, eine ganz gewöhnliche Person. Er wohnt in Rudolfsheim. Liebe Olga, auch dich sollte die Kindesliebe zu unserer Mutter ziehen. Wir könnten es uns dann praktischer einteilen, es soll auch dir, liebe Schwester, an gar nichts fehlen.

So ging es ungefähr in jedem Brief. Zuweilen gab es Bemerkungen über die Prochischen, ein Sohn lief sich als Agent die Stiefelsohlen ab, ein anderer hatte früher im Bankgeschäft gearbeitet und hungerte jetzt, Gott weiß, wie der sich durchbringt. Onkel und Tante waren in Armut gestorben. Lori, du erinnerst dich wohl, sie ist schon lang geschieden, was die sich eingebildet hat auf ihren Charakter, aber während ihr Mann in Sibirien kriegsgefangen war, hat sie ein Verhältnis angefangen mit einem Dichter. Jetzt, nach dem Krieg und dem Umsturz, ist er aber nur ein ganz kleiner Journalist, und sie ist mit ihm verheiratet. Recht schäbig geht es ihr, und sie sieht aus, ganz wie die selige Tante. – Und am Schlusse hieß es immer wieder, komm zu uns, was schlägst du dich da draußen unter fremden Leuten herum, wir führen ein himmlisches Leben, du sollst es gut haben, mir fällts nicht schwer.

Es geht kein Trost aus von diesen Briefen, je lauter sie rufen, desto weniger fühlt sich Olga verlockt. Um aufrichtig zu sein, sie hat nie etwas übrig gehabt für die Schwester. Niemand in der Familie hat etwas übrig gehabt für sie, und sie hat es allen vergolten. Mit zwölf Jahren nannte man sie schon nicht anders als die alte Jungfer. Wenn sie die Briefe liest, hört Olga deutlich, wie Fritzi mit zimperlichen kurzen Stößen den Speichel aufzieht, während die kleinste ihrer Bewegungen von der Wichtigkeit und dem Wert ihres Tuns erfüllt ist. Ihre fadendünnen Lippen sind immer aufgesprungen, das kommt daher, weil ich so eine feine Haut habe. Überall am ganzen Körper bin ich so, und sie läßt höhnisch grinsende Burschen ihre Haut befühlen, das Grinsen sieht sie nicht, ich bitte Sie, ich bin ja kurzsichtiger wie alle anderen, wer hat so bald sechs Dioptrien! Immer sitzt ihr der Kneifer über dem weißen Knorpelhöckerchen auf der feinen Nase, trotzdem sieht sie im ganzen gut aus, schlank, adrett, sogar elegant, nur die Brauen buschen sich zu düster, und das grobe, rotblonde Haar über dem schmalen Knochengesicht will in keinen Hut, es ist so entsetzlich dicht, weißt du, ich habe mir wieder armdicke Strähnen herausschneiden lassen vom Friseur, der Boden des ganzen Geschäftes war bedeckt. Warum wird das alles nicht vertrauter durch seine Gegenwärtigkeit, die Großsprecherei nicht komisch oder rührend? Aber Olga und Fritzi haben einander noch geprügelt, als Olga schon viele Jahre verheiratet war. Zum letztenmal geschah es wegen der Tante Proch.

Olga konnte es nicht ertragen, wie Fritzi, die Tochter der Zwergin Johanna, das Kind der Familie, „die an allem schuld war", hinter der Generalin (denn diesen Rang hatte der Onkel Proch erreicht, wenn auch nur in der Verpflegsbranche oder so, Olga verstand sich nicht darauf, sie wußte nur, daß er während des Kriegs die Stadt nicht verlassen hatte) herlief, bewundernd, dienstbereit, gefällig, fasziniert. Die Woche über schuftete sie im Bureau, am Sonntag verschwand sie mit dem letzten Mittagsbissen. Wohin so schnell, du stolze Maid? Da bleckte sie einen böse an.

Eines Sonntagabends, als Olga bei der Mutter nähte, erfuhr sie es. Aufgeräumt, gehoben kam Fritzi an, rötliche Flecken auf den Wangen. Sie besuchte Spitäler mit der Generalin. Weißt du, was die Tante tut? Sie spielt den Verwundeten Heimatlieder auf der Zither vor. Auf was? Auf der Zither, sag ich doch. Sie ist eine Zithervirtuosin. Großartig kann sie das. Ein Kunstgenuß. Sie hob die ausgestreckte Hand in Augenhöhe und argumentierte aus dem Ellenbogen. Ja, wie denn, Zither, wie denn Heimatlieder. Gott, tut die Olga großartig. Für den Herrn Gemahl wärs natürlich zu populär. Aber unsere Leute weinen vor Rührung. Zillertal, du bist mei Freud, spielt sie, und: Wenn der Auerhahn balzt. Dazu haben wir auch unser Ballett. – Ach! Tänzer schleppt ihr mit? – In einem Sack. Hollundermarkmännchen, die stellt man auf die Zither. Wenn die Tante spielt, fangen die Figürchen zu tanzen an. Entzückend ist das. Die Tante tritt auch in großen Wohltätigkeitssoireen auf. Die Erzherzogin Marie hat ihr ein Dankschreiben geschickt. Ich bin immer mit. Ich richte ihr alles her. Ich bin ihr ganz unentbehrlich.

Sie redete wie im Fieber. Bei dem Wort „unentbehrlich“ sog sie den Speichel ein. Olga platzte fast vor Wut. Sie kannte den zuckersüßen Ton, in dem die Tante mit feinen Leuten verkehrte, das Haifischlächeln und die gemachte Herzlichkeit im Verkehr mit „Volk“. Auf die grobe Kommandostimme war dann ein widrig singender Oberton gelegt, miau, miau, ich bin ja so lieb, wer wird sich denn vor mir fürchten, miau, miau. Denkst du noch dran, wie sie uns mit ihren niederträchtigen Ringen ins Gesicht geschlagen hat? Aber Fritzi zitterte vor Begeisterung. Das Allerschönste ist: Hoch vom Dachstein her. Dieses schöne Reich, einem Garten gleich, ist mein Vaterland, ist Österreich. – Und hat euch denn noch nie, schrie Olga, ein Krüppel mit seiner Krücke den Schädel eingehaut? Fritzi erstarrte. Dann spuckte sie aus. Wie gemein du bist. Darüber war es zu Ohrfeigen gekommen.

Nein, sie wollte nicht dorthin zurück. Dort war alles unheimlich, gespensterhaft. Sie hatte genug an ihren eigenen Gespenstern. Was trägt der Mensch in seiner Brust herum! Was wissen die dort von ihr. Hat sie dort überhaupt gelebt? Weiß sie nicht alles von ihnen nur aus bösen Träumen? Hier, wo ihr ganzes Leben in einer Nacht zusammengerafft und verworfen worden ist, hier will sie bleiben. Sie klammert sich an. Aber was ist sie im Strom der Existenz, ein Tropfen, ein Nichts, ein Atom. Lächerlich, sich aufzuplustern mit Entschluß und Willen. Bloß keine Geschichten, junge Frau. – Nicht einmal das sagt „es“ zu ihr. Nicht einmal eines höhnischen Witzes hält „es“ sie wert. Nachts hört sie die Kehrmaschinen durch die Straßen rattern. Wie Mist wird man eisern weitergefegt. Niemand kümmert sich. Erde und Himmel kümmern sich nicht. Dem Robert hatte der Kerl eins über den Kopf gehaut. Das stampft so fort, der Einzelne ist weniger als ein Spott, er ist nichts, was hilft es, die Zähne zusammenzubeißen.

Eine Weile arbeitete sie sich noch aus leerer Verzweiflung ab, aber sie wußte schon, es war umsonst, die Not war unerträglich, sie schrieb, sie ging zu Kleemann, sie reiste.

LEBEN

Zunächst erkannte sie die magere Dame nicht, die hinter Wels etwa um halb sieben Uhr früh kurzsichtig durch ein Lorgnon spähend in ihr Abteil trat. Der bittersäuerliche Nachtgeruch stand noch darin, außer Olga lagen drei Personen auf den Holzbänken herum. Ich habe zweite Klasse, sagte die Dame. Gib mit dein Billett, ich zahle auf, drüben bei mir ist ein Halbcoupé frei.

Olga begriff nicht. Na komm, sagte Fritzi ungeduldig, ich erklär dir später. Hier ist es grauslich. Man könnt auch nicht reden.

So fing das an. Ihre wunderbaren Glacéhandschuhe fielen Olga auf. Als die Schwestern in dem samtenen Halbcoupé eingerichtet waren, Fritzi verabreichte dem Schaffner ein großartiges Trinkgeld, damit er Olgas Gepäck herüberschaffe, als sie also beisammensaßen, zog Fritzi ein silbernes, goldgestreiftes Zigarettenetui, bot Olga eine Zigarette an und setzte sich selber eine in Brand. Olga schüttelte den Kopf, sie rauchte nicht, schmutzig und verdrückt saß sie in ihrer schwarzen Bluse da, die gepolsterten, bleichen Hände nackt, von schwarzen Nägelrändern entstellt. Das Haar hing ihr in die Stirn. Sie sah zu, wie Fritzi rauchte, war das ein komisches Theater, die Person sog und blies, sog und blies immerfort und stieß dabei den Rauch mit einer scharfen Kopfbewegung in die Luft. No, no, no, sagte Olga unwillkürlich. Aber Fritzi kehrte sich nicht daran. Ich habe nämlich in Wels übernachtet, sagte sie, ich bin dir entgegengefahren, um dich abzuholen.

Das ist schrecklich lieb von dir, aber –

Es ist nämlich – du trittst doch jetzt sozusagen von neuem in unseren Lebenskreis. Sie zündete eine zweite Zigarette an. Ich habe mir gedacht, es wäre gut, wenn du darauf vorbereitet würdest. Es ist nämlich jetzt alles ganz anders.

Wie, anders.

Ich habe dir ja wohl mehrfach mitgeteilt, daß ich mir zum Ziel gesetzt habe, unsere Mutter für alles zu entschädigen, was ihr das Leben angetan hat. Für alles.

Die beiden letzten Worte brachte sie eigentümlich böse heraus und schaute Olga herausfordernd an. Olga zupfte an ihrer Bluse und murmelte: Wer soll denn das können!

Ich, meine Liebe, ich kann das, ich, na, du wirst ja sehen. Also über die materielle Seite der Sache brauchen wir nicht zu reden. Aber es gibt auch eine andere. – Sie sog und blies heftig.

Wie meinst du das.

Also zum Beispiel, du erinnerst dich doch, wie vor Jahren der arme Ernstl zugrunde gegangen ist.

Olga zuckte innerlich zusammen.

Und erinnerst dich, daß wir der Mama eingeredet haben, er ist in der ersten Schlacht durch die Stirn getroffen worden, Heldentod und so. Anders hätt sies nicht ausgehalten.

Olga nickte, ihre Augen waren naß.

Also in der Art – hab ich ihr mit der Zeit auch die andern Sachen dargestellt.

Wie, was für andere Sachen.

Fritzi steckte die dritte Zigarette in den Mund. Also zum Beispiel. Die Frau vom Arthur ist keine gewöhnliche Friseurin, sondern Inhaberin eines großen Geschäftes, und es geht ihnen glänzend.

Olga blieb der Mund offen stehen.

Der Leo, der, nebenbei bemerkt, vor ein paar Jahren in einem Krankenhaus in Kansas City gestorben ist, lebt noch, ist brav geworden, verdient schön und schickt hie und da Dollars. Ich kann das ganz leicht arrangieren, durch mein Bureau.

Olga riß ein zerbrochenes Kämmchen aus ihrer schäbigen Handtasche und zog es schnell nacheinander durch ihr Haar. Es knisterte, Schuppen fielen auf die Bluse, der Kamm füllte sich mit ausgerissenen Strähnen. Und die Malwin? Die lebt vielleicht auch noch? In Saus und Braus? Mit dem Mosola?

Gott, an die Malwin hat die Mama fast ganz und gar vergessen. Aber dein Mann, der hat sich natürlich nicht mit Veronal vergiftet. Der ist als berühmter Dirigent gestorben. Du beziehst eine Pension.

Was jetzt geschah, darauf war Fritzi nicht vorbereitet. Olga schmiß den Kamm auf den Boden und sprang auf, als wollte sie sich auf die Schwester stürzen. Du! schrie sie, am liebsten möcht ich dir – dann brach sie ab, fiel zurück und begann aus Kränkung und aus Zorn zu weinen. Was ist denn das für ein Benehmen? Mir scheint, du bist nicht recht bei Trost! brauste Fritzi auf. Was hab ich dir denn getan? Hab ich etwas Schlechtes auf deinen Mann gesagt? Olga schüttelte weinend den Kopf. Na siehst du, sagte Fritzi verkniffen, sog an der Zigarette und blies Rauch in die Luft. Daß du auf diese Sachen eingehst, ist eine Lebensbedingung. Und eine Frage der Kindesliebe. Also bitte.

Was hat denn das mit Kindesliebe zu tun, murmelte Olga, trocknete sich das Gesicht und blickte Fritzi mit brennenden Augen starr an. Die böse alte Jungfer da konnte unmöglich wissen, was sie ihr angetan hatte. Böse alte Jungfer. Verächtlich war so eine Frauensperson, die in ihren Jahren nichts wußte von Mann und Weib.

Die andere eiferte: Das kann nur fragen, wer von Kindesliebe keine Ahnung hat. Das mußt du gefälligst mir überlassen. Ich habe die ganzen Jahre mit der Mama gelebt, nicht du. Wenn es auf euch angekommen wäre, läg sie schon lang unter der Erde. Sie hat nur mich. Ich bin verantwortlich. Sie hat nur mich.

Hysterische alte Jungfer. Olga zuckte die Achseln. Aber sie wollte nicht streiten. Sie war müde, einfach todmüde. Sie hatte ihre Wehrhaftigkeit verloren, eingebüßt die Kraft des Glaubens an sich selbst. Was war sie. Ein Nichts, das zur Seite gekehrt wurde von der eisernen Kehrmaschine. Ein Häufchen Existenz, an dessen Unzerstörbarkeit sie in allem Dünkel der Dummheit geglaubt hatte. Was gab es da groß aufzutrumpfen. Duck dich, Olgalein, duck dich. Dunkel ist das Leben, dunkel ist der Tod. Sie hatte das einmal singen gehört, damals faßte sie es nicht auf. Die dort mit ihren Zigaretten würde es auch nicht auffassen. Das machte sie stark, trotzdem sie nur eine armselige alte Jungfer war. Und das Geld, das sie verdiente, einen runden Tausender jeden Monat. Wer so viel Geld auf den Tisch legt, kann verlangen, daß man pariert.

Olga schneuzte sich, es half nichts, sie zog auf; Du hast noch immer die verstopfte Nase, bemerkte Fritzi. Arthur auch.

Du nicht?

Ich hab mich operieren lassen.

Olga sagte achselzuckend: Was du dir alles leisten kannst.

Wieso leisten? Wenn man eine repräsentative Stellung hat –. Heutzutage muß auch das Äußere unbedingt korrekt sein. Du müßtest das wissen – bist ja selbst im Berufsleben gestanden –

Der herablassende Ton hätte Olga in anderen Zeiten zum Lachen gereizt. Die Fritzi ist doch die Jüngere – war doch immer der Fratz, ein überspannter Fratz – und eine alte Jungfer. Aber irgend etwas berührte Olga unheimlich. Sie wußte nicht was. Das Lügengebäude, das man um die Mutter aufgerichtet hatte, in das sie nun in wenigen Stunden quasi ihren Einzug halten sollte, war ihr im höchsten Grade widerwärtig, die bloße Vorstellung steigerte sich zur Angst. Fritzi, sagte sie nach einer Weile mit erzwungener Ruhe, ich weiß nicht, wie sich das alles machen wird. Ich bleibe wohl nur zu Besuch bei euch. Mein Lebtag bin ich nicht untätig gewesen, lang halte ich es so nicht aus –

Du wirst schon, äußerte Fritzi trocken und blies Rauch aus dem Mund.

Ich habe in Berlin ganz schön verdient, log Olga verzweifelt weiter. Es war nur eben eine Stagnation im Geschäftsleben –

Das sagt Loris jetziger Mann auch immer, wenn er ihr kein Wirtschaftsgeld geben kann, sagte Fritzi brutal. Dann lächelte sie auf eine unwahr-verschwärmte, zugleich geheimnisvolle Art. Ich bin sehr gut mit der Lori. Das Lächeln hielt sich noch eine Weile auf ihrem Gesicht, dann verschwand es langsam. Weißt du, daß alle Prochischen, aber alle! schon Unterstützungen von mir bekommen haben? Onkel und Tante sind tot. Aber die Kinder.

Der Triumph der Schwester ließ Olga kalt. Was kümmerte sie das alte Schnabelsche Schuldgefühl. Von ihr weg war der Mensch, war der Mann in den Tod gegangen. Was wußte die dort davon. In die Wunde greifen, das konnte sie. Mehr nicht. Olga war ihr böse, von ganzem Herzen böse. Scheue und erbitterte Blicke warf sie auf die Schwester.

In Amstetten ließ Fritzi ein Frühstück ins Coupé reichen, sie zerbröckelte die Semmel in kleine Krümelchen und las sie mit zimperlichen Fingern von der Serviette auf, die sie im Täschchen mitgebracht und sorglich über den Klapptisch gebreitet hatte. Als sie gegessen und getrunken hatten, räumte Fritzi das Geschirr ab, schüttelte die Serviette aus und befestigte sie mit vier Stecknadeln hinter sich an der gepolsterten Lehne, wobei sie diese improvisierte hygienische Schutzhülle mehrmals glattstrich und tätschelte, als klopfe sie sich selber lobend auf die Backe. Hierauf setzte sie sich zurecht, zündete eine Zigarette an, zog aus dem Täschchen ein winziges Kartenspiel, prüfte den Tisch fast mit der Nasenspitze nach seiner Gefegtheit und legte mit hurtigen exakten Bewegungen eine Partie Patience. Das ging so schnell und hörte sich an, als klapperten geübte Hände auf einer Schreibmaschine. Dabei blinzelte sie. Der Augenarzt hat Mouche volante bei mir konstatiert, warf sie hin. Fritzi, sagte Olga plötzlich, ich hab mir das überlegt. Das Äußerste, was du von mir verlangen kannst, ist, daß ich dir bei dem – bei dem frommen Schwindel, den du der Mama vormachst, nicht in die Quere komm. Ich für meine Person bin nämlich überzeugt, sie hätte die Wahrheit auch ertragen. Jetzt ist es schon einmal so, ich kanns nicht ändern, aber mittun werde ich nicht.

Du wirst schon, sagte Fritzi und bohrte sich das spitze Kinn mehrmals in den Hals wie ein boshaft nickender Nußknacker.

Nach einer Weile fing sie wieder an: Du hast vorhin den Ausdruck Schwindel gebraucht. Ich weise das zurück. Mit dem Worte Schwindel verbinden alle reellen Leute einen Begriff von schädigender Absicht. Unsere Familie zum Beispiel ist durch den Schwindel des Verbrechers Franz um Geld und Ansehen gekommen. Das heißt Schwindel. Was der Leo, der Lump, Gott verzeih ihm die Sünde, getrieben hat, das heißt Schwindel. Was ich tu, heißt Wiedergutmachung. Verstehst du mich? Mein ganzes Leben ist Wiedergutmachung. Ich hab zu tun, Gott weiß, ich hab zu tun. Dem Seyfferth seine Wucherschuld zu zahlen, hab ich mich Anno dazumal geweigert. Das war Blödsinn. Es ist ihm übrigens vergolten worden. Einer von den Prochbuben ist Vertreter in Deutschland, der hat die Minka besucht. Schlecht gehts denen. Du erinnerst dich doch, nach der Pleite hat man ihn in ein Sanatorium gesteckt, sie hat aber das Sanatorium für ihn auf die Dauer nicht erschwingen können. Da sitzt er jetzt bei ihr, und sie muß ihm den Speichel vom Mund abwischen, er selber kanns nicht mehr. Und wenn er sich nachts im Bett umdrehen will, stößt er sie mit der Fußspitze, das kann er noch, da steht sie auf und dreht ihn um. Was sagst du! Ist das nicht komisch? Die gerechte Strafe ist es. Ich war schon damals nicht so dumm. Der Arthur, das Schaf, hat sich kaputt gemacht. Der Ernst ist ins Wasser gegangen. Er war immer ein Waschlappen. Alles ist vor die Hunde gegangen um mich herum. Ich nicht. Ich hab die Zähne aufeinandergebissen und mir zugeschworen: an mir wird alles reell sein. An mir ist alles reell! schrie sie plötzlich mit glühenden Wangen.

Olga wich in die Polsterbank zurück. Etwas wie Abscheu beschlich sie. Was hat die Person? Was zuckt und flammt in dem kleinen abgezehrten Gesicht? Was stiert sie sie so an mit Augen, die nichts sehen? Jetzt tappt sie nach der Zigarettendose, da hast du sie, sie ist leer. Was für eine zitternde Gier in den kleinen, abgezehrten, bläulich gesprenkelten Händen. Verwelkte Kinderhände sind das, arme alte Jungfer –

Durch mich kommt niemand zu Schaden, fährt Fritzi fort und wühlt in ihrer Tasche nach dem Zigarettenvorrat. Durch meine Hände gehen Vermögen. Siebenundzwanzig Jahre arbeite ich bei derselben Firma. Mein fünfundzwanzigjähriges Jubiläum hättest du erleben sollen. Der junge Chef, der alte Herr ist vor drei Jahren gestorben, hat mich den wandelnden Tresor des Hauses genannt. Er dürfe ruhig einmal eine Reise auf den Mond machen, hat er gesagt, ich nicht. Das glaub ich ihm. Vierzehn Tage habe ich einmal die Grippe gehabt, da ist alles drunter und drüber gegangen. Ohne mich sind sie verloren. Das ist auch in den Verhältnissen begründet. Der Chef ist ununterbrochen auf Reisen, heutzutage kann einer nicht zu Hause sitzen und seelenruhig die Geschäfte an sich herankommen lassen. Sie kommen nicht. Die Konkurrenz ist zu wütend. Das Personal wechselt. Aber ich bin da. Seit siebenundzwanzig Jahren.

Plötzlich warf sie sich über den Klapptisch. Eine erschreckend jähe Veränderung ging in ihren Zügen vor, und sie zischelte: Aber glaubst du, daß die – im Grunde ihres Herzens! – mich zu schätzen wissen? Keine Spur. Jubiläumsgerede, ja. Aber alle Geldsäcke sind Charakterschweine. Im Vertrauen gesagt. Unentbehrlich bin ich ihnen aus gewissen Gründen. Ich weiß allerhand. In jedem Geschäft ist heutzutage jemand, der Dinge weiß, die die Behörde nicht erfahren darf. Damit hab ich sie am Bandl.

Ich bin der Tresor. Ich bin Gold wert. Eine Stellung muß man sich machen, dann ist man unentbehrlich.

Sie kicherte, schluckte Speichel, geriet ins Husten. Olga war in einen seltsamen, quälenden Zustand geraten. Ihr Kopf war wie gelähmt, dennoch schien ihr, als klopfe jemand unablässig mit einem hölzernen Hammer an ihre linke Schläfe.

Aber ich bin von meinem Thema abgekommen, hüstelte Fritzi und setzte ihre Zigarette in Brand. Du hast Schwindel gesagt, ich sage Wiedergutmachung. Ich schwöre dir, nie empfinde ich ein so reines Glück, als wenn ich der armen Mama Leos Zwanzigdollarschein samt einem gefühlvollen Brief in den Schoß lege. Die Welt ist ein Dreckhaufen! sagte sie plötzlich haßerfüllt und starrte Olga wieder herausfordernd an.

Olga fuhr in die Höhe. Der hölzerne Hammer hatte sich in einen stählernen Nagel verwandelt. Mit einem leisen Aufschrei fuhr sie an ihre linke Schläfe.

Wir sind da, sagte Fritzi. Pack zusammen.

Es war Olga in den ersten Augenblicken ihres Eintretens nicht möglich, ihrer Mutter ansichtig zu werden. Fritzi stellte in der Wohnungstür Olgas Koffer, ihr eigenes Täschchen und ihren Schirm auf den Boden mit dem Ausruf: Mein Muschi!, umhalste, was öffnend dastand, und bedeckte es völlig. Das Halsen, Küssen und die Ausrufe währten eine ganze Weile. Wie ist es dir gegangen, mein Muschi, war dir sehr bang? Hat die Bedienerin im Vorzimmer geschlafen? Wie war das Essen gestern, hast du dir die Schweinskoteletten abgebraten? Haben dir die Demelkrapferln geschmeckt, ich hab sie eigens geholt. Und hat mein Muschili auch keine bösen Träume gehabt?

Was hast du zum Nachtmahl gegessen, das Hirnragout war doch nur in die Röhre zu schieben – no, Muschili, wie gehts dir denn, wie gehts dir, Muschili –?

Die Alte mußte in der engen Umschlingung eine Frage gestellt haben, denn Fritzi gab sich etwas atemlos zufrieden und sagte: Da steht sie ja.

Nun erblickte Olga die Mutter. Der Schrecken riß ihr den Mund auf. Die Tasche, mit der sie sich schleppte, fiel auf den Boden, die Hand fuhr an den aufgerissenen Mund. Fritzi duckte sich mit zusammengekniffenen Augen, um besser zu sehen, was da vorging. Den düster-hämischen Ausdruck ihres Gesichts sah Olga gleichsam mit dem Gefühl. Grüß dich Gott, Mama! stotterte sie, du siehst aber – du siehst aber gut aus!

Unberufen, unberufen, sagte Fritzi und klopfte trommelnd an den Türstock.

No grüß dich, Olga, quäkte die Zwergin und breitete die Arme aus.

Von allen schweren Dingen, die Olga in ihrem Leben bewältigt hatte, war dies nicht das Leichteste: den winzigen Fleischkoloß zu umarmen, der ihr seine Massen entgegenschaukelte. Johanna sah aus, als sei sie breiter als hoch. Auf ganz kleinen Füßen staken Tönnchen von Beinen, darauf Leib und Hüften, die trommelgleich den Busen einer Riesin trugen. Das kugelrunde und ausgespannte Gesicht glänzte vor Fett und einer leicht weinerlichen Freundlichkeit. Die unbedeutende Nase sah beschämt an sich herab, denn rechts und links über die Backen konnte sie nicht schauen. Die kleinen Hennenaugen schwammen in der nassen Rührung der Fettleibigen. Fritzi schob Olga und die Mutter in die Wohnung, rief: Frau Fanni! und ließ durch ein wie mit Asche bestreutes, hurtig raschelndes altes Geschöpf die Tasche vom Korridor hereinholen. Olga hatte in ihrer Benommenheit die Vorstellung, das huschende alte Ding sei aus der Kohlenkiste gekrochen. Denn zunächst erblickte sie hinter dem Vorzimmer nur einen einzigen Raum, und dort war es nicht herausgeschlüpft. Dieser Raum war Fritzis und Johannas Behausung, und in dieser Behausung, die den Geruch von tausend Zigaretten wie eine feste Masse in sich hielt, auf einer Ottomane in der Ecke sollte Olga fortan – ja was? Nun, leben.

MIT SEINER EIGENEN LEICHE GEHN

Schon am zweiten Tage war es Olga klar, wozu die Schwester sie gebrauchen wollte. Johanna hatte bis jetzt den Haushalt besorgt – das alte Aschenputtel von Bedienerin zählte nicht, die zitterte aus irgendwelchen Gründen immerfort am ganzen Leibe –, und das sollte die Mutter nicht mehr. Fritzi hatte ein richtiges Götzenbild aus ihr gemacht. Mit einer Flut von Küssen, die Alte nahm sie im Bett entgegen, verabschiedete sich Fritzi am Morgen von ihr. Sie hatten eine richtige Dalbersprache miteinander, die Olga nur mit körperlichem Widerwillen anhören konnte. Kam Fritzi heim, so stürzte sie sich mit ungestümen Liebkosungen auf die Mutter. Entsetzt beobachtete Olga, daß die Schwester ganz feucht und erhitzt aus diesen Küssen auftauchte, was hat denn die, was geht da vor, Olga begriff es nicht, ihr wurde angst und bang.

Sie selbst hatte hauptsächlich unter Fritzis Eifersucht zu leiden. Aber sie wäre nicht imstande gewesen, zu erklären, auf wen Fritzi eifersüchtig war, ob auf sie, ob auf die Mutter. Oft schien ihr, als sei Fritzi eifersüchtig auf die ganze Welt, die Eifersucht in Person, ein weiblicher Othello und die ganze Welt ihre Desdemona. Eifer war überhaupt ihre hervorstechendste Eigenschaft. Ob sie redete, speichelte oder rauchte oder am Sonntag wirtschaftend durch Stube und Küche fuhr: immer sauste sie wie auf dem Besen daher, rastlos, gewalttätig, als schleppe sie ein Bagno voll angeketteter Kräfte in sich herum. Am Sonntagnachmittag raste sie zu Verwandten, lauter Verarmte, denen sie half, auf ihre Weise freilich, eine eigensinnige und absurde Weise. Sie kaufte ihnen Geschenke, kleine Berge von Geschenken. Auch der Mutter brachte sie fast täglich Geschenke, Leckereien, teures Obst, Seide, Strümpfe, törichte kleine goldene Anhängsel, Puppen, Häubchen und Hüte. Blöde lächelnd saß die fette Zwergin da, und Fritzi behängte sie unter Zwitscherreden mit Bändern und Gaben. Olga flüchtete in die Küche, dort starrte sie eine Weile trübsinnig vor sich hin, dann begann sie in einem alten Heft zu blättern, das sie in der Küchentischlade verbarg. (Denn sie war sehr bald dahin gekommen, alles, auch das Unschuldigste, vor Fritzi zu verbergen.) Sie hatte das Heft in der Gerümpelkammer hinter der Küche gefunden, es war der längst verstorbenen Malwine handschriftlicher Zitatenschatz. Sie war ja in alles Bildungswesen so vernarrt, die arme Malwine. Olga hatte ein Gedicht darin gefunden, das heißt, es war nicht schwer zu finden, Malwine hatte es als letztes eingetragen, das mußte sie immer wieder lesen. Es lautete:

Was je den Menschen schwer gefallen,
Eins ist das Bitterste von allen:
Vermissen, was schon unser war,
Den Kranz verlieren aus dem Haar,
Nachdem man sterben sich gesehen,
Mit seiner eigenen Leiche gehen.

Was hast du da? Fritzi schnappte mit ihren mageren Händen nach dem Heft und hob es ganz dicht und ein wenig schief unter die Augen. Dabei legte sie die Linke wie ein Dach an die Stirn. Ach so, sagte sie. Dann: Weißt du, daß der Doktor Mosola bei uns angestellt ist? Das heißt, er macht das russische Geschäft. Er hat seinerzeit in Rußland fabelhafte Beziehungen gesammelt. Die Wissenschaft hat er aufgegeben. Er arbeitet aber nicht nur für uns. Es geht ihm glänzend.

Sie lächelte dabei auf eine ganz sinnlose, hektisch verzückte und zugleich geheimnisvolle Weise.

Hängt er noch an der Lori? fragte Olga, um irgend etwas zu sagen.

Fritzi ließ einen höhnischen Zischlaut hören und warf das Heft auf den Tisch. Was ich sagen wollte, morgen laß ich einen Leobrief ankommen, sagte sie drohend. Nimm dich gefälligst zusammen. Olga fuhr auf. Da schrie die andere, sie glich wahrhaftig einer Hexe: Glaubst du, ich tus dem Lumpen zulieb, dem Leo? Ich hab auch damals für ihn keinen Finger gerührt. Was kann ich dafür, daß die alte Frau vernarrt ist in ihn! Darauf stob sie zur Tür, rannte wegen ihrer Kurzsichtigkeit heftig an den Pfosten, fluchte laut und schmetterte brutal die Tür zu.

Olga blätterte das Heft wieder an derselben Stelle auf. Vermissen, was schon unser war. Wie entgeh ich morgen diesem Leobrief. Ich kann das nicht aushalten. Sie entwarf einen Plan. Gleich in der Früh das Essen fast ganz fertig kochen. Dann mit der großen Tasche auf den Naschmarkt. Bei der Tante Lilli essen, oder gar nicht essen. Eine Wurst oder so. Dann endlich den immer verschobenen Besuch beim Arthur machen. Dort über den Abend bleiben, erst spät nach Hause. Wenn die Mutter schon im Bett liegt.

Als sie der Mutter sagte, sie bleibe abends aus, greinte die: Dann bin ich ganz allein. Die Fritzi geht nämlich heut ins Kino. Bei den letzten Worten zwinkerte sie Olga bedeutungsvoll zu. Dabei verzog sich der eben noch herabhängende Mund zu einem verlegenen Spießgesellenlächeln. Du weißt doch. Aber Olga wußte nicht. Sie war auch zu stumpf, um darauf zu achten. Nachdem man sich hat sterben sehen. Zu Mittag würde Fritzi den Leobrief produzieren, nur fort also, die Mama hatte ja dann den ganzen Tag eine Art Lutschbonbon. Olga wußte, daß in solchen Fällen Frau Zemrel, die schmutzige alte Hausbesorgerin mit dem schlechten Atem, zur Teilnahme an der Freude herbeigerufen wurde. Nein, sie war Olga Geßl hier, nicht Olga Schnabel. Nur hinaus mit ihr, und sie ging.

Arthur kam in Hemdärmeln, kragenlos, zur Tür, öffnete selbst, seinen schlurfenden Pantoffelschritt hatte sie schon vorher gehört. Er nahm ihr die Markttasche ab, bemühte sich ungeschickt und verlegen. Im Zimmer saß ein blasses, kränklich aussehendes, kleines Mädchen, dem mattes, gelbliches Haar von dem eckig aufgetriebenen Kopfe herabhing, und schrieb an einer Aufgabe. Arthur war gänzlich kahl geworden. Olga schaute immer das kleine Mädchen an, versuchte es freundlich anzureden, mein Gott, Arthur, ich hab gar nicht gewußt, daß du – wie blöd, warum schoß ihr das Wasser in die Augen? Er winkte geniert, später, als die Kleine wortlos zur Tür hinausging, sagte er hüstelnd: Es ist nämlich von meiner Frau, ich habs adoptiert. Olga schaute vor sich hin.

Später kam die Frau nach Hause, ein abgerackertes, scharfnasiges junges Weib, schmutzig, schlampig, Hut schief auf den verklebten schwarzen Löckchen, habe die Ehre, mein Kompliment, sagte sie zu der Schwägerin und riß den schiefen, grauverstaubten schwarzen Filz vom Kopf. Unter dem Arm trug sie eine zerrissene Aktentasche, darin klimperten Brennschere, Spiritusmaschine,

Zündholzschachteln, Kämme durcheinander, aus dieser Tasche zog sie ein fleckiges Paket, das in Zeitungspapier gewickelt war, und sagte: Heut hab ich euch ein pikfeines Nachtmahl spendiert – no servus, da ist Spiritus draufgetropft! Sie schmiß es wütend auf den Tisch, stampfte mit dem Fuß auf und fluchte weinerlich vor sich hin. Sie redete mit stark ungarischem Akzent. Aber Julczi, sei gut, sei gut, sagte Arthur. Es wird schon nicht alles hin sein, du regst dich immer so auf. Als Olga gehen wollte, flog Julczi plötzlich auf sie zu, fiel ihr um den Hals und schrie unter Küssen: Du siehst aus wie eine gute Person. Ich hab es gespürt, wie ich hereingekommen bin. Bist du wirklich die Schwester von dieser Person dort, dieser Fritzi? Nichts: aber Julczi! fauchte sie ihren Mann an, eine Hexe ist sie, diese Person dort, eine verrückte Hexe! Was soll ich? Nicht undankbar soll ich sein? Ich spuck ihr auf ihre großartigen Präsente! Mir soll sie nur vor die Augen kommen! Ins Gesicht schmeiß ich ihr die Fetzen, die seidenen, für meine Ila, und die Ganslebern und die Strümpfe und die Bettwäsch, lieber soll die Ila in Lumpen gehen, lieber schlaf ich auf Stroh und eß Schwarzbrot, als daß ich mir der ihre lausige Frechheit gefallen laß. Du hast ein Herz in der Brust, wandte sie sich wieder an Olga, dir sieht mans an, du brauchst uns nichts zu schenken, bist selber ein armes Kind, ich weiß, ich weiß, und wenn dus nicht aushältst bei der verrückten Hexe, dann komm zu uns.

Im Vorzimmer hüstelte Arthur verzweifelt: Du siehst, sie ist ein guter Kerl. Das mit der Fritzi, das ist ein Unglück. Und die Fritzi – ich muß sagen, sie ist die Großmut selbst, sie erhält uns ja beinah, seit ich abgebaut bin. Die Julczi rackert sich zehn Stunden am Tag, aber es reicht doch nie. Ja, ja, es ist schwer. Und als Olga schon in der Tür stand: Dank dir, daß du gekommen bist. Da sieht man sich doch wieder einmal. Ja. Zur Mama geh ich fast gar nicht mehr. Ich habe das Gefühl, die Fritzi wills nicht. Ja. Sie will die Mama ganz für sich allein haben. Sie tut ja auch alles für die Mama. Ja. Sie ist wirklich großartig, die Fritzi. – Als Olga auf der Straße stand, fiel ihr ein, daß es viel zu früh war, um nach Hause zu fahren. Sie beschloß, sich draußen irgendwo in eine kleine Wirtschaft zu setzen. Als sie den Wagen der Straßenbahn wechseln mußte, erblickte sie im grellen Licht einer Bogenlampe ihre Schwester, die mit dem gewohnten Eifer und Nachdruck auf einen großgewachsenen Mann einredete. Olga wünschte nicht zu stören, sie schlüpfte in den Wagen, setzte sich ans Fenster und sah, wie Fritzi sich von dem Manne verabschiedete, um gleichfalls einzusteigen. Der Mann lüpfte den Hut, was für eine Gesichtsfarbe hatte der, Olga erschrak ordentlich. Kam das vom Bogenlicht, nein, die anderen Leute sahen ganz harmlos aus, der aber war förmlich blau angelaufen, ein Gesicht wie aus altem Blei. Fritzi winkte blinzelnd durchs Fenster, der Mann mit dem Bleigesicht hatte sich aber schon verschlüpft. Atemlos fiel Fritzi auf die Bank, ihre Backenknochen glühten rot. Sie zog einen Taschenspiegel und studierte ihr Gesicht von vorn und im Halbprofil. Sie lächelte, bog den Kopf zurück, warf einen schalkhaften Seitenblick, alles in den Spiegel. Ihre Lippen bewegten sich, sie führte ein Gespräch offenbar fort oder wiederholte es. Wieder das Lächeln, ein krankhaft aufgerissenes, geheimniskrämerisches Lächeln, von heftigem Schlagen der Lider begleitet, als geistere ein unheimlicher Vogel über ihr Gesicht. Olga schämte sich, sie merkte, wie Mitfahrende einander belustigt auf Fritzi aufmerksam machten, ungeduldig rief sie: Fritzi! Die fuhr zusammen, duckte sich blinzelnd. Olga streckte die Hand aus, berührte sie, ich bins. Ach du. Woher kommst du? Vom Arthur. So, vom Arthur. Sie strich mit der Zungenspitze über die aufgesprungenen Lippen. Hast du die Gattin gesehen? Ja. Der Schaffner kam, Fritzi wollte für Olga bezahlen. – Aber ich hab doch meine Umsteigkarte. – Fritzi versorgte ihr hübsches Portemonnaie wieder. Wie findest du den Arthur, sehr verändert, was? Armer Kerl. Der hat auch nur mich.

Sie schwiegen eine Weile. Da bist du ja am Schottentor eingestiegen, so wie ich? Ja. Hast du den Herrn gesehen, der mich begleitet hat? Ja. Na, und hast ihn erkannt? Wieso erkannt? Aber das war doch der Georg! Was für ein Georg denn –? Ich bitt dich, tu nicht so, du wirst nicht wissen, wer der Georg ist, der Dr. Mosola natürlich, ich versteh nicht, was du von der Komödie hast, großartig, sie weiß nicht mehr, wer Georg Mosola ist. Wie ich das hasse, dieses Getu, das hast du noch von deinem Mann, auf was der sich so viel eingebildet hat, weiß auch kein Mensch.

Du, halt den Mund! fuhr Olga auf, das kam so wild heraus, daß Fritzi zwinkerte, als habe sie ein Wind angeweht. Ihre Haltestelle war da, sie stiegen aus, Olga murmelte: Adieu. – Wieso adieu? – Du gehst doch noch ins Kino, denk ich? – Wer hat dir das gesagt? – Die Mama. – Nein. Es geht heut nicht. Plötzlich faßte sie Olgas Arm. Willst du mit mir nachtmahlen? Man könnte der Mama einen Zettel schicken. Olga war so verblüfft, daß sie nachgab. Heim wollte sie ohnedies nicht. Und irgend etwas an Fritzi reizte eine angstvolle Neugier in ihr auf.

Fritzi ließ ihren Arm nicht los, schob sie drängend

vorwärts. Ihre Stimme klang heiser, von Aufregung gewürgt. Sieht er nicht interessant aus? Direkt bedeutend? Ist er nicht ein schöner Mensch? Und plötzlich, dicht in Olgas Gesicht, mit einem fatal aus Erhitzung und Verschämtheit gemischten Lächeln, das Olga schon im Eisenbahncoupé an ihr beobachtet hatte: Wir haben uns sehr lieb, verstehst du, sehr!

Olga bog ihr Gesicht weg und fragte: No, wie? – Fritzi kicherte: Und das will eine verheiratete Frau sein!

Sie schleppte Olga in ein Weinlokal, in dem sie offenbar bekannt war. Olga merkte es wohl, faßte es aber nicht ganz auf, die eigentümliche Halblähmung ihres Wesens nahm zu. Den Kranz verlieren aus dem Haar. Fritzi bestellte und redete von ihrer und Mosolas Liebe. Als Kind schon habe sie ihn heimlich geliebt, als er Malwinens Verlobter war. Mit zehn Jahren hatte sie einmal, an einem Sonntag wars, bei der Großmama in Malwinens Lade gestöbert und einen Brief gefunden, der anfing mit den Worten: Mein geliebter Schatz. Unmöglich zu beschreiben, was ihr beim Lesen dieser Worte widerfahren war. Es füllte ihren Körper von oben bis unten, es ging nie wieder ganz heraus. Seit damals liebte sie ihn. Er war starr, als er mich zum ersten Male wieder sah. Schnabel, sagte er, heißen Sie wirklich Fritzi Schnabel – du glaubst nicht, wie ihm zumut war – die Lori hat ihn doch verlassen, wie er die Malwine verlassen hat, es war eine Schicksalsfügung – pekuniär geht es ihm sehr gut, er ist eine Kapazität im russischen Geschäft, ich bitte dich, bei seiner Intelligenz! Schlimm ist es nur, wenn er nach Moskau muß – da leiden wir – da leiden wir entsetzlich – er hat ja auf der Welt nur mich – nur mich! rief sie und schlug beide Hände vors Gesicht.

Olga blickte scheu herum, hinter dem Schanktisch machte sich die Wirtin zu schaffen, aber Olga sah deutlich, daß sie mit dem Kellner Zeichen des Einverständnisses wechselte. Ganz sicher diente Fritzi hier auf irgendeine Art zur Belustigung. Man kannte sie. Saß sie öfter da? Mit dem Mosola wohl? Warum machten Wirtin und Kellner einander aufmerksam? Es schien Olga sogar, als verständigten sie die wenigen anderen Gäste.

Du hast immer geglaubt, ich wüßte nichts vom Leben, flüstert Fritzi und faßt Olga wieder an. Ich weiß aber alles, wie du an deinem Mann gehangen hast, ich verstehs mit jedem Blutstropfen – du redest nie von ihm, glaubst, ich bin ein Kind oder eine vertrocknete alte Jungfer – hach! Sie lachte schnell und kniff Olga wild in den Arm. Olga, wisperte sie, ich versteh auch, daß du deinen Sohn hingegeben hast für den Mann, ich würde hundert Söhne hingeben für meinen Georg!

Olga fährt zusammen. Was weißt du davon, was weißt du von meinem Sohn!

Mehr als du, mehr als du, ich weiß, wo er lebt, das weißt du nicht, ich weiß, wie er aussieht, das weißt du nicht, ich weiß, was er treibt, das weißt du nicht, wie seine Frau aussieht und wie sein neugeborenes Kind heißt. Weißt du das vielleicht?

Olga fährt in die Höhe. Hör auf mit dem verfluchten Unsinn, du machst einen ja selber närrisch, woher solltest du denn das wissen, was geht denn das dich an, was hast du zu spionieren, laß mich in Ruh!

Was heißt da spionieren, daß du dein Kind weggegeben hast, hab ich von klein auf gewußt. Ich war ein kleiner Fratz, jedem im Weg, niemand hat auf mich geachtet. Aber gewußt und erfahren hab ich alles. Ihr habt gelebt, habt eure Dummheiten und eure Schlechtigkeiten getrieben, der Leo, der Lump, hat sich mit seinen Weibern herumgejagt, und du hast dein Kind aus dem Weg geräumt wie ein Paket schmutzige Wäsche. An mich hat niemand gedacht, vor mir hat sich niemand geniert, die Briefe und das Geld für die Kostfrau in Retz hast du mich auf die Post tragen lassen. Und wie die reichen Bauern dort den Buben adoptiert haben, war bei der Großmama bei Tisch die Rede davon, und die Malwine hat gesagt: Quelle chance pour cette pauvre Olga. Den Namen der Leute hab ich nie vergessen, Ebinger, und lang, ehe du gekommen bist, bin ich hinausgefahren nach Unter-Nalb, wo er jetzt ist, und hab mich erkundigt.

Fieberhaft kramt Olga ihre Sachen zusammen. Danke für das Nachtmahl. Ich geh jetzt. Ehe Fritzi sie hindern kann, ist sie auf und zur Tür hinaus. Erst auf der Straße reut sie ihr Benehmen. Was sollen die Leute dadrinnen denken. Sie hätte Fritzi der boshaften dicken Wirtin und dem Kellner mit dem pickelübersäten Gesicht nicht ausliefern dürfen. Plötzlich bekommt sie Angst. Was geht jetzt da drinnen vor. Einer der roten Vorhänge, die von innen die niedrigen Fenster verhüllen, ist zufällig zurückgeschlagen. Olga späht hinein. Durch den Spalt erblickt sie gerade die Wirtin, sie beugt sich mit offenem Munde lachend über den Schanktisch, vor ihr lehnt der Kellner, er schwenkt einen Geldschein, zwanzig Schilling. Die Wirtin deutet mit dem Finger auf die fette rote Stirn, ich sags ja, die Person ist meschugge. Die gläserne Wirtshaustür klirrt, Olga fährt auf Fritzi los: Was hast du da drin gezahlt? – Was geht das dich an, du bist verrückt, wie benimmst du dich. – Ich bin verrückt? – Ja. War es vielleicht nicht verrückt, was du mit deinem

Kind gemacht hast? Mir hat es keine Ruhe gelassen, mir nicht.

Sie traben knapp hintereinander durch die öden, finsteren Gassen, Olga immer einen Schritt voraus. Fritzi redet ununterbrochen. Schließlich gehört er eben doch zu unserer Familie. Wäre ihm etwas abgegangen, hätte ich mich verpflichtet gefühlt, ihm zu helfen. Aber es geht ihm nichts ab, behauptet er. Weißt du, was er geworden ist? Bäckergeselle ist er, dein Herr Sohn. Bauer hat er nicht werden wollen, Bäcker ist er, das war sein Herzenswunsch. Fritzi lacht laut auf. Du siehst, ich weiß alles. Ich hab mich gekümmert um ihn, ich schon. Ich wäre ihm eine Mutter gewesen. Mich hätte er gehabt, in jeder Not. Gerade so wie die Mama. Gerade so wie du. Gerade so wie ihr alle! kreischt sie plötzlich in die Nacht hinaus.

Da wird aus Olgas Hasten ein Rennen, sie springt, was die Beine können, die schwere Markttasche schlägt daran, durch die totenstillen Gassen lacht Fritzi scheppernd hinter ihr her. Vor dem Haustor muß sie doch warten, Fritzi hat ja die Schlüssel, das Blut sprengt ihr fast die Schläfen, Knie und Waden zittern, die Jahre, die Jahre schleppt sie und das Kummerfett. Langsam schlendert Fritzi daher, als ob sie sich amüsiere. Aber sie sagt kein Wort mehr, kichert bloß hie und da in sich hinein.

Im Vorzimmer hören sie die Mutter schnarchen, Olga kleidet sich wie immer in der Küche aus. Lange kann sie sich nicht entschließen, in die Stube zu schleichen, wo sich die Atemzüge miteinander mischen Nacht für Nacht. Endlich tappt sie doch hinein, im Finstern, Fritzi liegt also schon, und hier steht die Ottomane. Sie tastet nach der Decke, prallt zurück. Es liegt etwas unter der Decke, etwas Lebendiges, ein Mensch.

Fritzi richtet sich auf, greift nach ihr. Komm, komm, lallt sie. Sonst können wir nicht reden, wecken sonst die Mama auf. Sei doch nicht blöd. Jetzt, wo du weißt, daß ich keine alte Jungfer bin, kannst du mir doch alles sagen.

Sie hat Olga angefaßt, zieht und zerrt und haucht ihr ins Ohr: Erzähl mir von deiner Ehe. Wie war es mit deinem Mann. Jetzt, wo du weißt, daß ich –

Sie kreischt unterdrückt, denn Olga hat ihr einen fürchterlichen Stoß versetzt. Sie ringen im Finstern: Aus meinem Bett heraus, keucht Olga, aus meinem Bett. Die andere wehrt sich wie rasend. Dein Bett, dein Bett, hier gehört alles mir, such dir eins, warst ohnehin immer nur gut fürs Bett, Kindsverschacherin, gut fürs Bett – sie gurgelt, Olga hat sie an der Kehle gepackt und würgt. Da spürt sie etwas Kühles, Hartes auf der Brust, sie läßt die Kehle los, fährt hin, es gleitet ab, kalt, klein, Metall, kein Messer, was war das, sie taumelt gegen einen Stuhl. Irgend etwas streicht an ihr vorbei, flüstert, murmelt, wart Bestie, murmelt es, geistert noch eine Weile durch das stockfinstere Zimmer, murmelt, flüstert, endlich knarrt Fritzis Bett.

DIE AUGEN WOLLEN SEHEN

Der Morgen kommt mit dem Gekose im Bett der Mutter, es geschieht weiter nichts, Fritzi tut, als sähe sie durch Olga durch, aber das hat sie schon öfter so gemacht, Olga hat es für Launen gehalten, eifersüchtige Launen. Alles in allem jedoch beträgt sie sich nicht, als ob ihr eine Erinnerung an den vergangenen Abend geblieben wäre. Olga begreift nicht, wie man die Verstellung so weit treiben kann. Bis ihr bei einem unbedeutenden Anlaß klar wird, daß es nicht Verstellung ist. Diese Entdeckung hat etwas Niederschmetterndes. Eigentlich hätte sie ja für immer fortgehen sollen nach jener nächtlichen Szene, hat nicht die Julczi gesagt, wenn dus nicht aushältst, komm zu uns. Aber es kommt nicht dazu, Olga fühlt sich wie mit Stricken angebunden, nein, fort kann sie da nicht, sie muß bleiben, achtgeben muß sie, sie gesteht sichs nicht ein, auf was, aber sie muß jeden Augenblick bereit sein, sonst fällt die Verantwortung auf sie. Angstvoll gespannt beobachtet sie Fritzis Kommen und Gehen, ihr Tun und Treiben, ihre Zärtlichkeitsexzesse, ihr Hinundher, ihr Brummen, Murmeln, Rauchen, Kartenlegen, und während Fritzi fort ist, sucht sie, sucht das kleine Ding von Metall, aber sie findet es nicht. Oft wird die Angst so groß, daß Olga gegen Abend auf die Straße hinausläuft, um auszuspähen, ob Fritzi richtig wie ein normaler Mensch von der Trambahnhaltestelle kommt. Sie hat niemand, dem sie ihre Befürchtung anvertrauen könnte, es liegt in der Natur dieser Befürchtung, daß Olga sie vor sich selbst beschönigt und ihr harmlose Namen gibt. Aber die unleugbar lebende Fritzi wird ihr immer mehr zum Phantom, zum Gespenst.

Es gehen die Tage hin, helle und graue, der gepeinigten Seele sind sie alle grau. Der einem am nötigsten war im Leben, ist tot, schlimmer als tot, ein Gespenst ist auch er geworden, auf unerklärliche, gräßliche Art mit jenem anderen Gespenst im Bund, nachtgeboren beide. Es ist nichts da, woran man sein Herz hängen könnte, was nicht gestorben und Gespenst geworden ist, das spült das Leben fort, es ist kein Bestand, nichts kommt, was nicht hinab muß, tu ein Stück Zucker in ein Glas Wasser, gleich ist es fort. Du sagst, nun schmeckt das Wasser süß, was hilft es dem, der nicht trinkt? Die Augen, die Augen wollen sehen, dazu sind sie in den Kopf gesteckt, die Augen, die trügen nicht, die wissen: der Zucker war da, der Zucker ist fort, sagen könnte einer zum Beispiel leicht das Umgekehrte, die Ohren sind hilflos, sie tragen die Lüge herein in den Kopf, in das Herz, vor den Ohren muß man sich hüten. Aber die Augen. Wenn die Augen gesehen haben, dann weiß der Kopf, dann weiß das Herz, rauben kann man ihnen freilich alles wieder, es ist ja kein Bestand, ich weiß, ich weiß, aber das Wissen, das kann man nicht rauben.

Es dauerte viele Tage, bis Olga tatsächlich in die Retzer Gegend fuhr. Sie tat es in größter Heimlichkeit, breitete ein Gewebe von Vorwänden über ihre Abwesenheit. Denn es ging nicht anders, sie mußte dort in Unter-Nalb übernachten.

Wenn ein so vom Gewöhnlichsten des Tages durchwachsener Mensch etwas Ungewohntes unternimmt, wird er vom ersten bis zum letzten Augenblick den Druck der Beschämung nicht los. Sie ist eine Mutter, sie sucht ihren Sohn. Was für großartige Begriffe, sie paßt nicht hinein, sie geniert sich. Gott im Himmel, sie wird ihm gar nichts sagen, wenn sie an die Begegnung denkt, schwindet ihr das Leben in Kopf und Brust. In ihrem ganzen Dasein hat sie nichts Ungewöhnliches getan, nichts, was etwas anderes bedeutet hätte als sich selbst: das Kochen bedeutete das Kochen, das Nähen das Nähen, das Sorgen das Sorgen, und alles miteinander geschah für den Mann, der da war, der sie anfaßte, er war das Ziel, auf ihn bezog sich alles, er war der Sinn. Als es aus war damit, kam die Not, die war wie ein Mann: man mußte etwas tun, um sie zu stillen. Was aber beginnt sie jetzt? Gut, sie fährt nach Retz. Verglichen mit allen notgebundenen Handlungen ihres Lebens ist dies eine Fahrt ins Nebelhafte. Sie ist nichts Wirkliches, diese Fahrt, sie bedeutet etwas. Olga begreift nicht, warum sie sich eingelassen hat darauf. Auch das hat ihr die Fritzi angetan, auch das: nun müssen die Augen sehen. Sie tastet mit den Fingern in Zwirnhandschuhen nach ihren Augen, die etwas vorquellen. Es sind auch Tränensäcke darunter.

Er muß aus dem Laden geholt werden, seit der Meister gestorben ist, versieht er das ganze Geschäft, die Witwe gönnt sich Ruhe, sie ist groß und fett, das ergraute Haar steht ihr um das rote Gesicht wie Rauch. Den Pepsch, so, den Pepsch wieder einmal. Was wollen denn Sie? Sind Sie vielleicht auch wieder seine Tante? Nein. – Was wollen Sie denn dann von ihm? Es ist ganz genug, daß er die Luis auf dem Hals hat und das Kind dazu. Das war noch gar nie da, daß ein Gesell war mit Weib und Kind beladen. So einen jungen Burschen muß man abhalten von seinem Unglück. Mein Mann war eben schwach.

Das kommt davon, wenn einer Flügelhorn bläst statt daß er ein Mannsbild wär. Immerfort das Flügelhorn blasen, das macht zu weich. Hat einen Narren gefressen an dem Pepsch. Hat das Heiraten zugelassen, hat ihm noch geholfen dazu, das macht zu ideal, das Flügelhorn. Und da liegt jetzt das junge Weib im Spital. An ein Aufkommen ist gar nicht zu denken. Aber dauern kann das noch! sagt der Doktor. Im Bauch hat sies, tuberkulös. So kommt ein Mannsbild um seine ganze Jugend.

Das alles springt dem stämmigen, alternden Weibe aus dem Mund, als sei sie damit angefüllt bis an den Rand. Wenn man sie mitten in der Nacht aufweckt, redet sie wohl auch davon. Sie wischt mit den überraschend feinen, spitzen Fingern ihrer kleinen fleischigen Hand über die fettigen Lippen, ein ironisches Lächeln zieht ihr die Augenfurchen zusammen, und in eigentümlich großsprecherischer Haltung, wie eine alte Komödiantin, ruft sie: Da ist er ja, der Herr Pepsch! Die „Dame“ da wünscht den Herrn Pepsch zu sprechen.

Olga dreht sich um, und in diesem Augenblick wanken ihr die Knie, eine Keule ist ihr auf den Kopf gefallen: Kindsverschacherin. Es ist nicht auszuhalten, aber im Sterben ist auch keine Hoffnung, und sie wird nicht sterben, nur leiden, büßen, leiden. Gott, warum glaube ich nicht an dich. Da steht der Mensch, heißt Josef Leitner. Herr des Himmels, das ist ein Riese. Hoch oben auf dem schmalen, langen Schädel steht ihm das rötliche blonde Haar. Mehl liegt auf dem erhitzten Gesicht, er hat ein mehlbestäubtes Ruderleibchen an. Wie gewaltig die Hände herunterhängen, das Knochengefüge, der Sinn, tritt deutlich hervor, Ruhe strömt von den breiten Schultern herunter, eine eigene, traurige Ruhe. Er blickt aus etwas farblosen Augen auf Olga nieder, an der Richtung dieses Blicks erkennt sie, wie klein sie ist, wohl so klein wie ihre Mutter, die Zwergin Johanna. Was steht zu Diensten? Die alte Bäckerin lauert. Eigentlich nichts. Die Bäckerin lacht laut heraus, ganz wie auf einem dörflichen Liebhabertheater. Na, da will ich nicht stören. Sie watschelt auf ihren dünn gefesselten Plattfüßen hinaus. Könnten – wir denn nicht irgendwohin – fortgehen? Ja, wohin? Ich kann jetzt nicht lang weg von der Backstube. Und meine Kammer ist eng, da schaut es auch – er verzieht das Gesicht, der Druck auf den Schultern wird schwerer, sie verraten jetzt mehr Traurigkeit als Ruhe. – Wenn Sie der Josef Leitner sind, bin ich nämlich Ihre Mutter.

Er nickt.

Da ist weiter nicht viel zu sagen. Es macht keinen Eindruck auf Josef Leitner. Ganz offenbar ist auch er mit einer anderen Angelegenheit so voll gefüllt, daß nichts mehr in ihn hineingeht. Wieder hat Olga die deutliche Empfindung: wenn man ihn mitten in der Nacht aufweckte, würde er sich genau so benehmen. Die Frage ist nur, ob es möglich ist, ihn zu wecken, ob er nämlich schläft in der Nacht. Nicht, daß er so angestrengt nachdächte. Das vermag er wohl gar nicht. Es sieht viel eher aus, als erlitte er unaufhörlich einen Gedanken. Das muß schon lange so sein, es ist in sein Gesicht eingegraben, seine Bewegungen sind schwer davon, die Falten seiner abgetragenen und geflickten Kleidung haben sich danach geknickt. Olga fühlt sich bekümmert und zugleich befreit. Er dauert sie, aber die Verzwicktheit ihrer eigenen Lage ist ausgetilgt durch die Schwere seines Benommenseins.

Er fährt auf, soweit bei der auffallenden Gedämpftheit

seines Wesens, die nicht nur von der körperlichen Wucht herstammt, von Auffahren die Rede sein kann, schaut sich um und fragt dann zögernd, ob Olga wohl ein paar Schritte mit ihm ins Feld hinaus möchte. Er führt sie dicht hinter dem Haus vom Dorf weg, es ist ganz klar, daß er nicht gesehen werden will. Schwer trottet er hin, als sei der Oberleib wie eine Last auf die hohen Schenkel gespießt. Es liegt nicht am Wuchs, der Mensch ist prachtvoll gebaut. Es ist wieder dasselbe, wieder die Übermacht, von der er besessen ist. Unwillkürlich blickt Olga auf das Haus zurück. Aus dem Mansardenfenster unterm Giebel späht das rote rauchumwölkte Gesicht der alten Bäckerin. Als Olgas Auge sie trifft, grinst sie verächtlich und macht höhnische Verbeugungen, ehe sie verschwindet: Sie glauben vielleicht, sie haben mich ertappt? Ich bin aber hier die Frau, ich schau heraus, wo ich will, und hinein auch, verstanden –

Der Meister ist vor sechs Wochen gestorben, sagt Josef in seiner abwesenden, gedrückten Art. Ewig schad um den Mann.

Aber – er war doch nicht – der Adoptivvater ?

Nein. Meine Eltern haben den Hof in Ober-Nalb. Die Mutter lebt noch.

Er wird rot.

Etwas mühsam fragt Olga weiter: Wieso –? Allein? Hat denn die Frau dort eine Hilfe?

Nur Dienstboten. – Nach einer Weile fährt er erläuternd fort: Es war ohnedies ein Kampf, Sie können sich das gar nicht vorstellen. Durchaus hätt ich sollen ein Bauer werden. Ich hab aber von Kind auf nur zum Bäckerhandwerk Freude gehabt. Es war mein Höchstes. Den Hof kriegt ein ihriger Verwandter.

Das ist aber dann ein großer Schaden?

Sein Gesicht wird um einen Schatten sorgenvoller. Olga weiß jetzt schon, daß der kaum merkliche Schatten in diesem Gesicht mehr bedeutet als in einem anderen völlige Verfinsterung.

Wohl. Aber ursprünglich hat es geheißen, sie werden mir helfen zu einer eigenen Bäckerei. Da in den kleineren Dörfern herum könnte einer, der sich auskennt mit der Sache, recht gut bestehen. Ich hab mich gründlich erkundigt.

Es unterliegt nicht dem leisesten Zweifel, daß Josef sich sowohl auskennt, wie daß er sich gründlich erkundigt hat. Das Brotbacken ist ihm das Höchste, daran ist nichts zu drehen und zu deuteln, es ist da ganz und gar nichts zu belächeln oder auch nur zum Wundern, es ist, wie es ist, es liegt Gedeihen auf dem Menschen, es fällt ihm förmlich aus Faust und Schritt, aber es liegt auch Unglück auf ihm, er schleppt es auf dem Rücken nicht nur, sondern es hat ihn rundherum wie ein Rad, das er um den Hals trägt.

Er kann nicht bei der Mutter bleiben, der Bub, sagt er plötzlich, die Verwandten hetzen zuviel, es ist nicht zu glauben, was die Menschen sich ereifern, die fürchten, am End bekommt noch das Kind den Hof. Das kann keiner fassen, was die Bauern geldgierig sind.

Ja, wie alt ist denn –

Zwei Monat.

Mein Gott.

Er zuckt die Achseln. Ja, aber so sind sie, die Bauern.

Es ist ihm ganz selbstverständlich, daß Olga weiß, um welches Kind es sich handelt. Er denkt keine Sekunde darüber nach. Selbst daß er darüber spricht, ist nur eine unwillkürliche Funktion. Das dreht sich so in seinem Hirn herum, unablässig, unablässig. Da ist ein Rad, mit vielen Speichen. Eine davon ist das Kind, sein Kind, das nicht auf dem Hof seiner Adoptivmutter bleiben kann, weil die Verwandten ihr keine Ruhe lassen. Der innere Ring des Rades aber ist das noch nicht.

Und die Mutter? fragt Olga leise, sie wundert sich selbst, wie leise, – ich meine: die Mutter des Kindes.

Die ist augenblicklich nicht ganz beisammen, antwortet Josef in geschraubtem Hochdeutsch und mit befremdlicher Kopfstimme. Dabei reckt er sich auf einmal steif in die Höhe und richtet den versunkenen Blick unfreundlich in die Ferne. Wieder wird er rot, aber dunkler, fleckiger als zuvor.

Ich muß umkehren, bemerkt er dann.

Langsam verliert sich die aufgepeitschte Haltung und in seinen mehlbestaubten Zügen das jähe, Verletztheit und Beschämung verratende Rot. Olga fühlt sich ihrerseits beschämt, von der Kranken redet sie bestimmt nicht mehr. Das muß Bauernart sein, wahrscheinlich gilt es als Schande, daß sie krank ist, vielleicht hat auch die giftige alte Bäckerin übertrieben, um der jungen Person eine Schmach anzutun.

Bei uns, wissen Sie, sagt Josef wieder mit der alten unglücksschweren Gewichtigkeit, hab ich jetzt alles auf mir. Ich meine im Geschäft.

Versteht denn die Frau nichts? Diese dicke, grauhaarige Frau ist doch die Meisterin?

Josefs Gesicht zeigt eine Andeutung von Überlegenheit, zugleich auch von Überraschung. Vielleicht hatte er nie gehört, daß man die Meisterin als eine dicke grauhaarige Frau bezeichnete. Das herrische Gehaben des Weibes schien Gefallsucht und Anspruch auf jugendliche Rechte auszudrücken, nebst allem anderen.

In der Backstube muß sie einen Mann haben, erklärt er. Da ist freilich auch noch so ein Bub da, ein Neffe, ein Bürscherl von fünfzehn. Mit dem ist ihr nicht geholfen. Ich brauch ihn nicht. Ich zwings leicht allein.

Er holte tief Atem. Sonderbarerweise schwollen ihm dabei auch die Armmuskeln.

Da muß die Frau also auch allerhand Rücksicht nehmen, forscht Olga vorsichtig tastend.

Rücksicht? – Er windet den starken Hals wie ein Erpel, der den Schnabel rückwärts unter die leicht gehobenen Flügel stecken will. Sie tät alles. Verpflegt bin ich wie ein Graf. Sie kocht und brät ja den ganzen Tag. Rostbraten und Gans unter der Woche. Kein ausgekochtes Suppenfleisch. Großartige Saucen macht sie, sie ist eine Gastwirtstochter. Und Butterteigkrapfen und Pasteten. Sie ißt ja auch selber den ganzen Tag. Der ganze Verdienst rutscht in den Magen, wenn ich nicht achtgeb.

Vom Kirchturm des Dorfes klang der Stundenschlag. Josef faßte das Bäckerhaus, das mit seiner Rückseite schon dicht vor ihnen lag, fest ins Auge. Heut geht sie nicht hinüber nach Ober-Nalb, scheint mir. Sein Mund zeigte einen Anflug von Verkniffenheit, auch der gedämpfte Ton war bissig.

Geht sie da immer hin? warf Olga hin. Sie wußte jetzt schon, daß sie die Gleichgültige spielen mußte.

Josef stieß einen leisen, scharfen Pfiff aus. Wohl, das tut sie.

Nun standen sie wieder vor dem Haus, die sprachlose Verlegenheit kroch von neuem heran.

Olga erkundigte sich nach dem Gasthof.

Ja, ja, die Verbindung mit Wien ist schlecht, sagte er. Es stimmt nicht mit dem Autobus und den Zügen. Das haben sie zu Fleiß gemacht, damit die Reisenden und die Weinhändler hier übernachten müssen. Das begreift ja kein Mensch, wie geldgierig die Bauern sind.

Der Gasthof war nah. Im letzten Augenblick faßte sich Olga ein Herz und lud ihn zum Nachtmahl ein. Sie errötete dabei wie ein junges Mädchen, trotz der Tränensäcke. Auch er wurde sehr rot, plötzlich machte er eine ungeschlachte Verbeugung, nahm dankend an und ging schnell fort.

Der Rotwein machte ihn nicht auf billige Art gesprächig, die Verschlossenheit des riesenhaften jungen Menschen war kein Krampf, sondern ein echtes Symptom seiner Natur. Er saß da, nun im sauber gebürsteten, schlecht gemachten Feiertagsgewand, hing vornübergebeugt über dem Teller, und seine Manier, das Essen einzuschlürfen, erinnerte an Tiere am Trog. Jedoch abwesend, besetzt, umkrallt förmlich blieb er auch während der Nahrungsaufnahme, und Olga konnte sich gut vorstellen, daß die alte Prasserin daheim mit ihren Kochkünsten nicht auf die Rechnung kam. Als er sich auf solche tierische Art gesättigt hatte, richtete er sich ein einziges Mal schnaufend im Sessel zu seiner vollen Höhe auf, tupfte sich den Mund ab und griff nach dem Weinglas. Zufällig fing Olga diese Bewegung auf. Von deren Zartheit und Behutsamkeit wurde sie so innig überrascht, daß sie Messer und Gabel hinlegte und dem Josef ins Gesicht schaute. Der war lieb. Der hatte ein Herz, das nie verschwand. Der war immer gut. Du lieber Gott: ein guter, treuer Mensch.

Er stellte das Glas andächtig wieder hin, und wie gesagt, es fachten ihn auch drei vier Gläser nicht gerade an. Es war wohl mehr die stille Gegenwart der Frau, die ihn ein wenig mitteilsamer machte. Olga erfuhr nach und nach, daß die Bäckerin bei ihren täglichen Gängen nach Ober-Nalb jene Verwandten der Adoptivmutter, die für den Hof zitterten, aufhetzte gegen Josef und seinen Säugling. Josef wußte das ganz genau. Olga tat, als begreife sie nicht. Die Frau habe doch allen Grund, auf ihren Gesellen zu schauen, nicht ihm den Boden abzugraben durch übles Gerede. Nach einer Weile war es heraus: auf den Säugling habe sie es abgesehen. Den wollte sie selbst in Pflege kriegen. Im Haus haben wollte sie das Kind, in der eigenen Hand. Das Kind will sie haben, verstehen Sie? Und mit einer Gewalt will die, was sie will – zum ersten Male fluchte er, das Weiße seiner Augen wurde trüb.

Immer deutlicher wurden die Speichen des Rades, das sich um ihn drehte, unablässig drehte.

Da brachte Olga die Rede plötzlich auf Fritzi: Sie fühlte untrüglich, daß es nötig war, die Unbeteiligte zu spielen.

Wohl, er erinnerte sich. Seine Stirn war umwölkt. Er warf mehrere schnelle, scheue Blicke auf Olga. Das sei also wirklich seine Tante? Eine kuriose Dame. Sehr nobel. Sehr splendid. Ja. Aber kurios. Wieder schaute er Olga an, nach einem Blick des Einverständnisses spähend. Sie hat mir gleich eine Menge Geld gegeben und noch mehr angeboten. Ich hab ihr aber gedankt. Man bräuchts ja nicht. Man hat, was einem zukommt. Er ist ein starker, gesunder Bursch, Gott sei Dank. Und er schiebt die knochige Pranke über das Tischtuch, als mache er da Ordnung.

Ich könnte gar nichts anbieten, sagt Olga schüchtern. Ich bin arm.

Er nickt ernsthaft, denkt nach, nickt wieder. Dann bleibt er still, und sichtlich hebt das Rad des Unglücks wieder seine Arbeit an.

Warum will sie denn durchaus das Kind, ich meine die Bäckerin? erkundigt sich Olga.

Er schaut sie nicht an, antwortet nicht. Aber es ist, als werde sein ganzer, noch etwas tollpatschiger Körper rot. Olga erschrickt darüber, wie entsetzlich er sich schämt. Langsam hebt er die Hand und deutet mit dem ausgestreckten Zeigefinger mehrmals auf seine Brust. Olga bedauert, daß sie ihn zur Erklärung gezwungen hat. Sie weiß ja, daß es dem alternden Weibe um den Burschen geht. Wenn sie das Kind hat, so denkt sie, dann hat sie ihn selber mit Haut und Haar.

Und gerade das, murmelt Josef, hab ich der Luis geschworen. Ich mein: daß die dort das Kind nicht kriegt, fügt er noch undeutlicher hinzu.

Schnell fragt Olga: Aber muß man denn dann dort bleiben? Ein tüchtiger starker Mensch –?

Ungeheuer erstaunt blickt er auf. Aber wie denn? Er versteht kein Wort. Das heißt, er versteht, aber das ist doch barer Unsinn. So jung er ist, das weiß er: wegen so was geht man nicht weg. Aus dem Sicheren ins Unsichere. Aus der Arbeit in die Brotlosigkeit, sei es auch nur für eine Zeit. Versteht denn die Frau das nicht. Er hätte nicht gedacht, daß sie so herreden wird. Es befremdet ihn, es macht ihn mißtrauisch. Jäh ziehen sich seine Pupillen zusammen. Der verstorbene Meister hat ihm die Bäckerei quasi anvertraut. Das Geschäft ist eine Goldgrube. Mit der Zeit muß die Frau ihn zum Teilnehmer machen, es hilft ihr nichts, schon mit dem Gesellenwechsel gefährdet sie das Geschäft. Sie allein frißt ja alles auf, die Verschwenderin, aber dumm ist sie nicht, sie weiß, was sie an ihm hat. Da wird er Weggehen, wo er nur auszuharren braucht, um die Hand auf die Goldgrube zu legen? Ausharren wird er, jung ist er genug. Überleben wird er sie. Die Frau praßt sich ja ins Grab.

Ein geringes von alledem spricht er aus. Olga begreift vollkommen, daß er trotzdem ein Recht hat, von der Geldgier der Bauern zu reden. Seine plumpen Gedanken haben nichts von Geldgier. Es ist Bestand in ihm, das ist es. Er schweigt wieder, er ist zu langsam, um schon wieder das Einverständnis mit Olga, die ihn enttäuscht hat, zu fühlen. Primitive Menschen geraten ungemein leicht aus dem Gleichgewicht, bei aller äußeren Ruhe. Wie der Eisstock im Spiel über den Zielpflock hinausschlittert, spricht er eine wunderliche Abwehr aus: Wenn die Luis wieder gesund aus dem Spital kommt, dann ist ohnedies alles in Ordnung. Dann kriegen wir eine Wohnung beim Grillbauern im Haus, und das Kind ist bei seinen Eltern, wo es hingehört.

An dem starren Ausdruck seiner Augen allein könnte Olga ablesen, daß er bewußt die Unwahrheit redet. Dazu kommt noch, daß bei ihm Rücken, Schultern, Hände, Genick eine unmißverständliche Sprache reden. Aber sie respektiert seine Unwahrheit. Denn ihr erscheint das ganze junge Mannsbild eigentümlich respektabel. Ja, ja, sagt sie, und: natürlich. Dann ist alles in Ordnung. Sie wagt nicht zu fragen: was meint denn der Arzt. Sie will ihn nicht zwingen weiterzulügen, das einzige, was sie tun kann, besteht darin, daß sie seiner Vorspiegelung durch ihren Glauben Boden verleiht. In dieser Kunst ist sie erfahren, Gott weiß es, aber daran denkt sie jetzt nicht. Sie denkt an nichts, was gewesen ist. Sie denkt an das kranke Mädchen, das sterben wird. Die Luis ist sicher ein sanftes, liebliches Geschöpf, feiner als die anderen ihrer Art, eine besondere Seele, ein bescheidenes Kleinod ist sie, das sieht man ja daran, wie der ungefüge Bursch, dem jede höhere Ahnung abgeht, aufgetürmt dasteht und ihr sinkendes Lebenslicht verteidigt. Weil sie fühlt, wie etwas ihr die Kehle zusammenwürgt, fragt Olga hastig und räuspert sich: Aber wie ist denn das, wollte nicht die – Adoptivmutter das Geld für einen eigenen Laden auszahlen?

Es steht sogar im Testament, sagt Josef, der Vater hat es bestimmt, es soll aber anfechtbar sein. Das haben die ihrigen Verwandten herausgefunden. Die Mutter hat ihnen erst kein Gehör geschenkt. Seit einer Zeit aber will sie auf einmal nichts mehr geben. Sie meint – aber das ist ja närrisch, geradezu eine Sünde ist es, ich war schon eine ganze Weile nicht mehr drüben, weil ich so einen Unsinn mir nicht anhören mag. Daß ichs heraussag: reich heiraten soll ich, meint sie, oder – nun verzieht sich sein Gesicht zum erstenmal in glühendem Zorn – einheiraten.

Auf dem Tisch liegt seine Faust.

Ja, ist denn die Luis nicht –

Wohl! Er dreht seinen Ehering. Das ist ja die Gemeinheit. Eine Schlechtigkeit ist das. Die Weiber haben sie schon eingescharrt.

Ach Gott, das hat gar nichts auf sich. Totwünschen können die sie nicht. So eine junge Frau ist eben anfällig nach dem ersten Kind. Aber das geht vorüber. Jugend hat Kraft. (Während Olga so daherredet, versteht sie zum erstenmal, daß Jugend schwach und gefährdet ist.) Jugend kommt über alles weg. (Fast nichts überwindet Jugend. Was ihr nicht Tod bringt, schlägt ihr verhängnisvolle Narben.) Um so eine blühende junge Frau ist mir gar nicht bang. (Erbarmen muß man haben mit der Jugend, um ihrer schrecklichen Gefährdung willen, sanft ihre Wunden pflegen und sprechen: dir kann keiner nah kommen. Du bist stark.) Aber wenn sie heimkommt, wird sie noch müde sein. Sie wird Erholung brauchen.

Er hängt an Olgas Lippen. Er atmet hörbar, als ziehe er ihre Worte in die Lungen. Ganz sicher, schwach wird sie sein. Er nickt bedächtig.

Nun wagt Olga ihren Vorschlag.

Wenn sie also heimkommt und Schonung braucht, sagt sie ein wenig gepreßt, wie jemand, der sehr starkes Herzklopfen hat, wird ihr die Pflege des Kindes zu schwer sein. Drüben bei der Adoptivmutter wird man aber vielleicht nicht viel Geduld haben. (Sie kann kaum sprechen, es drückt ihr die Kehle zu.) Da möcht ich den Antrag machen, daß ich – für ein paar Wochen nur zu euch herauskäme – zum Kind –

Ihre Worte sind wie selbständige Geschöpfe, die ins Rennen geraten. Sie gehorchen ihr nicht mehr, sie haben eigene Seelen und Instinkte.

Das Wasser schießt ihr so heftig in die Augen, daß sie nicht sieht, was ihre Worte angerichtet haben. Der junge Mensch ist hinter den Sinn ihres wortreichen Angebots gekommen, den entsetzlichen, nie wieder zu tilgenden Sinn. Erst duckt er sich zusammen, furchtdrohend die gelben Brauen: auch gegen die da, die aus der Stadt gekommen ist, ungerufen, unerbeten, unerwünscht, wird er das unaussprechlich teure, heilige kleine Häuflein Todesnot verteidigen, nein, er gibt ihr bitteres Leiden nicht preis, weh jedem, der die Hand ausstreckt! Wie sie drinliegt, dort im Spitalsbett, das sanfte kastanienbraune Haupt immer schweißnaß, und aus den schwarzen Augenschatten blüht dunkel die Angst heraus, Josef hilf mir, hilf mir doch, Josef! Er beißt die Zähne aufeinander und mahlt mit den Kiefern, daß es knirscht wie Räder im Kies. Wenn einer da dranrührt, dem dreht er den Hals um. Es ist ihm, als sehe er sie nackt. Der Hals schwillt ihm mit dicken Flechsen und Adern auf, und ein schauerliches Grinsen verzerrt sein nasses Gesicht. Erschrocken starrt ihn Olga an. Aber nur ein dumpfer, bellender Laut bricht aus dem geblähten Hals. Er hebt die Hand zum Mund, als habe er gehustet, bleibt steif sitzen und stiert auf den Tisch. Da erst gelangen Olgas dienende Geister schwebend an ihn heran. Der weiche, zag bittende Klang ihrer Stimme hüllt ihre Worte ein. Sonderbar, es fallen ihm die Lider zu. Sogar der Kopf nickt ein wenig nach vorn und taumelt aus dem Schlummer einer Zehntelsekunde wieder auf. Ja, bringt er hervor, das ist – das ist ein sehr gütiges Anerbieten. Ich werd es meiner Frau gleich berichten, wenn ich sie morgen besuch. Jedenfalls danken wir verbindlichst.

Er hatte sich mit bedeutender Willenskraft etwas gefaßt, fährt über seine Stirn und fügt schwer hinzu: Es ist – sehr schön von Ihnen. Endlich sieht er sie an. Wirklich – sehr schön. Danke. Danke vielmals.

Auf einmal hat er das Gesicht eines unglücklichen kleinen Knaben.

Olga kramt hastig in ihrer Ledertasche. Alles an ihr fliegt. Sie schreibt ihre Adresse auf, erklärt, spricht, notiert. Es kann nun kein Versehen, kein Irrtum geschehen. Er horcht, nickt, faltet bedächtig ihren Zettel, steckt ihn in die innere Brusttasche. Es ist sehr spät geworden, gute Nacht, gute Nacht, am nächsten Morgen rollt der Autobus hinaus, aber Josef ist bis zur Abfahrt mit dem mehligen Pantoffel auf dem Trittbrett gestanden, leb wohl, Josef.

BOTSCHAFT

Die unförmige Zwergin steht im Hof, die Hausbesorgerin mit dem einzigen übelriechenden Zahn schnattert in sie hinein. Aber gehns, Frau Schnabel, wer wird gleich an Malheur denken. Sie ist aber seit einer Stunde und zum drittenmal am Tage mit nichts anderem beschäftigt als mit der Aufzählung sämtlicher Unglücksfälle, die rings in Straße und Viertel seit Menschengedenken sich ereignet haben, Todesstürze, Verbrennungen, verbrecherische Entführung, Mord und Selbstmord durch Gift, Leuchtgas, Strick und Revolver. Johanna stiert leer vor sich hin, ihre hängenden Backentaschen zittern, sie ist vor Angst wie verblödet, aus dem Mund der Frau Zemrel bricht metallischer Modergeruch. In die Hotels gehn sie oft zu zweit und er schießt erst auf sie, und dann schießt er auf sich. Liebeskummer. Kommt auch häufig vor. Den Leuten gehts zu gut, sag ich immer. Aber wieso denn in ein Hotel, stottert Johanna, und ihre trüben Hennenaugen quellen heraus vor Schrecken, denn die Sache ist die, daß Fritzi seit gestern abend verschwunden ist. Zum Nachtmahl war sie da (so erzählt Johanna zum dreißigstenmal der Frau Zemrel), hat wie gewöhnlich Johanna zu Bett gebracht und ihr dann befohlen einzuschlafen. Ich geh noch ins Kino. Du weißt schon mit wem. Ach ja, Johanna wußte, daß Fritzi einen „Freund" hatte. Einen mächtigen, einflußreichen Freund, der sich in Leidenschaft für Fritzi verzehrte, aber leider verheiratet war. Deshalb erschrak sie so heftig über die Geschichte vom Hotel und vom Doppelselbstmord aus verzweifelter Liebe. Sie weinte auf, eigentlich war es ein Plärren. Wo nur die Olga bleibt. Wann wird denn die Olga kommen. Was bin ich für eine geschlagene Person. Beide sind fort. Lassen mich hilfloses altes Weib allein. Kein Gefühl haben sie, kein Herz für die alte Mutter. Sechs Kinder hab ich geboren, sechs Kinder, und so steh ich da. Wenn das der Leo wüßt! Nun schrie sie förmlich aus Erbarmen mit sich selbst. In Amerika ist der und weiß nicht, wie ich dasteh! Frau Zemrel machte den Vorschlag, den Sohn Arthur herbeizurufen. Plötzlich versiegten die Tränen der Zwergin. Nein, murmelte sie verbissen. Die Reiche dort braucht nicht gleich alles zu wissen. Und wenn es die Fritzi dann erfährt, krieg ichs wieder! Die Zwergin lugte mit grausiger Heiterkeit zu der Hausbesorgerin auf und vollführte mit der erhobenen Patschhand jene Bewegung, mit der man Kindern scherzweise Schläge androht.

Der scharfe Adamsapfel der Frau Zemrel sprang gierig aus der Barchentbluse. Wie? Was? Die Mustertochter prügelte ihre Mutter? Aber weiter war nichts aus der Zwergin herauszubringen, jene Schläge erschienen ihrem schwachen Kopf durchaus nicht als empörende Roheit, sie hatte wie ein höriges Weib zu lange unter der gewalttätigen Zärtlichkeit dieser Tochter gelebt.

Nachmittags um drei kam Olga an. Die Bedrohung ihrer eigenen Lage kam ihr zunächst nicht ins Bewußtsein, ja sie fühlte lebhaft, daß sie, nachdem der erste Schrecken überstanden war, mit merklichem Widerstreben an Fritzis Rückkehr dachte. Ein Unglück zog sie nicht in Betracht. Es ist nun einmal so, daß das Bild der Dinge in unseren Augen liegt. Olgas Augen sahen in diesem Moment nichts Bedrohliches in Fritzis Verschwinden. Die

Angst, die wie ein schwerer Wolkenhimmel wochenlang über ihr gehangen war, hatte sich als unbedeutender Nebelstreif am Horizont zusammengezogen. Das war durchaus nicht in den Umständen, sondern einzig in Olgas Seelenzustand begründet. Selbstverständlich verlegte sie selbst den Grund nach außen. Fritzi hatte in letzter Zeit, das Totschweigen und Über-Olga-Hinwegsehen anfallsweise durchbrechend, in jenem alten Ton peinlicher Vertraulichkeit zuweilen Andeutungen gemacht. Sie wolle einmal mit ihrem Freunde volle Liebesfreiheit genießen. Nun, sie wird mit ihrem Mosola irgendwo geblieben sein. Das bleifarbene Gesicht des Mannes tauchte vor Olga auf. Sie schüttelte sich. Aber was ging das sie an? Sie hatte natürlich sofort nachgeforscht: Fritzi war in der Tat mit Handgepäck verschwunden. Es gab also keinen Grund zur Besorgnis.

Sie sitzt in der Küche und gibt sich ganz ihren halbgeträumten Gedanken hin, das heißt, sie macht die Augen zu und tastet das Gesicht des Sohnes nach Spuren ab. Um den Mund herum erinnert eine Schweifung an Ernst, dessen zweiten Namen er ja auch hat und wohl den Wuchs. Doch wenn sie schärfer hinsieht, weiß sie, daß im Alter der Vater aus seinem Gesicht hervorblicken wird, man sieht es an Stirn und Augenhöhlen, im Knochen liegts. Sie läßt den Kopf herabsinken, als ob sie einschliefe. Es ist still um sie, eintönig tickt die alte Pendeluhr. Noch etwas anderes ist dem Sohn so eigen wie dem Vater. Man kann nicht sagen, daß es ihm anhafte. Es kommt aus ihm und es umgibt ihn, es strahlt aus seinem Kern und es ist seine Bestimmung. Es könnte nicht sein, wenn er Tochter wäre statt Sohn; es ist ein höchst männliches Etwas, das dem Wesen beider das blutmäßige Gepräge gibt, denn es ist Einsamkeit. Diese ganz besondere, aus Tiefen vor der Geburt stammende Einsamkeit, der das Geschick meist eine mutterlose Jugend zuteilt, hat dem verleugneten Sohn denselben Stempel aufgedrückt wie einst dem Vater. Da wacht Olga plötzlich mit einem leisen Schrecken aus ihrem vertieften Anschauen auf. Sie hat Geßls Gesicht so greifbar vor sich gesehen, daß ihr das Herz tief drin im Körper dröhnt. Aber die dumpfe Qual, der grausame Zweifel ist zum erstenmal nicht mit heraufgekommen. Es ist Geßls Gesicht, und doch ein anderes Gesicht, es ist ganz nah, doch in verklärter Ferne. Sie geht nicht mehr mit seiner Leiche, nein. Er ist nicht tot, er schläft, er schläft. Bei den Toten hält man Wacht, aus der Kammer eines Schlafenden darf man auf Zehenspitzen hinaus. Du schläfst, liebe Seele, du schläfst, nun ist dir wohl. Eine Zeit sitzt sie noch still, dann steht sie auf, geht auf behutsamen Sohlen durch die Tür und drückt traumbefangen, obgleich sie allein in der Wohnung ist, die Klinke mit äußerster Zartheit und Vorsicht ins Schloß.

Erst am dritten Tage wurde ihr bewußt, daß Fritzi nicht mehr als zwanzig Schilling in der Wohnung zurückgelassen hatte, und davon war nur mehr unbedeutendes Kleingeld übrig. Gleich hinter dem Stoß, den sie bei dieser Entdeckung empfand, stellte sich der oberflächliche Trost ein: sie kommt eben heute oder morgen zurück. Ein störendes inneres Zucken meldete sich zugleich mit diesem „Trost“. Sie schämte sich. Zuweilen sucht die Zwergin greinend Fritzis Geschenke hervor, seidene Kleider und Strümpfe, Pelze, auch eine Schnur kleiner Perlen, Unsinnigkeiten.

Langsam, ganz langsam überzieht sich der Boden der

engen Behausung mit einem Schimmelanflug von Angst. Olga fährt aus dem Schlaf. Wo Geld hernehmen. Der Schweiß ist ihr ausgebrochen, und der Hals ist naß. Wo steckt die Person? Warum versteckt sie sich? Ja, sie versteckt sich. Himmel, warum? Ist sie am Ende längst gekommen? Hockt sie im Schrank? Zusammenschaudernd liegt Olga im Dunkel. Licht darfs nicht geben wegen der Mutter. Die seufzt und stöhnt ohnedies im Schlaf. Die Vorstellung, daß ein erwachsener Mensch sich versteckt, hat in diesem Fall etwas eigentümlich Grausiges. Gott, warum soll die nicht hier unterm Bett liegen. Sie atmet doch! Denn das ist nicht die Mutter. Es atmet ein Drittes in der Stube. Sie ist da. Fritzi! zischelt Olga. Schon ist die Mutter wach. Johanna ist gleich ganz wach wie ein Tier. Sie fängt sofort zu plappern an. Gerade hat mir geträumt, daß die Mama Geburtstag gehabt hat, die Großmama, weißt du, und alle waren da, der Franz, die Karoline, der Max und alle Enkelkinder, der Ernst war noch ganz klein, ein Wickelkind. Aber die Großmama war zornig, ich weiß auch warum, sie ist zornig, weil die Fritzi nicht unter den Gratulanten ist. Da schreit auf einmal die Theres, die Frau vom Onkel Franz, weißt du, da oben sitzt die Fritzi auf dem Dach. Ausgerechnet die Theres muß das sehen, als ob es nicht Schand genug war, daß die Fritzi auf dem Dach sitzt, in einem feuerroten Kleid. Sie hat einen Spazierstock in der Hand und schreit von oben herunter: ich schieß, ich schieß – Es ist schrecklich, aber komisch auch, Gott, so komisch, Johanna kann dem Kitzel nicht widerstehen, sie lacht. Olga liegt steif und stumm. Johanna kichert eine Weile beharrlich fort, dann gibt sie es auf, murmelt und schlägt zänkisch auf die Kissen. Dann verstummt sie, und endlich hört Olga, daß sie schluckt und weint. Mama! Warum weinst du? Schlucken. Sag mir doch, warum du weinst? Die Fritzi, schluchzt die törichte Johanna, die Fritzi hätte mitgelacht. In einer Ecke knackt es dreimal nacheinander laut. Johanna fährt auf. Fritzi! schreit sie, bist du da, Fritzi? Auch Olga ist zusammengefahren. Mit zitternden Fingern macht sie Licht. Das Zimmer schaut ihr ins Gesicht. Gleich wird es reden, von irgendwoher wird es Stimme haben. Der ganze Raum ist auf eine schauerliche Weise Fritzi. Die Alte ist in ihrem Bett sitzend vollkommen erstarrt vor Angst und Grauen. Such, such! plappert sie mit blauen Lippen, die weißen Haare stehen ihr um den Kopf. Olga fliegt zu ihr hin. Wie stark muß die Person sein, die hier ohne Körper umgeht. Am Morgen findet Olga ihre erste Botschaft.

Halb hinter der Kohlenkiste, halb nur, wieso hatte man sie vorher nicht bemerkt, lag die beschmutzte Karte, es war ein Herzaß aus Fritzis Patiencespiel. Unter das von Schuhspuren entstellte rote Herz waren mit Bleistift die Worte gekritzelt: Ihr habt es nur getreten, nicht gekannt. Olga erschrak mit dem ganzen Körper. Sie versteckte die Karte in ihrer Schürzentasche und fing sofort ein Suchen an, das systematisch gewesen wäre, hätte sie nicht von Minute zu Minute mehr die Fähigkeit der Überlegung eingebüßt. So viel Vernunft war ihr geblieben, daß sie die Mutter in das Gärtchen abschob, das hinter dem ebenerdigen Hausflügel an ebensolche, nun in Blüte stehende Vorstadtgärtchen anstieß. Sie steckte die Gardinen zusammen, um sich vor Frau Zemrels Neugier zu schützen, riß Laden und Schränke auf, rückte Kommoden und Betten von den Wänden und hätte am Ende die braungestrichenen, abgetretenen Fichtenbretter des

Fußbodens aufzureißen versucht. Zwischen Fritzis zurückgebliebenen Strümpfen aber fand sie das zweite Zeichen. Dieses war ein flüchtig zusammengefalteter großer Bogen, auf der Innenseite schief mit Fritzis langbeinig daherjagender Kontoristenschrift bedeckt. Auch hier hatte sie mit Bleistift geschrieben. Die Worte lagen so schräg, als würden sie an den Haaren über das Papier geschleift. Besonders die übergroßen Majuskeln lagen gleichsam auf dem Rücken, und ihre albern geschwungenen Schnörkel gaben ihnen ein herabgekommenes, zerfetztes Aussehen. Was da stand, vermochte Olga zunächst nicht zu entziffern, das Blatt in ihrer Hand zitterte heftig, vor den Augen tanzte es und schwamm. Kleine Zeichnungen waren zwischen die Zeilen verstreut. Die Mitte des Bogens nahm die kindische Darstellung eines anscheinend zerfallenden Hauses ein, darunter stand: In diesem Haus sind unsere Seelen gemordet worden. Etwas weiter unten war eine dünne Figur zu sehen, die offenbar im Kerker saß, darunter stand: Opfer I Leo Schnabel. Dann wieder der fliehende Haufen unzuverlässiger Wortgesellen, dann ein Gesicht in offenem Sarg, Opfer II Malwine Schnabel. Endlich fünf Wellenlinien, dazwischen fünf Fischchen mit erhobenen Köpfen und eine bolzgerade, vom Ufer fallende Figur, Opfer III Ernst Josef Schnabel. Da fing Olga leise zu schreien an. Gott, Gott, Gott. Ihr Kiefer schlotterte, die Knie gaben nach, sie klammerte sich an die nächste Tischplatte. In diesem Augenblick läutete die Eingangsglocke.

Wie sie zur Tür gekommen war, wußte Olga später nicht. Guckloch gab es nicht, sie mußte öffnen aufs Geratewohl. Blöde starrte sie den Mann an, der vor der Schwelle stand. Sonderbarerweise konnte sie sich später erinnern, daß sie ganz deutlich gedacht hatte: Da ist er endlich, ich wußte nicht, daß er noch in Person herumgeht. – Sie meinte den Tod. Das kam von der abstoßenden, blaugrauen Gesichtsfarbe des Mannes vor der Tür. Ein schütterer, mißfarbener Bart, der aussah, als habe er sich nach einer Krankheit mit letalem Ende noch ans Licht gedrängt, umhing den Mund, der stotternd fragte: Pardon – sind Sie Frau – Olga Geßl?

Olga schrie: Wo ist meine Schwester? Wo haben Sie meine Schwester?

Ich? stammelte der Mann und sah sich entsetzt nach allen Seiten um.

Sind Sie denn nicht der Dr. Mosola?

Ja, der bin ich.

St! Kommen Sie herein! zischte Olga mit einem scheuen Blick in den Hof. Leise. Die anderen Parteien sind weg, aber die Hausbesorgerin ... Sie schloß lautlos die Tür. Von diesem Moment an war sie von der Furcht beherrscht, die Zwergin könne, trotzdem sie es ihr verboten hatte, aus irgendeinem Grund in die Wohnung zurückkehren. Und was sollte Mosola von dem tollen Durcheinander in der Stube denken. Sie stieß ihn förmlich in die Küche.

Reden Sie! Sprechen Sie! Wo ist sie? Wo haben Sie sie gelassen? Warum kommen Sie allein? Ist sie krank? Wo liegt sie? Großer Gott! Ist sie –?

Aber Frau Geßl, nehmen Sie doch Vernunft an, wenn Sie nicht wissen, wo Fräulein Schnabel ist, woher soll denn gerade ich es wissen ...

Olga ließ die erhobenen Hände fallen und starrte Mosola noch immer an. Reden Sie die Wahrheit? Reden Sie die Wahrheit? Ist Fritzi nicht mit Ihnen auf eine Landpartie gefahren?

Mit mir –? Aber gehn Sie doch, Frau Geßl. Das wäre noch schöner. Das möchte ich mir aber ausbitten. Wie können Sie so ohne weiteres –

Warum werden Sie denn so wütend? schrie Olga und stampfte mit dem Fuß auf. Sind Sie denn nicht ihr Liebhaber?

Mosola riß Mund und Augen auf. Was fällt Ihnen ein, stammelte er fast flüsternd und fiel vor Schrecken auf einen Stuhl. Er legte die Hand über die Augen. Das alles ist sehr unheimlich, flüsterte er noch leiser. Gewisse Dinge sind immer hinter einem her. – Es lag eine große Bitterkeit in seinem bleigrauen Gesicht. Sehen Sie mich an, fuhr er fort, scheinbar ohne Zusammenhang. Ich war kein schlechter Mensch. Ich bin nicht schuld, daß die arme Malwine gestorben ist. So ein Leiden hat man im Blut – Aber dennoch bin ich gestraft worden. Mein Traum war eine philologische Lehrkanzel – da kam der Krieg. Was bin ich heut? Ich mache für fremde Leute Geschäfte mit Rußland. Ich war, das darf ich wohl selbst sagen, ein hervorragender Kenner der vorplatonischen Philosophie. Was mir sonst zugestoßen ist, – gehört nicht hierher. Und da muß ich noch mit Malwinens Schwester zusammengeraten. Es war mir arg genug, Frau Geßl, arg genug –

Olga stand vor ihm, sie sah auf ihn herunter. Ich verstehe Sie nicht. Wenn Sie nicht wissen, Wo die Fritzi ist, wozu sind Sie dann hergekommen?

Aber zum Teufel, wir sind – wir waren ja sozusagen Kollegen! Fräulein Schnabels Ausbleiben ist in den ersten Tagen nicht aufgefallen, obwohl sie nie – sie war ja so ungeheuer gewissenhaft – das heißt – er zog Luft durch die

Nase ein – glauben Sie mir, Frau Geßl – ich habe mich nur zu diesem Weg entschlossen, weil ich eben – weil ich eben diese verhängnisvolle alte Schuld gegen Ihre Familie –

Reden Sie doch nicht herum, schrie Olga den Mann von neuem an, packte ihn an beiden Schultern und schüttelte ihn. Wieviel hat sie gestohlen? Wieviel hat das arme Tier gestohlen? Werden wir auch sie aus dem Wasser ziehen?

Sie ließ ab von ihrem völlig durchgeschüttelten Gegenüber, sank auf einen Stuhl und warf Arme und Gesicht auf den Küchentisch.

Erst nach einer langen Pause wagte Mosola die Frage: Ist Ihnen – denn schon früher – etwas aufgefallen? Uns nicht. Im Geschäft ist man konsterniert. Ich kann Ihnen den Zustand nicht beschreiben. Sie hat – sie hat es – seit ungefähr drei Jahren getan.

Seit drei Jahren, murmelte Olga. Seit drei Jahren. Das stimmt. Die Tante Lilli, die ich neulich besucht habe, hat mir erzählt, bis vor etwa drei Jahren hätten sie und die Mama gelebt wie die Kirchenmäuse. Dann ist es ihr also zu dumm geworden – vierundzwanzig Jahre Dienst. Es muß auch mit dem Alter zusammenhängen –

Wieso –?

Sie ist jetzt Mitte Vierzig – die Angst – die Angst :– Olga würgte – wir haben sie schon als Kind die alte Jungfer genannt – wir sind alle schuld, haben sie alle hineingehetzt, von Kindheit auf –

Wie können Sie so etwas sagen –

Olga schien den Mann erst jetzt wieder zu bemerken. Was wissen denn Sie, sagte sie mit tiefster Verachtung. Glauben Sie, ich rede von der Läpperei dort? Schadet keinem von den ausgefressenen Geldsäcken. Sie richtete sich auf, strich ihr Haar zurück und sah Mosola mit weitgeöffneten Augen voller Wildheit an. Ja, ist euch denn nie, ist denn keinem von euch je klar geworden, daß es sich um eine Wahnsinnige handelt –?

Mosola schnellte förmlich in die Höhe. Sein Gesicht bekam etwas mißtrauisch Abrückendes. Eine Wahnsinnige? Wie meinen Sie das? Natürlich kann man jemand wahnsinnig nennen, der sich und seine Familie derart ins Elend reißt –

Ich mache keine Phrasen! rief Olga laut und hart. Dann erschrak sie, duckte sich aus Angst wegen der Mutter und fügte eindringlich, aber leise hinzu: Eine Wahnsinnige, die in eine Anstalt gehört. Nicht so, wie man reiche Lumpen in eine Anstalt steckt. Geistesgestört, meine ich. Sie muß schon seit Jahren geistesgestört gewesen sein, vielleicht aber war sie schon im Mutterleib verrückt. Unter stürzenden Tränen blickte Olga ihren Partner an, und mit dem Schluchzen quoll zugleich ein unbeschreibliches, sanft irres Kinderlachen aus ihrer Brust: Ist das nicht schrecklich – schon im Mutterleib verrückt?

Mosola sah sie beinahe mit Entsetzen an und senkte sofort die Augen. Aber Olgas Lachen war bereits völlig in Weinen übergegangen, sie stammelte beschämt: Ach, man kommt bei alledem selber um den Verstand. Aber so habe ich es bei der Fritzi nicht gemeint –

Mosola fuhr zusammen und fragte heiser: Hat Ihre Schwester mehrere Taufnamen?

Wieso!

Heißt sie etwa auch Renata?

Nein.

Dann hat sie es symbolisch gemeint. Renata! Die Wiedergeborene. Mosola schüttelte sich. Grausig. Es fällt mir wie Schuppen von den Augen. Diese anonymen Briefe waren von ihr. Außer – außer meiner geschiedenen Frau – er wurde dunkelgrau, wie andere rot werden – konnte nur sie diese Dinge wissen – aus der Vergangenheit. Aber wie hätte ich an sie denken sollen! Die Briefe waren so dunkel, so – seine Stimme erstarb beinahe. So unaussprechlich peinlich. Jetzt verstehe ich auch, wie das gemeint war, das von der Wiedergutmachung –

Olga zuckte. Wiedergutmachung –?!

Ja. Das steht in jedem Brief. Sie sei zur Wiedergutmachung in die Welt geschickt. Ich habe diese Briefe oft tagelang uneröffnet mit mir herumgeschleppt. Aber aufmachen mußte ich doch alle, ich besitze nicht die Fähigkeit, einen Brief unerbrochen wegzuwerfen. Andererseits bin ich das Opfer einer ständigen Briefangst, wie viele nervöse Menschen. Eine Folter ist das. Aber Sie können sich nicht denken, wie schrecklich mir gerade die Briefe Ihrer Schwester waren ...

Irgend etwas regte sich sofort in Olga. Ein Wurzelgefühl, ein Stammgefühl. – Das Rätselhafteste bleibt, sagte sie und zwang sich, Mosola fest anzusehen, – obwohl verrückt und in den Augen aller jetzt eine Verbrecherin, ist sie trotzdem ein Charakter. – Mosola zuckte die Achseln. Ich bin auch ein anständiger Mensch, sagte er hoffnungslos. Nach dem Bruch mit der armen Malwine und meiner Verlobung hat mich Ihre Tante Lilli rufen lassen. Sie weinte, ich auch. Aber als ich mich empfehlen wollte, fuhr ihre rechte Hand instinktiv hinter ihren Rücken. Das Instinktive daran habe ich nie vergessen können. Es geschieht viel Unrecht in der Welt.

Ja, aber ihr dort, meiner Schwester, wird nie Recht geschehen, beharrte Olga trotzig und hielt zu ihr, hielt leidenschaftlich zu ihr.

Im Hof schlurfte ein Schritt. Olga erschrak und erhob sich. Der Mensch da mußte hinaus. Die Mutter durfte dem Menschen nicht begegnen. Sie hatte nur den einen Wunsch, den einen Gedanken: hinaus mit ihm. Sie hörte wohl, daß er etwas von Rücksicht und Schonung redete, welche die Firma bis zu einem gewissen Grade walten zu lassen sich bereitfinden werde, um der sechsundzwanzig oder siebenundzwanzig Dienstjahre willen. Sie hörte es wohl, aber sie dachte nur: hinaus mit ihm. Schrittweise stand sie ihn sozusagen aus der Tür. Sie machte die Tür schnell hinter ihm zu und lag schon in Ohnmacht, als er den Hof noch nicht völlig durchquert hatte.

KASSASCHLUSS

Nein, nein, man denkt nicht daran. Der Mann mit dem Klumpfuß war eben da wie sein amerikanischer Rollverschlußtisch, wie die gewisse dunkelbraun gestrichene Schranke, die den Parteienzugang von den Schreibtischen der beiden Beamten trennt, seine Brille sitzt vorn auf der Nasenspitze, er lugt mit seinen Hasenaugen darüber weg, er übernimmt den Zahlungsauftrag, er löst ein. Man läuft natürlich nicht selbst hin, man ist eine Persönlichkeit, man ist der Tresor, man schickt den Bureaudiener Spalt in die Bank. Es geht dort gemütlich zu, es ist eine Privatbank. In ganz zwanglosen, natürlichen Zeitabständen schickt man den Diener, jahraus, jahrein –

Den Mann mit dem Klumpfuß hat eines Sonntags nachts der Schlag gerührt. Wie entsetzlich das gewesen sein muß. Ein Mann, der alles und alle gelten ließ, nie in Harnisch geriet, nichts völlig ernst nahm, ein philosophischer, ein rund gearteter Mann. Im Grunde war er wohl einfach krank und schwach und hegte darum ein inniges Bedürfnis nach einer wohlwollenden, sittlichen, gutgeölten Umwelt. Auch die hinfälligste Kreatur arbeitet im stillen emsig an ihren Lebensbedingungen. Der Tod hat dieser Arbeit ein Ende gesetzt. Eines Tages kommt der alte Bureaudiener wütend zu Fräulein Schnabel zurück. Er bringt das Geld nicht. Herr Mahler ist tot. Ein fremder Kerl, der sich aufspielen will, hat seine lange gebogene Nase in das Papier gesteckt. Dann ist er ins Nebenzimmer gegangen. Dann ist er zurückgekommen und hat einen andern mitgebracht. Er wird telephonieren, hat er schließlich gesagt, der verdächtige Jud der. Was heißt denn telephonieren, wo bleibt das Geld? Da ist ein höchst widerwärtiges Hin und Her entstanden. Der alte Spalt kriegt einen roten Kopf. Er ist dreißig Jahre bei der Firma, er kann sich das erlauben. Seiner Meinung nach stinkt etwas in dem Bankhaus. Die Privatbanken gehen sowieso eine nach der anderen zugrunde. Die können es einfach nicht mehr leisten. Spalt fühlt sich persönlich beleidigt, er räsoniert stundenlang.

Diese niederschmetternd simplen Vorgänge trugen sich zu an jenem Tage, an dessen Abend Fritzi Schnabel aus ihrer und ihrer Mutter Behausung verschwand. Durch die Zeitungen wandert eine Notiz: Veruntreuungen und Verschwinden einer langjährigen Angestellten. Frau Zemrel liest es, alle Hausparteien, alle Grünzeugkrämer, Bäcker und Fleischer lesen es und stecken die Köpfe zusammen. Aber Olga stampft durch die Schande, daß jene davon bespritzt werden, die ihr zu nah an den Leib wollen. Mit der Mutter macht sie kurzen Prozeß. Kann sie selbst nicht als Aufsicht bei der Zwergin bleiben, so sperrt sie sie ein. Keine böse Meinung dringt an Johanna heran. Wann wird die Fritzi endlich zurückkommen? greint sie. Morgen, antwortet Olga, täglich antwortet Olga: morgen. – Hast du wieder einen Brief? Nein, heut nicht. Olga hat nicht etwa gelogen. Sie hat in der Tat einen Brief von Fritzi bekommen. Das Quälendste daran ist, daß Fritzi sich in Josefs Dorf versteckt hält. Eine unerklärliche, fast wilde Bitterkeit vergiftet Olgas Mitleid. Warum dort? Warum muß sie ihr unreines Schicksal dorthin schleppen? Heiße, brennende Tränen weint Olga in der Küche über dem Herd. Warum dorthin, wo nichts Gespinst und alles lautere Wahrheit ist? Ach, sie war der Gespinste und der Gespenster satt. Sie soll weg dort, weg dort! ruft sie drohend. Was? Was? quäkt die Zwergin aus dem Zimmer. Olga erschrickt und schaut scheu über die Schulter.

Ja, Fritzi hat geschrieben, und sie schreibt von neuem. Es gibt Verrückte, Seelenverstörte mehr als Geisteskranke, die immer dann eine trügerische Standfestigkeit erlangen, wenn man ihren unselig schweifenden Zustand eben als schweifend erkannt hat. Fritzis Briefe waren klar, einfach und vernünftig, kaum hie und da blitzte das Irrlicht einer aberwitzigen Einbildung hervor. Nirgends war ein Zusammenhang erkennbar mit jenen erschreckenden Zeichen und Bilderzetteln, die sie vor ihrer Flucht in der Wohnung verstreut hatte. Dennoch wurde sie sicherlich fast während ihres ganzen, drei Wochen dauernden Aufenthaltes von dem schwindelnden Gefühle ihres Wahns getragen wie auf Fledermausflügeln. Sie glich den Rückenmarkskranken, ihre Füße kannten den Boden nicht. In der gebückten Haltung der Kurzsichtigen, mit etwas hochgezogenen Schultern, schwirrte sie mager umher, die Bäuerinnen rissen den Mund auf über ihre seidenen Kleider. Sie wohnte in dem Gasthof, der Olga eine Nacht beherbergt hatte. Sie rauchte dreißig bis vierzig Zigaretten am Tag, kaufte sie täglich schachtelweise beim Krämer, ging herum, kam zurück, schloß sich ein, legte Patiencen, ging wieder fort. Die Wirtin sah ihr beim Essen zu und fragte neugierig teilnehmend, ob sie ein Magenleiden habe. Denn so hatte sie noch niemals einen Menschen essen sehen. Die Fremde schnitt ihre Bissen nicht nur, wie alle tun, sondern sie zerzupfte jeden einzelnen mit der Gabel, stach selbst im Kartoffelbrei unzählige Male herum und breitete das Ganze auf ihrem Teller aus, wie gewendetes Heu zum Trocknen ausgebreitet wird. Hernach spießte sie erbsengroße Teilchen auf und steckte sie zu endlosem Kauen in den Mund. Währenddessen stocherte, klopfte und breitete sie unermüdlich herum, so daß sie mit der Emsigkeit eines Fressers so wenig verzehrte wie ein Sterbender.

Es wurde immer schwerer, der Neugier der Wirtin auszuweichen. Daß sie hier sei, um ihren Neffen zu besuchen, konnte nicht mehr gut aufrechterhalten werden. Josef kümmerte sich gar nicht um sie, wich ihr geradezu aus. Sie hatte sofort erklärt, für die Luis müsse etwas Radikales getan werden, da wolle sie selbst einmal nach dem Rechten sehen, aber in dem Krankenhaus in Retz ließ man sie gar nicht vor. Fritzi drang zu Josef in die Backstube, auf ihren Backenknochen brannten Flecken, sie redete mit quälender Energie, sicherlich müsse die Luis operiert werden – wenn es sich um die Kosten handelt – da fiel ihr etwas so Furchtbares ein, daß sie mitten im Satz steckenblieb und immerfort auf den mehlbestäubten Boden starrte. Sie besaß kaum mehr das Geld für die Wochenrechnung. Ich muß hinschicken – irrte es ihr durchs Hirn, und ihr ganzer Körper wußte: Ich kann nicht mehr „hinschicken". Der Neffe arbeitete finster schweigend, sein Schweigen stieß förmlich an sie an. Da erschien die Bäckermeisterin mit ihrem ironisch-komödiantischen Knicksen in der Tür. Sie trug eine Schüssel mit fetten Krapfen im Arm, stellte sie vor Josef und dem mageren Jungen, der ihm helfen mußte, auf den Tisch, griff selbst mit ihren spitzen Fingern zu und bot auch der Fremden an. Ihr graues Haar flatterte wie Rauch im Wind, die Augen stachen aus dem roten Fleisch, der Mund schmatzte sonderbar lasziv. Sie war überzeugt, daß diese angebliche Tante dem Josef in verbotener Weise nachstellte, und begann ein unverschämtes Verhör. Sie sei auf Urlaub, sie warte hier, antwortete Fritzi. Hier? In dieser gottverlassenen Gegend, wo es nur Bauernschädel, Misthaufen und Ochsen gebe? Das sei doch sonst nicht Mode bei den Stadtleuten. Die gehen in die Berge, in die Schweiz und wohnen in feinen Hotels. Sie habe doch hier ihren Neffen, entgegnete Fritzi, nun, für so viel Aufopferung sei der Klachel aber reichlich undankbar, rief die Bäckerin und schlug eine theatralische Lache auf. Ich werde hier abgeholt, erklärte Fritzi und wurde sich sogleich des schlimmen Doppelsinnes ihrer Worte bewußt. Als könne die Bäckerin im geringsten etwas davon ahnen, fing sie sofort ein überstürztes Reden an und erzählte der hämisch Aufhorchenden, indem sie unablässig die dünnen aufgesprungenen Lippen mit der Zungenspitze streifte, wer sie abholen würde. Ihr Verlobter, Herr Dr. Mosola aus Wien, werde es sein, vielleicht aber komme er nicht allein, der junge Chef ihrer Firma werde ihn wahrscheinlich begleiten. Sie sei zwar auf Urlaub, aber die wichtigen Geschäfte bespreche er alle mit ihr. Denn er sei jung, pendle immer zwischen Böhmen und Wien hin und her, da ruhe das meiste auf ihren Schultern. Infolge dieser ewigen Reisen des Chefs sei freilich in Wien nicht alles, wie es sein solle, ließ sie durchblicken. Die Versuchungen seien zu groß. Alles dränge nach Geld, ja, und die alten Begriffe von Recht und Anständigkeit lösten sich auf. Sie redete und redete, ein Fieber des Wortschwalls, der Ausstreuung beschleunigte ihr Herz. Die Bäckermeisterin warf zynische Bemerkungen in das Gerede und starrte Fritzi unverwandt ins Gesicht. Dir sitz ich nicht auf. Die hält einen festen Blick nicht aus, Weibsbild, verdammtes altes. Mit seidenen Fetzen deckt sie ihre Knochen und Löcher zu, daß ihm nicht graust. Aber bei mir im Haus gibts keine Hurerei, ich werds ihm beweisen, dem keuschen Josef. Sie lachte schallend auf. Also, jetzt müssen wir aber heraus aus der Backstube, sagte sie brutal. Sehen Sie denn nicht, wie wir ihm einheizen, dem keuschen Josef? Er liebt die Weiblichkeit nicht, setzte sie in ihrem unsinnigen Theaterdeutsch hinzu und stieß Fritzi ohne weiteres durch die Tür.

Aber Fritzi verließ nicht gleich das Haus. Sie klammerte sich mit ihrem Geschwätz an das furchteinflößende Weib. Der Schweiß brach aus ihrer sonst so trockenen Haut. Sie erzählte von ihrer Familie, von ihrer Mutter, die viel gelitten hatte und nun endlich mit ihr im Paradiese saß. Von ihrer Schwester, eben Josefs Mutter, die an einen bösen Menschen verheiratet gewesen war und nun bei ihr gottlob die Ruhe fand. Sie erzählte von Arthur und seinem bösen Weibe, das ihm ein uneheliches Kind ins Haus gebracht und das ihn hungern ließe, hülfe sie nicht aus. Sie erzählte von Lori, sie erzählte von ihren Schutzbefohlenen im Viertel. Dann wieder von der Mutter, Gott, die Mutter, wie hält sies aus, sie war noch nie von mir getrennt, jede Stunde fürcht ich, sie kommt an und holt mich. Vielleicht kommen sie alle. – Ihre Augen flackern und glänzen. Das kann eine hübsche Szene werden. Mein Bräutigam, der Chef oder einer der Direktoren, vielleicht zwei, einer kommt bestimmt, meine Mama, meine Geschwister alle, alle. Wenn Sie wüßten, was das für ein Abschied war ...

Wenn Sie so eine reiche Dame sind, höhnt die Bäckerin, die niemals glaubt, was ihr ein Mensch erzählt, warum kaufen Sie dem Neveu da kein Geschäft?

Dazu bin ich ja da, vertraut ihr Fritzi blinzelnd an, und obwohl sie es nicht glaubt, wird die Bäckerin weiß vor Wut.

So hat sich Fritzi selbst die grausamste Verfolgerin auf den Hals gehetzt, eine Besessene wie sie selbst, nur offenkundiger und roher. Die Bäckerin geht im Dorf herum und wispert. Wie nah sie der Wahrheit kommt, weiß die gewerbsmäßige Verleumderin nicht. Da versteckt sich eine. Muß defraudiert haben oder so. Die Bäckerin hält Wache vor dem Wirtshaus, spioniert durch die Fenster, holt die Dienstboten aus. Draußen auf der Torbank sitzt sie, ißt Schinkenkipfeln, wischt das Fett vom Mund. Im Eßzimmer kauert Fritzi im dunklen Winkel und stochert im Kartoffelbrei herum. Sie ißt nichts, teils weil sie kein Geld mehr hat, teils weil ihr die Kehle verschnürt ist. Augen schweben dahin, dorthin in der Luft, auf und ab, mißtrauische böse Augen. Tage steigen auf und sinken weg, Fritzi ist aus der Zeit gefallen. Wann kommen sie endlich, sie müssen ja, müssen ja kommen. Dann wird auch die Zeit sie wieder in ihre goldenen Glieder fassen. Dann ist sie wieder sie selbst, die da kommen, werden ihr den Zweifel nehmen, den gräßlichen Zweifel, was von ihr übrigbleibt, wenn sie kein Geld hat. Sie grübelt, was bleibt übrig. Jetzt wird es sich erweisen. Sie erschrickt, wer hat getrommelt? Sie hat so deutlich den prasselnden Trommelwirbel gehört. Sie lugt durchs Fenster, draußen hockt das Weib, das immer Fett auf Mund und Fingern hat. Wenn sie das Haus verläßt, wird ihr das Weib folgen, auf Schritt und Tritt. Was will das Weib? Es ist rätselhaft. Verdacht? Zeitungen? Die Firma hat ja alles niedergeschlagen. Sonst wäre die Polizei schon da. Ist ja lächerlich. Wo werden denn die. Die müssen mich einfach haben, sie beraten nur die Art, wie sie der Sache ein Ansehen geben sollen. Dann kommen sie. Ach, kämen sie doch bald! Arme Mama. Wo nimmt die Olga das Geld zum Leben her? Wenn schon nicht anders, wird, muß es durch Olga ins Rollen kommen. Man muß mich holen! Sie hat ja dafür gesorgt, daß man sie nicht vergeblich suche. Olga ist verständigt. Was denkt sich Frau Zemrel, die immer küß die Hand wünsch ich Euer Gnaden gesagt hat für jedes Trinkgeld –

Nachmittags kommt ein Brief von Olga, Fritzi stürzt auf ihr Zimmer mit der Beute, reißt auf, liest. Liest dreimal, viermal, geht hin und her, zerfetzt den Brief in lauter winzige Stücke, wirft sie in den groben Teller, der ihr als Aschenbecher dient und zerdrückt ihre glühenden Zigarettenstummeln darauf, eins nach dem andern. Ihre Augen glimmen starr und böse, wenn sie die schwarzen Blattern in die Papierfetzchen brennt, zwei Stunden später etwa setzt sie sich zurecht, um zu antworten.

Es ist ganz klar, Olga will sie weg haben. Ein anderer Sinn kann in dem hinhaltenden Geschreibsel nicht sein. Was heißt denn das, die Firma hat sich noch immer nicht deutlich erklärt. Wozu die Warnung. Natürlich bleibt sie hier, bis sie geholt wird. Die sollen es dort nur ohne sie probieren. Gemeine Bande, jetzt rächen sie sich für meine Unentbehrlichkeit. Laß sie nur. Die kommen schon noch in meine Gasse. Sie denkt an die Steuergeheimnisse, die in der Tat außer dem Chef nur sie beherrscht und kennt. Sie hat vom ersten Tag an unablässig an die Steuergeheimnisse gedacht. Ihre Lippen ziehen sich zu einem dünnen Lächeln auseinander. Das könnte eine Bescherung geben, die zehnmal teurer zu stehen kommt als ihre kleinen Übergriffe. Da findet sich keine Seele zurecht ohne sie, der Chef auch nicht, der hat einen zu vornehmen Kopf, das ist einer von den Feinen mit persönlicher Moral. Dieses Hinundher der Eintragungen, Übertragungen, genau wie in Fritzis kompliziertesten Patiencen. Gauner dort! Von wem hat sie das gelernt?

Und die dort, die Weiber, die alte Schwachsinnige, die achtmal empfangen und geboren hat, und die Findelkindmutter, die jetzt bei ihr sitzt, die rühren sich nicht. Dazu haben sie sich hundertmal, tausendmal, dreitausendmal mit dem Mann vermischt, um Kröten zu bleiben, die man zertritt. Darauf sind sie so stolz, auf solchen schmutzigen Schwindel. Totschlagen! Totschlagen! Totschlagen! Sie schreit laut auf, verliert einen Augenblick das Bewußtsein, es kommt wieder mit den Worten: Schreib an Georg. Setz dich hin und schreib an Georg – er wird dich holen, einmal im Leben will man doch geholt werden!! –

Es wird nichts daraus. Sie schreibt nicht an Mosola, das heißt, sie schreibt, aber es wird schon in der Feder wieder ein Brief an Olga. Wenn man es einen Brief nennen mag, dieses Dokument der Verzweiflung, des Hasses, der Anklage, unerträglicher Erkenntnis, Wahrheit und Zerrbild so finster gemischt, daß einer darüber verrückt werden könnte, wenn er es nicht schon ist. Endlich schreibt sie den Brief an Olga, der sich unter allen Briefen an Olga seit Jahren schon versteckt hat. Alle Schmähungen, die unter freundlicher Gebärde gezittert haben, schleudert sie heraus. Das Maß ist voll, das Maß ist voll. Ihre Augen glühen, ihre Wangen brennen. Sieh da, der weibliche Moralist stürzt sich auf sein Opfer, das Leben. Natürlich ist ihr Unrecht geschehen, hausgroßes Unrecht, von Geburt auf. Aber ein Weib muß wahnsinnig sein, damit es nach

Recht und Gerechtigkeit schreie. Es ist alles Schwindel, eure höheren Gefühle, eure Geschlechtsliebe, eure Mutterliebe, alles blutiger, schmieriger Schwindel. – Recht hast du, Fritzi, nicht einmal, zehnmal hast du recht. Es donnert von Erleuchtung rings um dich. Vom Eise befreit sind Strom und Bäche. Das strudelt und tost. Wirf dich hinein, du weißt ja nicht, wer die Mächte entfesselt hat in deinem Hirn, in deinem eigenen Hirn, Friederike Schnabel.

Es ist tiefe Nacht, aber Fritzi fährt aus dem Bett und macht sich ans Packen. Es ist ein Handkoffer nur, aber sie kommt nicht zu Rande damit. Sie räumt alles aus und beginnt von neuem. Der Koffer geht nicht zu. Er faßt den Kram nicht. Sie packt aus, fängt ihre Arbeit wieder an. Sie bringt es nicht fertig. Tränen rieseln ihr aus den Augen, und draußen bleichen die Sterne. Wieder ist der Koffer voll, und vor ihr häuft sich die Habe. Ich muß mir einen zweiten Koffer kaufen – du hast ja kein Geld! Die mich holen, müssen mir helfen – du weißt doch: dir hilft keiner, hilf dir selbst. Schnell, um Gottes willen, ich muß nach Wien. – Draußen auf der Torbank hockt die, die hats schon im ganzen Dorf herumerzählt. – Ich lauf durch die Hintertür, – Blödsinn, die werden dir nachrennen, sie haben einen riesigen Fleischerhund. – O ich renne. – Du hältst es nicht aus, mach lieber Schluß.

Sie stürzt den Koffer, packt ihn wieder voll, sie wendet Gewalt an, irgend etwas Hartes verklemmt sich, die Scharniere brechen, alles quillt und rollt heraus, das Harte ist aus Metall, klein, handlich, kein Messer, mach Schluß, sperr die Kassa, Kassaschluß.

Eine schnelle, wunderbare Hand hat das schwarze Tuch des Himmels weggerissen, und das Licht bricht herein mit dem ungeheuren Aufschrei der Vögel. Es gibt Morgen, an denen ein Mensch gehenkt wird. Es gibt Morgen, an denen eine Seele vor die beiden letzten Stufen ihrer Vernichtung geschleppt wird:

Die hätten kommen sollen, kommen zu spät.
Die hätten kommen sollen, kommen gar nicht.

Um acht Uhr früh rennt die Bäckerin, die schon um sieben hinter ihrem Opfer hergewesen ist, mit aufgerissenem Mund und weit vorquellenden Augen wieder ins Dorf herein. Die Holzpantoffel schlagen hinten an die Fersen der schwarzen Baumwollstrümpfe, vorn steht ihr der Spenser offen, die grauen Zotteln fliegen, schreien kann sie nicht, ihr ganzer fetter gieriger keuchender Leib ist ein lautlos brüllendes hysterisches Geschrei.

JAKOBSLEITER

Wenn über Olgas Haupt derselbe Hammer wirbelt, der Häuser vor die Stirn trifft, daß der Riß bis in den Keller fährt, daß Menschen, Geziefer und Ratten aus dem zerfallenden Haufen fliehend hervorbrechen, dann halten die Engel in den Sphären den Atem an. Denn die Engel haben Olga im Auge, seit sie ihr während der Begegnung mit Josef nahe gewesen sind. Sie haben eine Neigung zu Olga gefaßt, eine englische Neigung. Darum fürchten sie den Hammer, der über Olgas Scheitel kreist, denn von der Nähe des Menschengeschlechts steigt Furcht auf als sein natürlicher Geruch und weht auch die himmlischen Boten an. Darum ist aber auch kein anderer Weg zu ihnen als der Mut. Mut ist die Jakobsleiter, auf der die Engel auf und nieder steigen. Salut und Hosianna dir, einzelne Seele, denn es ist kein Mut, außer im einzigen Ich.

Durch ihren Mut ist Olga Geßl, eine beschränkte Frau, eine kleine Schneiderin ohne Arbeit, mit den himmlischen Geistern in Verbindung. Sie ist nicht fromm, sie ist nicht demütig, sie ist nicht ergeben, sie baut nicht auf Gottes Hilfe. Noch weniger ist sie frech, oder bejammert sich selbst, oder vermißt sich gar zu glauben, ihre geringe Person sei das Opfer eines Komplottes unersättlicher böser Mächte. Sie ist kein Mittelpunkt in ihrer Vorstellung, wenn sie jetzt über sich nachdächte, hielte sie sich für einen Tropfen im Weltmeer. Aber dies wäre ein schlechtes Bild, denn es ist nichts Schwimmendes, nichts Fließendes in ihr, nichts, das begehrte aufzugehen in einer größeren Flut, es ist lange her, daß sie ihr leidenschaftliches Herz bewältigt hat, nun steckt sie so knapp und so bescheiden in ihrer Einzigkeit, wie der Körper in seiner Haut. Sie baut nicht auf Gottes Hilfe, noch weniger aber glaubt sie, daß sie ein Recht bei Menschen anzusprechen hat, das Recht ist ja zum Schutz der Mutlosen erdacht. Den Herden können Geister nicht zu Hilfe eilen, denn aus Trieb, Bedürfnis und Gewalt bauen sich die Sprossen der diamantenen Leiter nicht auf. Aber im Äther des Mutes, der die tapfere Einzelseele umweht, ist den Himmlischen wohl wie zwischen den Gestirnen.

Die irdische Erscheinung der helfenden Engel ist fragwürdig, freilich nehmen ja nie sie selbst Gestalt an, sondern sie entsenden ihre Beauftragten, die Menschenwelt ist mächtig, Engel oder Geister gehen da nicht aus und ein. Darum treten zunächst Arthur und Julczi auf den Plan, die schwarzhaarige kleine Friseurin küßt der etwas betäubten Zwergin ohne weiteres die Hände, sie hat ihr Grammelpogatschen mitgebracht und stopft sie der Alten stückweis unter rauhen Ausrufen des Vergnügens in den Mund. Zu Olga sagt sie: Putzikam, wir werden uns zerreißen für euch! und sie zerreißt sich. Sie bringt sofort einen Arbeitsauftrag, Olgas Nähmaschine steht ohnedies in der Küche. Schürzen, zunächst für die Angestellten des Ladens, in dem sie arbeitet, aber man wird schon herauskommen aus den Dreckaufträgen, sagt sie, sie legen Armut zu Armut, und entgegen allen eisernen Wirtschaftsgesetzen entsteht in diesem einzigen Falle daraus nicht Absterben, sondern Leben. Um diese Zeit findet Arthur eine Anstellung bei der Zeitung, für die Loris zweiter Gatte gelegentlich arbeitet, dem geht es selbst nicht gut, aber Lori hat sich auf einmal die Füße abgelaufen für ihren brotlosen Vetter. Auch hier hilft Mangel dem Mangel, ruft Not die Not zu Hilfe. Und da sie einmal in Schwung gekommen ist, nimmt Lori das rachitische Kind der Julczi übertags zu sich, sie hat keine Kinder, die können wir schon noch auffüttern. Es geht ein Strömen, eine Bewegung aus von der mutigen Seele, die Bewegung reißt nicht mehr ab, sie kreist um ihren Herzpunkt, da schwingen Atome wie Himmelskörper umeinander.

Von der geschädigten Firma hört man nicht mehr viel. Im Grunde bedeuteten die erschwindelten Beträge kein Vermögen. Die Herren dort aber dünken sich wunder was, wenn sie ihr Schweigen den Lohn sein lassen für vierundzwanzig unbescholtene Dienstjahre. An drei Wochen zetteln sie hin und her, lassen bald die Anzeige drohend in der Luft spielen, bald einen unerfüllbaren Anspruch auf Schadenersatz. Menschliche Größe hat Grenzen, Kleinheit nicht. Endlich schreiben sie einen großartigen Brief, Julczi in ihrer Roheit schmeißt ihn verknüllt unter den Küchentisch und spuckt kräftig hinterher. Wenn die Fritzi zurückkommt, müssen wir einen Posten für sie haben, sagt Olga gedrückt. Man muß jetzt schon alles in Bewegung setzen. Und schreiben werde ich ihr sofort, heut ist Freitag, morgen hat sie den Brief.

Julczi starrt mit ihren Kohlenaugen schief unter den Herd. Ihr ist Fritzi wie ein Gespenst in schwarzen Fetzen, Sie träumt von ihr, wie sie lautlos nachts dort zwischen Olgas Sofa und dem Bett der Zwergin hin und her springt, ein grausiges Hüpfen ist es, und die schwarzen Fetzen lohen um sie her.

Die Frau mit dem großen türkischen Umhängetuch kam am Sonntag. Die Zwergin war in den Garten gebracht, dort schlief sie halb und halb, zuweilen plapperte sie unschuldig vor sich hin. Manchmal rollte ihr auch eine Träne über das Gesicht, wenn Olga es gewahr wurde, pflegte sie zu ihr hinzulaufen und sie zu streicheln, dazu sprach sie: Die Fritzi kommt jetzt bald, der Urlaub ist um. Die Alte blickte seltsam zweifelnd zu ihr auf, drückte aber Olga dabei zärtlich die Hand und wischte sich verstohlen das Gesicht ab. Daß sie sich so sehnt nach der Tyrannin, sagte Julczi verdrießlich. Ob sich ein so alter Mensch noch sehnt? Olga war nachdenklich. Die Mutter ist eher von Ahnungen gemartert, meint sie. In der Nacht stöhnt sie, und oft ist ihr Polster naß von Tränen – ihr ist nicht wohl.

Die Zwergin also war in einen großen Gartenstuhl gebettet und schlief. Olga und Julczi wuschen in der Küche das Mittagsgeschirr, Ila, Julczis kleines Mädchen, saß in der Fensterecke und las in einem Buch. Arthur machte einen Nicker in der Schlafstube.

Die Frau mit dem türkischen Umschlagtuch wurde nicht von Frau Zemrel an die Wohnungstür geführt, sondern von deren Enkel, einem fünfjährigen Knirps, der bei der Großmutter zu Besuch war. Mit seiner hellen Stimme rief er über den Hof: da wohnt die Frau Geßl!, und dann läutete die Glocke.

Die rüstige alte Fremde war eine Bäuerin und hatte eine Reise gemacht. Sie sind die Frau Geßl, sagte sie, ohne die Arme zu bewegen. Ja. Die Frau nickte, sah ihr eine Sekunde scheinbar ohne Grund durchdringend ins Gesicht, dann stellte sie unter dem Tuch hervor eine schwarze Wachsledertasche auf den Boden und sagte: Es ist ein Schreiben für Sie obenauf in der Tasche.

Olga riß den Bogen auf, ein amtliches Papier. Sie schrie

leise. Julczi rannte herzu. Sie ist tot! Sie hat sich umgebracht! Erschossen.

Olga fällt auf einen Stuhl. Da ist sie also tot. Hat sie den Brief noch bekommen? Gleichgültig, sie ist tot. Was heißt das. Warum ist sie so besonders tot? An dem und dem Bach, steht da, im Gebüsch, früh um acht. Arthur ist verwirrt und verschlafen herausgekommen und wispert mit der Julczi über dem Amtspapier. Er sagt etwas von Hinfahren und von Beerdigung. Olga starrt und starrt. Am Bach, im Gebüsch, früh um acht.

Mitten im Leben sind wir vom Tode umgeben. Das ist nicht wahr. Das ist nicht wahr! Mitten im Leben sind wir von Ewigkeit umgeben. Nicht die Toten haben ihre Stätte bei den ewigen Geistern, durch das Lebendigsein haben wir teil an der Ewigkeit. Die Toten wandern und wandeln sich wie Wasser, Erde und Luft.

Olga fährt auf, ihr Oberkörper taumelt, sie streckt die rechte Hand aus. Sie war ein Charakter! ruft sie laut und hart.

Amen, murmelt die Bäuerin, die glaubt, daß endlich etwas Frommes gesagt worden ist.

Olga blickt mechanisch nach ihr hin. Die Frau hatte ihr Tuch gelockert und trat mit sonderbarem Wippen von einem Fuß auf den andern. Das Mädchen Ila hatte sich scheu an sie herangeschoben und rief jetzt, als das Flüstern und Beraten der Eltern aufhörte: Mama, schau, was die Frau da hat!

Die alte Frau trat immer noch wunderlich schaukelnd auf Olga zu und sagte: Der Josef läßt Sie grüßen, und die Luis ist tot. Vergangenen Freitag haben wir sie begraben. Ich kann das Kind nicht behalten, die Verwandten leiden es nicht, ich bin eine alte Frau. Die Bäckerin kriegt es nicht, das hat er der Luis geschworen. Er sagt, Sie haben ihm versprochen zu kommen, wenn es not tut, aber er meint, jetzt können Sie nicht weg von Ihrer Mama, wegen dem Trauerfall. Da haben wir ausgemacht, daß ich Ihnen den Buben bringen soll. Da ist er, er heißt Josef. Sie legte das Kind in Olgas Arm, es schlief.

Als die Sonne schräg stand, fiel ihnen die Mutter ein. Die Bäuerin war längst fortgegangen. Olga sagte: Das von der Fritzi darf sie nie erfahren. – Was willst du machen? fragte Arthur. – Laßt mich nur, aber ich kann es nur allein.

Sie ging zur Tür, Julczi rief auf einmal halblaut: Wie dünn sie geworden ist! Schmal wie ein junges Mädchen! Olga hatte den Brief mit den Schmähungen in der Hand, er war von der Bäuerin gebracht worden, war aber völlig unleserlich. Sie wußte nicht, was sie tun würde, sie ging in den Garten und trat an den Lehnstuhl der Mutter: Mama!

Wer ruft? August –?

Olga erkennt den Namen nicht gleich, ihr Herz ist auch zu voll, wer ist August, ach, ihr Vater, die Mutter hat vom Vater geträumt, wie sonderbar. Wieso bist du schon da, Olga, flüstert die törichte Johanna und sieht Olga groß an, ist die Schule schon aus? – Aber Mama – Da erwacht sie erst völlig und lächelt beschämt. Gott, Olga, das kommt daher, weil ich vom Papa – Aber was ist denn, was hast du da in der Hand?

Wir haben wieder einen Brief, Mama.

Von der –? Die Zwergin stemmt sich mühsam auf. Die Aufregung in ihrem armen, formlos zerflossenen Gesicht ist für Olga eine Qual. – Warum siehst du weg, Olga? Weinst du? Hast du geweint –?

– Vor Freude, Mutter, hör, da ist der Brief. Ich les ihn vor. – Deine Hände zittern, Olga! – Vor Glück, Mama, jetzt kann ich dir endlich – die Wahrheit sagen. Die Fritzi – unsere Fritzi – hat Hochzeit gemacht. Sie hat den Mann bekommen, den sie schon immer – du weißt ja. Sie ist – auf der Hochzeitsreise. Hör, was sie schreibt:

Ich bin glücklich, liebste Mutter, ich bin unaussprechlich glücklich. Jetzt sind alle Schwierigkeiten überwunden, es waren sehr große Schwierigkeiten, ich habe sehr hart gekämpft, aber wie herrlich ist der Sieg. Mein Gatte trägt mich auf Händen, bei ihm ist alles, alles gut.

Olga stottert, sie wischt mit dem Handrücken über ihr Gesicht und redet weiter:

Liebste Mutter, ich bin wie im Paradies, aber ich vergesse nicht an dich, bald werden wir wieder beisammensein.

Sie läßt das Briefblatt sinken, ihre Gedanken sind weit fort, sie spricht und spricht:

Und sie ist jetzt reich, Mama, sie muß nicht mehr ins Bureau. Ihr Mann will aber eine Weltreise mit ihr machen, und darum hat sie den Mut nicht aufgebracht zum Abschiednehmen, es war auch bis zur letzten Sekunde nicht alles klar, und jetzt ist sie fort. Aber schreiben wird sie, schreiben von jeder Poststation –

Wie der Leo, nickt die Zwergin mit rätselhaft blödem Lächeln, wie der Leo ...

Aber Olga faßt diese Worte nicht mehr auf. Sie streichelt das Gesicht der Mutter und läuft ins Haus zurück. In der Küche hat man den schlafenden Säugling in einen Wäschekorb gebettet und eine Windel darübergelegt. Das Kind Ila kauert mit aufmerksamem Ernst davor, Julczi sitzt zur Seite, die Hände im Schoß. Arthur steht etwas weiter hinten, nach seiner Art gebeugt und sorgenvoll. Olga tritt an den Korb, bückt sich und lüpft die Windel. Still liegt das Kindlein in seinen Kissen, es hat die Augen weit geöffnet und blickt sie an.

Er ist aufgewacht! sagt Olga und fällt auf die Knie.

Ende

Zeitgenössische Rezensionen zum Roman

Maria Prigge: *Frauenromane*

Das Buch „Schwindel" von Marta Karlweis mutet an wie das breite Gerüst eines riesigen flüchtig hinskizzierten Romans. Das Buch ist mit einer nervösen Hast erzählt, die nirgends verweilen kann und die es danach drängt, immer neue Sensationen aufzustöbern. Über drei Generationen hin wird das Schicksal einer Kleinbürgerfamilie verfolgt, deren ganzes Dasein auf Betrügereien fußt. Selbst der reiche „rettende" Onkel lebt von Unterschlagungen, und die Tochter, die alles Elend „wiedergutmachen" will und die ganze verarmte Verwandtschaft reichlich mit Geld unterstützt, ist eine Geisteskranke, die drei Jahre lang hohe Beträge aus der Geschäftskasse gestohlen hat. Es ist Marta Karlweis nicht gelungen, diesem haltlosen, armseligen Leben unechter Buntheit eine höhere dichterische Wirklichkeit zu verleihen. Keine der erduldeten Personen ist im Innern ihres Wesens erfaßt, keine ist von der Verfasserin ins Leben gestellt – außer Olga. Einzig in der Darstellung dieser „Realität" des Buchs, der bedingungslosen, stetigen, zu jedem Opfer bereiten Liebe Olgas zu einem Musiker steht auch die Verfasserin auf festem Boden. Die Liebe dieser Frau wirkt überzeugend und die Betrachtung des letzten Kapitels über Olgas „Mut" hat eine erschütternde Eindringlichkeit.

In: *Die Literatur* 34 (1931-32), S. 88-93

Alice Rühle-Gerstel:
Marta Karlweis: Schwindel. Die Geschichte einer Realität.

Die schwindelhafte „Realität“ ist eine vermorschte Mietskaserne, in welche die Großmutter auf den heuchlerischen Rat des Ältesten ihr Vermögen gesteckt hat. Vier Kindern und fünfzehn Enkelkindern ist es als Erbe zugedacht. Am Anfang war der Schwindel, begründet von der Frau des Ältesten, deren erster Mann Häusermakler war, was in Österreich „Realitätenagent“ heißt. Und alle, die mit der modernden Realität in Beziehung stehen, haben einen Stich, sie geraten in Wahnsinn, in Selbstmord, in sittliche und körperliche Fäulnis. Die zusammenbrechende Realität fordert viele dumme, vergebliche Opfer.

Aus dem Schwindelhaften rettet sich, scheinbar, nur eine Frau, die einzige, der die Liebe auswich, diese härteste Realität. Um der alternden Mutter den manifesten Zusammenbruch von Haus und Familie zu verbergen, hat diese Frau mit viel Geld und vieler Lüge ein kompliziertes Scheinleben eingerichtet, darin sind die Toten nicht tot, die Armen nicht arm, die Fernen nicht fern und die Lügen nicht unwahr. Und dieses Delirium von Schwindel ist das Realste, was man zu fassen kriegt. „Ich bin durch und durch reell“, rühmt sich Fritzi, die von der Liebe Gemiedene – bis es an den Tag kommt, daß Geld und Gewissen für den „Realitätenschwindel“ gestohlen war. Gerettet wird allein Olga, die mater dolorosa aus dem verkommenen Haus. Sie war nicht reell wie die Schwindler, sie hat entschlossen ihr ganzes Leben lang einem Traum nachgelebt, hatte den Herzensmut, vom Vordergrund der Tatsachenwelt unabhängig zu bleiben; und so überlebt sie als einzige den Zusammenbruch der Realitäten, und in ihren Armen liegt das Kind, die Unschuld, die Zukunft.

Schon ist alles Haß geworden, da ich es mit engen Worten zusammenschnüre, das wunderbare Gewebe von

Schicksalen. Klarer und reiner noch, als im „Österreichischen Don Juan“ hat sich hier die Kunst der Dichterin entfaltet. Runde Plastik der Gestalten, sinnreiches Geflecht der Beziehungen, reicher, kräftiger Bau der Handlung. Dies aber würde nur intellektuellen Kennerbeifall bewirken, wäre es nicht durchströmt von einer Leidenschaft, einer Besessenheit des Spürens, Ahnens, Riechens – ja, was wird da gespürt, geahnt, gerochen, daß es uns so schüttelt und wir uns rings von Dämonen umklammert meinen? Es ist das Schicksalsgefühl, das Wissen um die Verhängnisse, um das Verhängtsein des Lebens selbst. Alles ist beschlossen, wir sträuben uns umsonst, wir haben alle Angst, und die Angst macht unser Schicksal, umstellt uns mit Dämonen, verdirbt uns alle Süße des Seins.

Nur wer die Angst besiegt, kann das Schicksal besiegen. Aber wir sind trübe Menschen, wir fliehen in Realitäten, die wir für die Wirklichkeit halten, wir machen nicht ernst mit unserem Traum von der Menschheit. Deshalb werden wir bestraft. Schon im „Österreichischen Don Juan“ war dieses Motiv von Schuld, Verdammnis und Sühne, hier klingt es wuchtig auf; nicht viel weniger wuchtig als das dämonische Auf und Ab der Mozartschen Molltonleiter, die den steinernen Gast begleitet: Ton reiht sich an Ton, ohne Intervall, einkreisend den Menschen, der nun den Mächten verfallen muß – oder zur Reinheit auferstehen.

Das Buch spielt in der Gegenwart, unter wienerisch redenden Kleinbürgern. Aber es ist wie von kultischen Geboten durchzogen. Man meint, mit den Figuren nach geheimem Ritus vorgezogene Bahnen zu ziehen. Wie glücklich ergeht es dem Kritiker, wenn er beim Lesen das Kritisieren vergessen konnte! Es ist ein Buch zum Einsinken und Auferstehen, und als solches möchte ich es gelesen wissen.

In: *Die literarische Welt* VII, Nr. 16 (1931), S. 5

Alphons Rheinhardt: Schwindel. *Die Geschichte einer Realität. Von Marta Karlweis.*

Diejenigen, die noch kein Buch von Marta Karlweis gelesen haben, werden von der Lektüre dieses außerordentlichen Romans ebenso überrascht, ja betroffen sein, wie die, welche nur ihre ersten Bücher kennen: die einen, weil ihnen bisher die Existenz einer Erzählerin von solchem Range entgangen war, die anderen, weil dieses Buch auch die optimistischsten Erwartungen, die sich an „Die Insel der Diana“ und „Das Gastmahl auf Dubrowitza“ knüpfen konnten, bei weitem übertrifft. Neben dem letzten Buche muten diese früheren Romane wie vortreffliche, ankolorierte, ein wenig akademische Zeichnungen neben einem wirklich gemalten, sehr konzentrierten Bilde an, in dem Zeichnung und Komposition ganz und gar in dem aus farbiger Gestaltung erschaffenen Raum aufgegangen sind. In jenen früheren Romanen ist der Wille ihrer Verfasserin zu untadeligem Handwerk unverkennbar; während rundum ihre Generation auf Zerstörung der Tradition aus war, lernte [...] Karlweis unbeirrt das schwere Handwerk des Erzählens, das jeweils das Skelett aufbaut, um das die Künstlergaben der Phantasie und der Sinne die Form wachsen lassen können. Im Österreichischen verwurzelt ist auch dieser neue Roman „Schwindel“ [...], ja im Wienerischen, freilich auf eine ganz andere Art, als man landläufig dieses Wienerische zu verstehen beliebt. In diesem fabelhaft straffen Buche, das auf weniger als dreihundert Seiten Jahrzehnte voll von Schicksalen einer Wiener Bürgerfamilie erzählt, ist nichts von Weichlichkeit noch „Gmüatlichkeit“. Diese „Geschichte einer Realität“ (unter welchem Substantiv hier sowohl ein im Mittelpunkt der Erzählung stehendes Haus als auch das menschliche Wirklichkeitsproblem zu verstehen ist) ist im Gegenteil ein höchst ungemütliches, unbarmherziges Buch von jener höchsten Präzision der Darstellung, die das Gespenstische, das um die Bürgerexistenz lauert, selbstverständlich mit all den anderen Lebensbedingungen mitgestaltet. Die Dichtigkeit dieser Erzählung ist so groß, das Ineinandergreifen der Einzelglieder dieser Handlung in aller Vielfalt so genau, daß es unmöglich erscheint, die Wiedergabe der Fabel in der üblichen Kürze auch nur zu versuchen. Bemerkt soll von dieser Handlung nur werden: sie ist so hinreißend spannend, ihre Untergründigkeiten sind so ganz und gar mit erzählerischen Mitteln gestaltet, daß sicher manche Leser mit ihrer Hast, das Ende zu erfahren, zwar der Erzählungskunst der Verfasserin Ehre erweisen, aber der Dichterin Marta Karlweis Unrecht tun werden. Sie werden übersehen, daß dieses Buch voll der erstaunlichsten Details ist (die mancherorten der herrlichen Virginia Woolf würdig wären), weil jedes dieser Details ohne impressionistische Einzelheitseitelkeit ganz und gar in den Dienst der Erzählung gestellt ist. Selbst noch der bedeutendste Einfall des Buches, Gestalt und Tun der lemurenhaften Fritzi, deren Schwindel ins Metaphysische geht, ist durch Geschmack und Kunstverstand von jeder Andeutung einer Großaufnahme freigeblieben. Nimmt sich aber einer von den eiligen Lesern die Mühe, durch ein zweites Lesen den doppelten Boden dieses Romans aufzuklappen, dann wird er verwundert des schwermütigen Reichtums gewahr werden, aus dem dieses so weltkluge Dichten wächst und über dessen „trésors d'amertume“ es durch einen ganz heimlichen schlimm-weisen Humor herrscht.

In: *Die Neue Rundschau* 42 (1931), Bd 2, S. 143f.

M. P.: *Von alten und neuen Büchern. Zwei Frauenromane. Im Krieg - Nach dem Krieg.*

[…] Martha Karlweis ist eine Schriftstellerin, die noch einen kleineren Kreis von Verehrern um sich schart, obgleich ihre reife, formschöne und bildhafte Sprache, ihre Gestaltungskraft und Beobachtungsgabe das Lob aller Kritiker verdient. Sie versteht die Detailmalerei ebenso wie das weite Gemälde zu meistern, das Schicksal einer Postmeisterin wie die Abenteuer in der Ferne. „Eine Frau reist durch Amerika" hat durch die Originalität der Themen und die Frische der Milieumalerei überrascht. Nun hat Martha Karlweis einen Roman geschrieben, „die Geschichte einer Realität", der zu den eigenartigsten Büchern der letzten Zeit zählt. „Schwindel" nennt sie es. (S. Fischer, Berlin) Fast wird man an die finsteren Schrecken eines Goya und an das Höllengelächter eines Daumier erinnert, wenn die Gestalten dieses Familienbuches an uns vorüberziehen. Wie jener spanische Maler der Hölle, wie jener französische Zeichner des Spottes, entwirft auch sie verzerrte Menschen, um uns den ganzen Schwindel einer versunkenen Moral, einer verlogenen Hochanständigkeit, einer verpfuschten Weltanschauung bloßzulegen. Martha Karlweis geht viel viel weiter als Klara Viebig. Sie sieht schon die Welt, in der wir heute leben, in all ihrer unausgegorenen Vielgestalt. Sie hängt nicht mehr mit weinerlicher Anhänglichkeit am Vorkriegsgemäßen. Aber sie bleibt eigentlich im Verneinen haften. Und wenngleich dieses Verneinen, dieses grausame Verbohren im Häßlichen fast etwas Mitreißendes hat, diese Nachkriegsgeschichte „Schwindel" zeigt doch erst eine Dichterin im Ringen um eine neue Welt, noch nicht das leuchtende Bekenntnis zu einer besseren Zukunft. In Klara Viebigs Deutschlandbuch steigt aus dem ganzen roten Meer von Blut und Liebe – fast wider Willen der Verfasserin – die

Heldengestalt der jüdischen Krankenschwester auf, die jenseits aller Rassen und Nationen Weib sein will und Kameradin dazu ist. Die Episodengestalt drängt die Pseudoheldinnen in die Dunkelheit. Im „Schwindel" fehlt alles Positive, und doch atmet aus dieser merkwürdig zusammengepreßten Sprache der Atem eines Menschen, der mehr geben will als eine Erzählung. Fast ein Bekenntnis, wieviel „Schwindel" doch in dem steckt, was die Unerweckten heute noch anbeten. Und darum ist dieses letzte Buch der Wiener Schriftstellerin, das auch zum großen Teil in Wien spielt, viel mehr als ein Wiener Buch.

In: *Das kleine Blatt* (Wien) 227 (19.8.1931), S. 12

F.: *Schwindel. Die Geschichte einer Realität.*

Martha Karlweis hat einen eigenartigen Vorwurf erwählt, um die psychologisch differenzierte Kunst ihrer Erzählergabe in das rechte Licht zu rücken. Ein Licht allerdings, das tiefste Finsternis enthüllt. „Schwindel" ist ein umfassender Begriff im menschlichen Leben, er wird hier zergliedert, begründet anhand des Geschickes einer kleinbürgerlichen Familie. Einzelschicksale, die eine Norm darstellen. Wenn sich die Schriftstellerin hier in verschiedenen Phasen dieses oder jenes Lebensweges vertieft, ist es ein allgemein gültiges Problem, das sie, ohne es zu lösen, zur Debatte stellt. Das Problem lautet: Mittelstandselend. Den Hintergrund bildet ein verarmtes Österreich, das gar nicht ausgesprochen werden muß, es ist einfach da, allzu vertraut, möchte man sagen, mit all seinen schweren Existenzbedingungen, aber auch mit all der Wärme, die der Österreicher aus einem österreichischen Buch herauslesen muß. Die Familie, die als

Begriff aufgestellt ist, verfügt über all jene Minderwertigkeiten, die in dichterischer Umwertung die psychologische Bedeutung des Alltagslebens ausmachen. Wohl jedem bekannt und von jedem verstanden, rollt sich das Seelenleben eines solchen mit aus der Realität gegriffenen Widerwärtigkeiten kämpfenden Menschen auf. Ob pathologisch, ob normal, ob selbstverschuldet, ob mitgerissen von den qualvollen Daseinsbedingungen einer Nachkriegswelt, immer ist derjenige, den die Schriftstellerin vor unseren Augen sein eigenes kleines Schicksal durchkämpfen läßt, irgendwie Vertreter einer ganzen Menschengattung.

Der Roman stellt keine Hauptperson auf oder besser, nur Hauptpersonen. Sie alle werden getrieben von dem Drang nach einem Versteckspielen mit der Wirklichkeit. Eine allgemein geübte Sucht verelendeter Kleinbürgerlichkeit, letzten Endes nichts anderes als eine grausame Verschärfung alles Elendes. Es sind keine außergewöhnlichen Geschehnisse, die sich um die Personen formen, sie werden nicht einmal so recht zu Ende erzählt, sind nicht erschöpfend, nur andeutungsweise behandelt. Aber gerade darin liegt ihre unendlich lebendige, lebenswahre Gestaltung. Die Erzählerkunst Martha Karlweis' ist es, die selbst aus den alltäglichsten, gewöhnlichsten Ereignissen Spannung hervorholt. Denn niemals verläßt die Schriftstellerin den Rahmen einer psychologischen Darstellung, immer scheint hinter den Personen und Dingen ein Etwas auf, das über das Tatsächliche hinausgeht, nicht nur den denkenden, auch den mitfühlenden Menschen fesselt.

In: *Wiener Zeitung* (20. Mai 1931), S. 7

Johann Sonnleitner

„Fröhliche Grausamkeit“

Zu Marta Karlweis‘ *Schwindel. Geschichte einer Realität*

Wie viele österreichische Schriftstellerinnen der Zwischenkriegszeit ist Marta Karlweis heute völlig vergessen, obwohl sie sich zu Lebzeiten weit über die Landesgrenzen hinaus einer großen Bekanntheit erfreute. So publizierte sie die meisten ihrer Bücher zwischen 1919 und 1931 in dem angesehenen Verlag S. Fischer. Mehrere ihrer Romane waren als Vorabdrucke[1] in der *Neuen Freien Presse* zu lesen. Sie war mit Hugo von Hofmannsthal und Arthur Schnitzler bekannt, der trotz seiner abgrundtiefen Antipathie gegen die zweite Frau seines Freundes Jakob Wassermann deren Buch *Eine Frau reist durch Amerika* lobend erwähnt und auch – leider kommentarlos – die Fortsetzung der Lektüre des Romans *Ein österreichischen Don Juan* in seinem Tagebuch vermerkt.[2] Thomas Mann, den Karlweis vor allem in Küsnacht bei Zürich immer wieder besuchte, hat zu ihrer Biographie über Jakob Wassermann ein lobendes Vorwort beigesteuert.[3] Ab den späten zwanziger Jahren sind die Kritiken über Karlweis durchgehend positiv und zuweilen geradezu enthusiastisch.

Der Beginn der Naziherrschaft bedeutet für ihre literarische Karriere einen irreparablen Einschnitt. Nach 1933 erscheint noch – als letztes Buch der 45jährigen Schrifstellerin – die Wassermann-Biografie im Amsterdamer Querido-Verlag. Für schweizerische und österreichische Zeitungen und Zeitschriften verfasst sie fallweise Beiträge. Ihr völliges Verschwinden aus dem literarischen Leben muss man vor allem der nazistischen Kulturpolitik anlasten. Aber auch die österreichische Nachkriegsöffentlichkeit und Germanistik manifestierten dezidiertes und aus heutiger Sicht beschämendes Desinteresse an der Literatur der Vertriebenen.[4] Diese Defizite zu beklagen, führt allerdings nicht weiter, sondern nur der Versuch, diese qualitativ bemerkenswerten Texte der heutigen Leserschaft wieder anzubieten. Dieses ambitionierte Ziel verfolgt der Wiener Verlag *Das vergessene Buch*, der in den letzten Jahren drei Romane von Marta Karlweis neu herausgebracht hat, nämlich *Ein österreichischer Don Juan* (2015), *Schwindel* (2017) und *Das Gastmahl auf Dubrowitza* (2017). Das mediale Echo auf diese Neuausgaben übertraf alle Erwartungen, und damit steht der großflächigen Wiederentdeckung dieser vielseitigen Schriftstellerin der österreichischen Zwischenkriegszeit nun nichts mehr im Weg.

Insgesamt kann man festhalten, daß die Karrieren schreibender Frauen in der österreichischen Zwischenkriegszeit, nach einer doch beträchtlichen Bekanntheit, die zum Beispiel Maria Lazar, Berta Helene Diener, Else Feldmann, Veza Canetti, Maria Leitner und Anna Gmeyner einst hatten – um nur einige zu nennen – einen ähnlichen Verlauf aufweisen. Sie verschwinden in der Zeit des Dritten Reiches völlig von der Bildfläche, aus ideologischen und/oder aus rassischen Gründen werden ihre Bücher verbrannt, aus den Buchhandlungen und öffentlichen Büchereien entfernt. Lediglich Hermynia Zur Mühlens Werk, 2019 in der Reihe *Bibliothek Stiftung Wüstenrot. Autorinnen des 20. Jahrhunderts* von Ulrich Weinzierl in vier Bänden vorzüglich kommentiert, ist in einer angemessenen Edition greifbar.

Bemerkenswert scheint auch der Umstand, daß die Universitätsbibliothek Wien nur über zwei der acht Bücher von Karlweis verfügt, ebenso lückenhaft sind die Bestände der Österreichischen National- und der Wienbibliothek. Auch die Sekundärliteratur ist nicht gerade umfangreich und bietet zum Teil widersprüchliche und lückenhafte Informationen. Sehr knapp fällt der Eintrag im *Lexikon deutschsprachiger Schriftstellerinnen im Exil* aus.[5] Neben zwei Grazer Diplomarbeiten gibt es nur wenige Aufsätze zu Marta Karlweis, aber immerhin widmet sich die amerikanische Dissertation von Sarah Sabine Painitz[6] Mela Hartwig, Veza Canetti und Marta Karlweis, und Brigitte Spreitzer befasst sich ausführlich mit dieser Autorin in ihrem Buch *Texturen.*[7] Eine neuere anglistische Arbeit über jüdische Exilanten in Kanada[8] referiert u. a. ausführlich die Biografie Charles Wassermanns; der Name Karlweis fehlt aber im Personenregister, obwohl zwei ihrer Texte angeführt werden, nämlich das Geleitwort zum Gedichtband von Anton Frisch *Steine aus Kanada*[9], das Karlweis im Jänner 1952 in Ottawa verfasst, und ihren psychoanalytischen Aufsatz *Zur Frage der Postpartum Neurose*[10], der 1957 in der renommierten Fachzeitschrift *Psyche* erscheint. Ebensowenig Berücksichtigung findet sie im umfangreichen Beitrag Karin Gürttlers über die *Exilschriftsteller in Kanada*, dem wir allerdings wiederum profunde Auskünfte über Charles Wassermann verdanken.[11] In wenigen Literaturgeschichten findet sich hin und wieder eine nichtssagende Zeile über Karlweis.[12]

Die Dokumentationsstelle für neuere österreichische Literatur bietet zwar Zeitungsausschnitte zu Jakob Wassermann und seinem Sohn Charles, aber keine zu seiner Frau Marta Karlweis. Auch in Killys Literatur- und in Czeikes Wien-Lexikon[13] vermisst man einen Eintrag zu dieser einst so angesehenen Erzählerin der Ersten Republik, die neben Mela Hartwig und Maria Lazar auf der 1930 veröffentlichten Liste *Leset österreichische Dichter!* im *Anzeiger für den Buch-, Kunst- und Musikalienhandel* aufscheint.[14]

Um nur ein Beispiel für die vielen überschwänglich gehaltenen Besprechungen der Werke Karlweis' herauszugreifen: Rudolf Jeremias Kreutz zeigt sich in seiner Rezension des Romans *Ein österreichischer Don Juan* tief beeindruckt von der Könnerschaft und stilistischen Brillanz seiner Schriftstellerkollegin: „Ihr eigenwilliger, sorgsam durchdachter Stil ist unverwechselbar, die Einprägsamkeit ihrer Bilder, Vergleiche, Charakteristiken oft außerordentlich. Die mitleidlose, von Ironie funkelnde Stichhältigkeit ihrer Schlüsse, die fröhliche Grausamkeit ihrer Menschenbeobachtung und -darstellung bezaubert, just weil sie unseren, etwa ein wenig wohlwollenderen guten Glauben gründlich zu widerlegen weiß. Ihre Begriffsformungen gehen den abgegriffenen Banalitäten des Konventionellen weit aus dem Wege, ohne darum verquält oder in fatalem Sinne geistreich zu sein."[15]

***

Marta Karlweis wurde am 27. April 1889 in Wien als Tochter des überaus erfolgreichen Bühnenschriftstellers und Erzählers Carl Karlweis (1850–1901) geboren, der eine beachtliche Karriere im Verwaltungsdienst der Südbahn machte. Wenige Tage vor der Geburt seiner Tochter war er mit seiner Frau Emilie vom jüdischen Glauben zum Protestantismus konvertiert.[16] Martas jüngerer und einziger Bruder Oskar (1894–1956) erlangte als Theater- und Filmschauspieler große Berühmtheit im deutschen Sprachraum und nach 1938 im amerikanischen Exil.

Mit zwölf Jahren (1901) verlieren die Geschwister ihren Vater. Karlweis besucht daraufhin das Mädchenlyzeum der Genia Schwarzwald[16], deren pädagogische Qualitäten sie in einem Artikel in der *Neuen Freien Presse* zum 25jährigen Bestehen der Schule festhält und sich dabei an ihre Einschulung erinnert: „Die blühende junge Frau, der ich, ein mageres Kind im Trauerkleid, zur Einschreibung vorgestellt wurde, fragte mich halb im Scherz, was ich so recht eigentlich mit dem Studium wolle? ‚Begreifen und unterscheiden!' antwortete ich schnell."[17] In dem Text macht sie auch deutlich, wie nachhaltig sie in ihrem weiteren Leben und in ihrem Schreiben von dieser außergewöhnlichen Lehrerin und deren Lyzeum geprägt worden ist.

Nach der Matura muss sie ihren Vormund, „der schon in meiner Kindheit die Stelle des verstorbenen, erleuchteteren Vaters vertrat", um die Erlaubnis bitten, ein Studium an der Universität Wien beginnen zu dürfen. Diese Einwilligung erlangt sie erst „durch beharrliches Kämpfen und gewichtigen Zuspruch dritter Personen", „obwohl zu dieser Zeit gar nichts Revolutionäres mehr daran haftete, sondern ich fühle mich keinem Glücksumstand in meinem Leben gründlicher verpflichtet als eben diesem, dass jene Umstimmung gelang und ich vor dem gröbsten Dilettantismus wenigstens in dieser Hinsicht bewahrt blieb."[18]

Das kaum begonnene Studium der Psychologie bricht sie nach der 1907 geschlossenen Ehe mit dem Industriellen Walter Stross (1883-1946), der im westböhmischen Liebauthal (Libavske Udoli) eine Textilfabrik leitet, wieder ab. Die Familie Stross ist mit Arthur Schnitzler bekannt.[19] Nach der Geburt der zwei Töchter Bianka (1908) und Emmy (1910) tritt sie 1912 mit der viel beachteten Erzählung *Der Zauberlehrling* in den *Süddeutschen Monatsheften* (Mai und Juni 1912) hervor, die das Wienerische künstlerische Milieu zwischen Boheme und Großbürgertum, zwischen Café Central und einer noblen Innenstadtwohnung mit Garten schildert und 1913 als Buch erscheint.[20] Ein angehender Schriftsteller reflektiert am Ende seine schuldhaften erotischen Verstrickungen mit zwei Schwestern durch ein Anti-

Märchen, das er der versammelten Abendgesellschaft vortragen muss. Mit dieser Erzählung markiert Karlweis auch ihre kritische Distanz zur künstlerischen Avantgarde der Vorkriegszeit, der sie sich aber retrospektiv zugehörig fühlte: „Wir bildeten, befreundet und verschwägert, eine Gruppe. Fraglos verbunden waren wir untereinander durch Musik, auch die weniger musikalischen unter uns. In künstlerischen Dingen gehörten wir natürlich zur Avantgarde, aber wir waren österreichisch genug, um nie ganz aus den Fugen zu geraten. Politische Färbung gab es in diesem Augenblick des Krieges kaum, es gab nur den Krieg."[21]

Im selben Jahr, am 17. Oktober 1913, wird am Münchner Residenztheater ihre Konversationskomödie *Der Herrenmensch* aufgeführt, worüber die Wiener Zeitschrift *Der Humorist* durchaus freundlich berichtet: „Das Königliche Residenztheater ließ eine Wiener Dichterin debütieren. Marta Karlweis hat einen literarisch schon wohlakkreditierten Namen geerbt. Ihr künstlerischer Ehrgeiz jedoch geht über das väterliche Volksstück hinaus zum psychologisierenden Lustspiel. Die Komödie *Der Herrenmensch* schildert eine Ehe mit Trübungen, die sich am Ende verflüchtigen. Hermann Bahr hat im *Konzert* ähnliche Motive bearbeitet. Frl. Karlweis versäumt einstweilen noch, ‚recht viel geschehen zu lassen', und begnügt sich mit fein ziselierter Rede. [...] Die Milieuzeichnung ist einstweilen auch das Beste an dem Können der Lustspieldichterin, die Gelegenheit hatte, persönlich für den freundlichen Beifall zu danken."[22]

Ewas kritischer läßt sich *Das literarische Echo* vernehmen, das den üppigen Zitatenschatz der jungen Autorin ausbreitet: „Es ist gewiß schön und gut, wenn eine Dame in der neuesten Literatur Bescheid weiß. In einem schöngeistigen Salon wird sie sogar Aufsehen erregen, wenn sie mit Aphorismen von Friedrich Nietzsche, Bosheiten von Hermann

Bahr, Lebensregeln von Arthur Schnitzler und Wortspielen von Peter Altenberg um sich wirft. Aber wenn sie sich dann später hinsetzt und das alles niederschreibt und jeden Spruch einer andern Person in den Mund legt, so wird noch lange keine Komödie daraus. Das hätte sich Maria Karlweis sagen müssen, als sie ihren *Herrenmensch* zusammenstoppelte. ‚Allerlei Lesefrüchte über Liebe und Ehe' wäre ein besserer Titel gewesen. An das Volksstück des Vaters gemahnen nur die Kniehosen, die der Professor Matthias Innerebner anhat, und allenfalls noch die von ihm zur Schau getragene Natürlichkeit, die alles im Leben so furchtbar einfach findet. So z. B. auch, wenn sich ein verheirateter Mann wie er während der Auerhahnbalz alle Nacht mit einem achtzehnjährigen Mädchen – wohlgemerkt: der Tochter einer Hofrätin! – im Gebirgswald herumtreibt und sie nach allen Regeln der Kunst oder, mit ihm zu reden, der Natur abbusselt. Natürlich denken sich die bösen Leute, und zwar nicht nur seine Frau und seine Verwandten und Bekannten auf der Bühne, sondern auch die Zuschauer im Parkett das Schlimmste dabei, und die geduldige Frau Professor, die diesem Herrenmenschen den Spaß nicht verderben möchte, will sich scheiden lassen. Aber da stellt sich denn im dritten Akt zu aller Beschämung (auch der Zuschauer im Parkett schämt sich – für die Dichterin) heraus, daß alles nur ein platonischer Flirt war. Blutenden Herzens schickt der moralische Übermensch sein Mädel, nachdem er es noch einmal abgebusselt, nach Haus und bleibt bei seiner braven Frau, zumal sie seine Geschäfte – er ist Architekt – so gut besorgt."[23]

Während des Ersten Weltkriegs scheint der Name von Marta Karlweis-Stross immer wieder bei Wohltätigkeitsveranstaltungen auf, die vor allem vom Wiener Adel und Großbürgertum organisiert werden. 1915 lernt sie im Haus ihrer

Schwägerin Emmy Wellesz den damals erfolgreichen jüdischen Schriftsteller Jakob Wassermann kennen, der mit Julie Speyer-Wassermann nicht gerade glücklich verheiratet ist, und geht mit ihm bald eine Beziehung ein. Während Marta Karlweis mit Stross rasch eine einvernehmliche Scheidung erreicht, zieht sich der Rosenkrieg Wassermanns fast ein Jahrzehnt hin.[24] Julie Speyer deckt ihren geschiedenen Mann bis zu seinem Lebensende mit Prozessen ein, der ihr die von Oskar Strnad errichtete Döblinger Villa überlassen muss. Wassermann war schon 1919 mit Karlweis nach Altaussee übersiedelt, wo die beiden eine stattliche Villa beziehen, die einstmals im Besitz von Leopold von Andrian war.[25]

1924 kommt Carl Ulrich, der gemeinsame Sohn von Karlweis und Wassermann zur Welt. Die Scheidung Wassermanns und seine Wiederverheiratung können aber erst 1926 erfolgen. Eine boshafte Bemerkung zu dieser Ehe findet sich in Pierre Bertaux' Tagebüchern, der am 20. Dezember 1927 das Ehepaar Wassermann-Karlweis in Berlin kennenlernt: „Mit Jakob Wassermann gespeist. Er wirkt sehr müde. Das Zusammenleben mit Martha [!] Ex-Karlweis, einem Wirbelwind im Unterrock, muß anstrengend sein."[26]

Der mit Wassermann befreundete Arthur Schnitzler wird immer wieder von Julie Speyer um Hilfe gebeten: „Julie W[assermann] fragt mich und O[lga] um ‚Rath'. Ihre Nachsicht bisher. Aber Martha hasst sie. Sie will nach der Schweiz mit den Kindern. Rücksichtslosigkeit Jakobs, der Martha überall aufoctroyirt. Ihre Streberei, innere Kälte. Bemerkungen der Kinder, der Dienstboten. ‚Was würde mir geschehn, wenn ich sie todtschösse?' Wir sollen mit Jakob reden. […] Dabei liebt sie ihn wie früher, aber was jetzt von ihr verlangt wird, kann sie nicht ertragen. Auch dass Marthas Mann so völlig einverstanden, sei nicht wahr – trotz seiner eignen Wege – Unreinliche Geschichten."[27]

Schnitzler mahnt immer wieder zur Rücksichtnahme auf die verlassene Julie und ist auf Karlweis nicht gut sprechen – er bezeichnet sie als „begabtes, künstliches, unwahres hartes Geschöpf“[28], ihn irritiert „ihr socialer Ehrgeiz“.[29] Nichtsdestotrotz legt sie ihm immer wieder eigene Texte vor, die er abschätzig als „eine (nicht unbegabte) Äfferei nach Jakob“[30] bezeichnet. Ende August 1916 findet sich der Eintrag: Marta Karlweis „hat erfahren dass wir den Demeter lasen etc. Ich verschweige ihr mein Urtheil nicht. Sie erzählt mir ihre literar. Entwicklung.“[31] Wiederum mit negativen Formulierungen bedenkt er ihren historischen Roman *Das Gastmahl auf Drubrowitza*: „[...] ihre Äfferei geht ins geniale; ein Simili Wassermann stellenweise von täuschendem Glanz.“[32] Im Herbst 1926 scheint es in seinem Tagebuch zu einer Konfusion zu kommen, denn nach einem Besuch bei den Wassermanns erwähnt er den Abdruck von Marta Karlweis' Roman *Das Kind* im *Neuen Wiener Tagblatt*, der in Flammenschrift auf dem First des Dianabads beworben würde. Im fraglichen Zeitraum findet sich in dieser Zeitung aber lediglich der Fortsetzungsroman seiner Freundin Klara Katharina Pollaczek *Das Kind der Liebe*.[33]

Es ist wohl nicht von der Hand zu weisen, dass die Beziehungen Karlweis – Wassermann – Speyer Schnitzler gegen die erstere eingenommen haben und ihm im Laufe der Zeit auch Zweifel an seinen Einschätzungen gekommen sind, die durch den infamen Schlüsselroman Julie Speyers massiv verstärkt wurden. Ein Jahr nach ihrer Scheidung erscheint Speyers Roman *Das lebendige Herz*[34], der im *Börsenblatt des deutschen Buchhandels* reißerisch beworben wird. Eine Alice Berend spricht von „einem erschütternden Beitrag zur Geschichte der Ehe“, Arthur Kahane sieht darin „ein Kunstwerk von ausgesprochen literarischem Wert“.[35] Damit verletzt Speyer eben jene Diskretion und Zurückhaltung, die

Schnitzler vergeblich von Wassermann und Karlweis gefordert hatte. Speyers Schlüsselroman zielt auf eine systematische Herabwürdigung der Konkurrentin ab, die als berechnend, intrigant und als herzlose „futuristische“ Malerin geschildert wird. Speyer fühlte sich überdies in der Figur der Julie Fabiani in Schnitzlers Roman *Therese* porträtiert, er nimmt ihr den „lächerlichen Schlüsselroman“ übel und hält sie für eine „pathologische Person“.[36] Erst in den späten zwanziger Jahren scheint sich sein Verhältnis zu Karlweis zu entkrampfen. Zu ihrem letzten Roman *Schwindel* findet sich am 10. Mai 1931 bei Schnitzler folgender Eintrag: „Mit Martha [!] über ihren Roman Schwindel, den ich als amüsant erklärt, mich aber nicht ausgekannt habe, vielleicht meine Schuld, wegen Zerstreutheit und Ungeduld (was Jacob sofort acceptirt).“

Die fünfzehn Jahre, die Karlweis mit Wassermann und ihrem gemeinsamen Sohn in dieser ländlichen Idylle verbringt, sind getrübt durch die ständigen Gerichtsprozesse, die Julie Speyer gegen Wassermann anstrengt, der sich in seinem letzten, großteils autobiografischen Schlüsselroman *Joseph Kerkhovens dritte Existenz*, die Qualen dieses langwierige Scheidungsdrama von der Seele schreibt. Marta Karlweis ist unschwer in der Figur der Bettina Herzog zu erkennen, die dem Arzt und Psychotherapeuten Kerkhoven ihr Leid klagt: „[...] wenn man unter der Peitsche lebt, verfolgt von siebenunddreißig Advokaten, jeden Tag die Gerichtsboten im Haus, Prozesse, dass man nicht mehr weiß, wo einem der Kopf steht ... kein Aufatmen, keine Lebenssicherheit keine Hoffnung, dass es je wieder besser wird ...“ Auf ihrem Schreibtisch häufen sich „Advokatenbriefe, Gerichtsbriefe, Vorladungen, Exekutionsformulare“.[37]

***

Aus den Jahren des Ersten Weltkriegs sind bislang keine Publikationen von Karlweis bekannt. Erst 1919 erscheint bei S. Fischer der 440 Seiten umfassende Roman *Die Insel der Diana*. Diana, die eher die Erziehung eines Knaben genossen hat, heiratet den Sohn ihres Vormundes, einen Aristokraten im diplomatischen Dienst, der sich bald seiner eigenwilligen und spröden Gemahlin entfremdet und mehrere Beziehungen mit Frauen eingeht, die dem Klischee des naturhaft Weiblichen entsprechen. Diana trennt sich von ihrem Mann und unternimmt es, in Form einer weiblichen Robinsonade die Insel der Diana in Istrien, die wegen der Malaria als unbewohnbar gilt, zu kultivieren. Die Ausgabe von Aktien für dieses Unternehmen ermöglicht die entsprechenden kostspieligen Regulierungsarbeiten. Ihr Mann Stefan unternimmt alles, um diese Wertpapiere an sich und damit Diana wieder in seine Abhängigkeit zu bringen. Eine Aussöhnung scheint sich anzubahnen, aber Diana weigert sich, die Aktien im Besitz ihres Mannes als Geschenk anzunehmen, der sich daraufhin letztendlich das Leben nimmt. Kurz danach bringt Diana das gemeinsame Kind zur Welt.

Der Roman verlangt nach einer radikalen Revision männlicher Imaginationen des Weiblichen[38] und hat deshalb nicht nur Zustimmung gefunden, sondern auch für Irritationen gesorgt. Richard Beer-Hofmann liest seinem Freund Schnitzler daraus „ungeheuerliche Stellen“ vor, der nach der Lektüre seine Indignation festhält: „Was für eine scheußliche Sache kann Talent sein, wenn es auf dem Boden von Snobismus, Äfferei und Streberei wuchert.“[39]

Unvoreingenommener äußern sich die zahlreichen Rezensenten. Ernst Groth etwa lobt im *Neuen Wiener Tagblatt*

„das Fehlen jeder weichen Sentimentalität, jeder wohlfeilen Glückseligkeit".[40] Aus Willi Handls Sammelrezension über *Österreichische Erzähler* seien nur einige pointierte Formulierungen zu Karlweis herausgegriffen: „[Es] wimmelt von Figuren, Belichtungen, Eigenheiten, Zügen, Strichen und Stichen. Manchmal erinnert es schon an feine weibliche Handarbeit. Im ganzen hat es doch den großen Zug, der nur aus dem großen Erlebnis kommt."[41] Im *literarischen Echo* hat ein Heinz Michaelis eine Menge Einwände vorzubringen, um dann doch mit einer positiven Wendung zu schließen: „Es ist eins von jenen Büchern, die einen kühlen Glanz spenden, ohne zu wärmen. Es weist nicht in die Zukunft, sondern wurzelt in einer künstlerischen Vergangenheit, die gespenstisch in unsere Gegenwart hinüberlugt. Aber immerhin bleibt die Bewunderung bestehen für eine erstaunliche artistische Leistung."[42]

Dieselbe kritische Anerkennung erfährt Karlweis' 1921 ebenfalls bei S. Fischer erschienener, historischer Roman *Das Gastmahl auf Dubrowitza*, den sie auch dem auf expressionistische Literatur spezialisierten Leipziger Verleger Kurt Wolff angeboten hatte.[43]

Die wenigen auffindbaren zeitgenössischen Rezensionen, die meist etwas knapp ausfallen, sind voll des Lobes. Das liberale *Neue Wiener Tagblatt* hält den historischen Roman für „eine große Überraschung, und zwar eine der erfreulichsten Art. Mit männlicher Kraft und Kühnheit ist hier die Fahrt der großen Katharina nach der Krim geschildert; ein Gemälde von riesigen Dimensionen und von unerhörter Kraft der Farbe rollt vor dem Leser ab. Asiatischer Prunk, von dem despotischen Günstling Potemkin in die russische Steppe gestellt, ein Siegeszug vergoldeter Barbarei, und hinter diesem Zug ein furchtbares Massenelend, der Hungertod von Tausenden. An Jakob Wassermann muß man denken und seine Schilderung des Zuges nach Babylon. [...] Es ist ganz merkwürdig, wie sehr es der Verfasserin gelungen ist, sich in die Zeit der großen Katharina einzuleben, und wie sie es versteht, diese Zeit auch vor unseren Augen lebendig werden zu lassen. Es ist wirklich, als ob das Russland von damals neu erstünde und unserem Empfinden näher rückte. Dazu kommt eine Sprache von großer Wucht und Eindringlichkeit und Fülle. Mit diesem Buche tritt die Dichterin – man darf sie ruhig als solche bezeichnen – in die allererste Reihe deutschen Schrifttums. A."[44]

Trotz der historischen Unschärfen, die dem damaligen unzureichenden Kenntnisstand geschuldet sind, verdient dieser Roman Beachtung. Er ist insofern singulär, als er auf die großen Figuren, auf die Männer, die Geschichte machen, völlig verzichtet. Vor allem die antidemokratisch gesinnte Autorenriege bediente sich des Genres des historischen und biographischen Romans, der nach 1918 das Bedürfnis nach Geschichte einer politisch zutiefst verunsicherten und daher nach Orientierung suchenden Leserschaft befriedigte.

Die kurrenten historischen Romane um Caesar, Hannibal, Napoleon und seinem preußischen Kontrahenten, dem Reichsfreiherr von Stein, Bismarck u. a. sind gekennzeichnet von einer Dramatisierung und Personalisierung der Geschichte mit einfachen Lösungsangeboten. Die bürgerlichen Deklassierungs- und Ohnmachtserfahrungen konnten durch die Identfikation mit den überragenden Helden zumindest scheinbar kompensiert werden.

Der Roman beeindruckt gerade in den apokalyptisch anmutenden Sequenzen des Verfalls, des Niedergangs, des tausendfachen Todes, der verwesenden Kreatur auf den Straßen durch eine einmalige sprachliche Meisterschaft, die eine bedrückende, fast fieberhaft anmutende Intensität erreicht. Man fühlt sich an die Schreckensbilder eines Hieronymus

Bosch erinnert. Auf geradezu schockhafte Weise lässt der Text die sozialen Gegensätze im aufstrebenden Zarenreich aufeinander prallen. Auf der einen Seite das massenhafte, abgrundtiefe Elend, auf der anderen die üppigste Verschwendung und zynische Vergeudung der Resourcen durch die Herrschenden. Aber in dieser krassen Kontrastierung sozialer Verhältnisse geht der Text nicht auf.

1922 erscheint ihre Übersetzung von Maurice Renards phantastischem Roman *Die Blaue Gefahr* im Münchner Drei Masken Verlag, der dann auch in der *Arbeiter-Zeitung* ab Februar 1923 abgedruckt und in die *Phantastische Bibliothek* des Suhrkamp-Verlages aufgenommen wird.

Aufgrund von Schwierigkeiten und Belastungen privater Natur – das langwierige Scheidungsverfahren Wassermanns, der Umzug nach Altaussee, die Geburt des Sohnes Carl Ulrich (1924–1978)[45], die Heirat mit Wassermann – erscheinen erst nach sieben Jahren wieder zwei Bücher von Karlweis, nämlich *Eine Frau reist durch Amerika*[46] und der Roman *Amor und Psyche auf Reisen*.[47] Beide Texte werden mit einem Begleitwort Jakob Wassermanns versehen, mit dem sie 1927 eine ausgedehnte Reise in die USA unternommen hatte. Während die Kritik den ausgeklügelt konstruierten Künstlerroman, der noch heute in zahlreichen Antiquariaten erhältlich ist, eher reserviert aufnimmt, wird ihr Reisebericht über Amerika durchgehend gelobt. Aufgrund seiner literarischen Form hebe er sich von den gängigen neusachlichen Reportagen wohltuend ab, so Oskar Loerke.[48]

Von dem 1929 im Leipziger Grethlein-Verlag erschienenen Roman *Ein österreichischer Don Juan* bringt der New Yorker Verlag Ives Washburn ein Jahr darauf eine amerikanische Übersetzung heraus. Dieser Roman zielt auf die gnadenlose Entzauberung der Monarchie und die Rekonstruktion der tiefer liegenden Ursachen ihrer Auflösung ab. Er dekuvriert damit die moralische Doppelbödigkeit der herrschenden Schichten der ausgehenden Habsburgermonarchie. Der wohlhabende Wiener Baron Erwein von Raidt ist ein Frauenheld, wie er im Buche steht. Sein Verhältnis mit der schönen Witwe Löwenstein lässt er schnell fallen, als er ihrer bezaubernden 21jährigen Tochter Cecile begegnet. Nachdem diese schwanger wird, bricht er auf der Stelle den Kontakt zu ihr ab. Um das Dekorum zu wahren, verkuppelt er sie mit einem nichtsahnenden Industriellen. Als Cecile den wahren Charakter Erweins endlich durchschaut, ist sie bereits unheilbar krank. Für den einstigen skrupellosen Frauenhelden und Bonvivant vergehen die Jahre weiter mit Liebesabenteuern, Verführungen und Eroberungen, bis ihn schließlich seine letzte Geliebte zu ihrem hörigen Sklaven macht.[49]

1930 gelangt *Schwindel. Die Geschichte einer Realität*, der 1931 bei S. Fischer als Buch herauskommt, zum Abdruck in der *Neuen Freien Presse*. Der Romantitel ist mehrdeutig in dem Sinn, dass er sich vordergründig auf den Kauf einer wertlosen Immobilie als vermeintlich wertvoller und in der Zeit der Inflation sicherer Investition bezieht, die sich aber als windiges Geschäft, als Betrug herausstellt.

Dieser Roman, ebenfalls 2017 im DVB Verlag neu aufgelegt und von der Kritik äußerst wohlwollend aufgenommen, bleibt ihr letztes großes literarisches Werk. In ihrem Geleitwort zu den Gedichten von Toni Frisch reflektiert sie den Verlust der Muttersprache im erzwungenen Exil und macht dadurch auch das eigene literarische Verstummen nachvollziehbar: Das Exil sei mit der Gefahr verbunden, „die geistige Heimat zu verlieren, sich der Muttersprache zu entfremden durch den Zwang, sich ein neues Kultur- und Sprachelement erobern zu müssen, trotz, ja gerade wegen des tröstlichen Zuwachsens einer neuen physischen und geistigen Heimat. [...] Diejenigen unter uns haben es freilich gut, denen die Sprache nur ein guter oder weniger guter Behelf ist, aber immerhin nicht mehr als ein Mittel, ein Instrument. Für sie trifft die Bezeichnung ‚geistige Heimat', auf die Sprache angewendet, tatsächlich nicht zu. Ein Kaufmann, Ingenieur, Staatsbeamter, ja selbst ein Wissenschaftler oder Lehrer erfüllt seine Aufgabe, wenn er die Tatsachen, die er mitzuteilen hat, in verständlicher Weise an den Mann bringt, völlig unabhängig von den Geheimnissen, vom Rhythmus, Klang und Bildgehalt seiner Worte, so daß es eines intimen innerlichen Verwachsenseins mit der Sprache keineswegs bedarf."[50]

Nach Wassermanns plötzlichem Tod am 1. Jänner 1934 muss sie umgehend ihren Haushalt in Altaussee auflösen und das gemeinsame, mit hohen Schulden belastete Haus, in dem immer wieder Arthur Schnitzler, Hugo von Hofmannsthal, Richard Beer-Hofmann und Leopold von Andrian zu Gast waren, versteigern.[51] Karlweis hatte in den letzten Jahren die antisemitischen Anfeindungen vor allem gegen ihren Mann mit Besorgnis registriert. Bei einer Lesung in München im Frühjahr 1932 war Wassermann mit antisemitischen Protesten konfrontiert worden.

Sie übersiedelt mit ihren beiden Töchtern aus ersten Ehe nach Zürich, während ihr Sohn Carl Ulrich bei seinem Onkel Oskar in Wien bleibt und das akademische Gymnasium besucht. In Zürich nimmt sie ihr Studium der (analytischen) Psychologie, u. a. bei Carl Gustav Jung wieder auf. Für die *Zürcher Weltwoche*, die *Basler National-Zeitung* und die *Pariser Tageszeitung* schreibt sie fallweise Beiträge, unter anderem über Justinus Kerner, Jakob Wassermann und Hermann Hesse.[52]

Zu Ostern 1935 soll Karlweis sich in Wien aufgehalten haben, so Elias Canetti. Er berichtet im dritten Band seiner Autobiographie *Das Augenspiel* über das Begräbnis der neunzehnjährigen Tochter von Alma Mahler-Werfel, Manon Gropius, das seiner Erinnerung zufolge zu einem gesellschaftlichen Großereignis umfunktioniert wurde. In der Nähe der Grabstätte habe sich ebenfalls ein frischer Grabhügel befunden, an dem Marta Karlweis – allzu ostentativ – getrauert habe:

„Es gab aber auch andere, die sich bei dieser Gelegenheit hervortaten, ein wenig abseits zwar, doch immerhin bemerkbar. Für diese war es nicht genug, an der Glorie der schwergeprüften Mutter teilzunehmen, denn es gelang ihnen, mit eigenem, durchaus nicht weniger öffentlichem Schmerz hervorzutreten. Auf einem frischen Grabhügel, erhöht, etwas abseits, aber nicht zu sehr, kniete in inniges Gebet versenkt, Martha, die Witwe Jakob Wassermanns, der vor einem Jahr, beinahe noch auf der Höhe seines Ruhms gestorben war. Sie hatte sich ihren Grabhügel gut ausgesucht, er war von überall einzusehen. Die hageren Hände hielt sie gefaltet, die vor Innigkeit manchmal zuckten, die Augen, streng geschlossen, sahen nichts von der Welt, so gern sie die Wirkung ihrer Abgeschiedenheit vermerkt hätten. Etwas weniger Strenge und man hätte ihnen geglaubt. Das schmale Gesicht sollte in dieser Verfassung innigen Gebetes dem einer abgehärmten Bäuerin gleichen, der Hut, in kluger Voraussicht, war so geformt, daß er an ein Kopftuch gemahnte. Die ganze Veranstaltung war um eine Spur zu nachdrücklich, hätten die Hände seltener gezuckt, die Augen sich hie und da geöffnet, hätte sich das frisch aufgeschaufelte Grab, das ja ein anderes als das des Engels sein mußte, nicht in so offenkundig günstiger Lage befunden, man wäre geneigt gewesen, diese Ergriffenheit für wahr zu halten. Aber der Aufdringlichkeit solcher Umstände mochte man nicht trauen, man fragte sich nicht einmal, wem das Gebet der Martha galt: ihrem Mann, der sich, schwer herzkrank, zu Tode gearbeitet hatte, [...] oder ihrer eigenen Schreiberei: sie hielt sich für besser als ihren Mann und war nach seinem Tod ingrimmig entschlossen, es der Welt zu beweisen."[53]

Dieser medisante Bericht über das spektakuläre Begräbnis am 24. April 1935 auf dem Grinzinger Friedhof wirft doch einige Fragen auf. Ende Jänner hatte sich Karlweis nachweislich in Wien aufgehalten, sie hatte Thomas Mann durch das Kunsthistorische Museum geführt.[54] Jakob Wassermann ist nicht in Wien, sondern in Altaussee begraben. Wann Karlweis' Mutter, Emilie Weiss, 1864 geboren, verstorben ist, konnte nicht eruiert werden, sie wäre außerdem auf dem Matzleinsdorfer protestantischen Friedhof begraben worden. Ebenso abwegig ist die Behauptung, sie wäre nach dem Tod ihres Mannes entschlossen gewesen, der Welt zu beweisen, dass sie ihren verstorbenen Mann als Dichterin übertreffen würde. Im Gegenteil: Sie hat – von der kurzen *Geschichte einer kärntnerischen Baronin* abgesehen – überhaupt keine literarischen Texte mehr veröffentlicht, sondern lediglich die voluminöse Biografie über Jakob Wassermann verfasst.

Ihre Zürcher Zeit ist von häufigen Kontakten mit Thomas Mann geprägt. Er hört am 25. März 1936 ihren Vortrag „vor einem stattlichen Publikum [...] über Hofmannsthal", den er immerhin als „nicht schlecht"[55] bezeichnet. Am 5. März 1937 berichtet Radio Wien, dass Karlweis in Zürich einen Vortrag über Hermann Hesse halten wird. In die Zürcher Emigrantenszene brachte Karlweis eine spezifisch „österreichische Note", so Rudolf Jakob Humm über die wenigen Jahre Karlweis' in Zürich: „In Österreich hatte sie einen ausgezeichneten Roman *Schwindel* geschrieben. In Zürich schrieb sie Wassermanns Biographie, die ich mit ihr zusammen durchging. Und vom ersten Tag an stak sie mit der berühmten Julia, der ersten Gattin Wassermanns [...] in Prozessen, die diese bei uns im Armenrecht führte, nachdem sie schon in Österreich neunzig Anwälte gegen ihren ehemaligen Mann mobilisiert hatte."[56]

Nachzutragen sind einige Beiträge in österreichischen Zeitungen, die bislang nur partiell bibliographiert sind. Von Belang ist eine Artikelserie in der *Neuen Freien Presse* ab dem 29. Mai 1931 über das Leben, die Ehe und das Werk Adalbert Stifters, von dem ein Brief an Gustav Heckenast im *österreichischen Don Juan* zitiert wird. Weitere Texte zu Stifter aus der Feder Karlweis' finden sich am 17. Juni 1931 in der *Neuen Freien Presse*, am 20. und 27. Jänner 1935 in der *Wiener Zeitung* über Stifters Tod. Am 14. Juli 1935 erscheint in der *Wiener Zeitung* der lange Artikel *Erinnerung an Hofmannsthal*. Zu Jakob Wassermanns letztem Roman steuert sie ein kurzes Nachwort bei, ohne auf die (auto)biografischen Bezüge einzugehen.[57]

Wegen der zunehmenden Bedrohung Österreichs durch das Dritte Reich und des heimischen Antisemitismus besucht ihr Sohn Carl Ulrich ab Herbst 1935 die Bembridge School auf der Isle of Wight. Er wird 1940 als feindlicher Ausländer interniert und nach Kanada überstellt.[58] Karlweis lehrt ab 1939 an der McGill Universität in Montreal vermutlich Psychologie, sie wendet sich mit Erfolg an den kanadischen Ministerpräsidenten Mackenzie King, um ihren Sohn freizubekommen.[59] Nach dem Krieg betreibt sie in Ottawa eine gutgehende psychoanalytische Praxis. Im Herbst 1965 besucht sie ihre Tochter Bianka, die in der Schweiz in der Nähe von Lugano lebt, und verstirbt am 2. November 1965. Sie wird im Tessinder Dorf Muzzano begraben.[60]

Ihr Sohn Carl Ulrich, der sich seit seinem Weggang aus Wien Charles nennt, reist mit seiner Frau Jacqueline nach Ottawa, um den Haushalt seiner Mutter aufzulösen. Die Online-Suche im kanadischen Verbundkatalog nach dem Nachlass der Dichterin fördert keinerlei Ergebnisse zu Tage.

***

Marta Karlweis letzter Roman wurde in der *Neuen Freien Presse* in 50 Folgen täglich außer montags vom 11. Dezember 1930 bis 8. 2. 1931 vorabgedruckt, ebenfalls 1931 erscheint die Buchfassung beim S. Fischerverlag der das Buch in der *Weltbühne* mit markanten Formulierungen bewirbt: „Aus dem Schicksal eines Liebespaares, aus der Düsternis der kleinbürgerlichen Welt, aus einem grausamen Versteckspiel mit der Wirklichkeit, lässt Marta Karlweis Echtes und Lebensträchtiges hervorwachsen. Geschehnisse und Gestalten wurzeln in der sprühenden Lebendigkeit und warmen Geborgenheit österreichischen, wienerischen Lebens.“[61] Etwas weniger reißerisch fällt die Vorankündigung des Fortsetzungsromans, der natürlich als Werbung angelegt ist, in der *Neuen Freien Presse* aus: „Martha Karlweis, Tochter C. Carlweis', des unvergeßbaren Wiener Komödiendichters, ist durch die in unserem Blatte veröffentlichten lebendigen und farbenreichen Amerikaschilderungen und durch ihre formschönen, schon durch die Erfindung ungemein packenden Erzählungen, zuletzt durch die reizvolle Geschichte „Amor und Psyche auf Reisen“ im österreichischen und deutschen Schrifttum bedeutsam hervorgetreten. / In dem neuen Roman Martha Karlweis', den wir unseren Lesern darbieten, ist sie wieder zu dem anheimelnden wienerischen Milieu zurückgekehrt. Es ist kein übermütig-spielerisches, sondern ein ernstes und ernstgeschautes Wien, das hier mit erstaunlicher Wirklichkeitstreue mit „griffiger“ Hand, mit starkem Verismus geschildert wird. Die Wiener Vorstadt vor dem Kriege und in den ersten und späteren Kriegs- und Nachkriegsjahren, tritt uns hier entgegen und mitten darin das alte, in jener Zeit neu erworbene Haus der Familie Schnabel, aus dem auch die Schicksale seiner Bewohner naturgewollt hervorwachsen. Es sind Menschen, zu tiefst in Wiener Art, manchmal auch in Wiener Unart verwurzelt, welche die Autorin mit feiner und doch nerviger Hand gestaltet und auf die von Abwechslung und Spannung belebte Romanbühne gestellt hat. / Ein wienerischer Roman, überreich an Figuren, deren Geschicke sich ineinander verketten. Sie sind scharf gesehen und lassen den Leser nicht einen Augenblick aus dem Bann."[62]

Es ist davon auszugehen, dass ein derartiger Abdruck in einer Zeitung mit einer besseren Honorierung, als es die Verlage bieten konnten, und natürlich einer großen Verbreitung verbunden war, da sich wohl jeder bürgerliche Haushalt die *Neue Freie Presse* gehalten und daher den Namen der Autorin gekannt hat. Auffällig ist aber, dass Rezensionen der Bücher von Marta Karlweis in dieser Zeitung eher selten sind. Man kann aber aus der Ankündigung wichtige Hinweise beherzigen, es handle sich um einen tiefgründigen Wiener Stadtroman, die erzählte Zeit umfasse die ausgehende Monarchie, den Ersten Weltkrieg und das erste Jahrzehnt der Ersten Republik bis zur Weltwirtschaftskrise von 1929. Betont werden der psychologische Verismus und die detaillierten Milieuschilderungen. An diesem Befund wären Zweifel anzumelden, denn die zahlreichen Figuren des Generationen- und Familienromans werden sehr oft mit äußerst knappen, sparsamsten Mitteln und satirischer Überzeichnung vorgeführt, wobei die Chronologie der erzählten Zeit immer wieder mit Vorverweisen und Rückgriffen eines fallweise auftretenden auktorialen Erzählers durchbrochen wird, der sich immer wieder direkt an den Leser richtet. Der Erzähler gehört der Generation der Enkelkinder an.

Der Titel des Romans ist mehrdeutig in dem Sinn, dass er sich vordergründig auf den Kauf einer wertlosen Immobilie als vermeintlich wertvoller und in der Zeit der Inflation sicherer Investition bezieht, die sich aber als Schwindel, als windiges Geschäft, als Betrug herausstellt. Andererseits umfasst der Begriff die Lebenspraxis vor allem der Töchter, die die ökonomisch prekären Existenzen und Gefährdungen vor der Großmutter und der Mutter Johanna Schnabel (mit ihren sechs Kindern) verheimlichen und eine bürgerlich intakte Scheinwelt vorgaukeln. Die Aufrechterhaltung dieses Scheins einer intakten Lebensordnung wird wiederum durch einen Betrug erkauft, indem Johannas jüngste Tochter Fritzi, eine Bankangestellte, über längere Zeit immer wieder kleinere Summen unterschlägt.

Der Wiener Stadt- und Familienroman schildert drei Generationen: Die älteste wird repräsentiert durch die schwerhörige und sehbehinderte Großmutter Gaudenz, deren Mann schon vor längerer Zeit gestorben ist. Sie studiert mit großer Aufmerksamkeit täglich die Zeitungen und hat ein ausgeprägtes Interesse für Politik. Sie hat zwei Söhne und zwei Töchter: Der ältere und eher ungeliebte Sohn heißt Franz, der jüngere Max, ein Dichter und Journalist, der mit Lilli verheiratet ist und mit ihr eine Tochter namens Betty hat. Die ältere der beiden Gaudenz-Töchter namens Karoline hat den Generalstäbler Proch geheiratet und hat vier Kinder, die aber eher eine Nebenrolle spielen. Die jüngere Tochter Johanna, mit einem unfähigen, früh verstorbenen Projektemacher namens Schnabel verheiratet, hat allein sechs Kinder zu versorgen: Sie heißen Malwine, Leo, Arthur, Olga, Ernstl und Fritzi. Über weite Strecken dominieren die Geschicke dieser verarmten Familie den Roman, die zu Unrecht für den langsamen Niedergang der gesamten Gaudenz-Familie verantwortlich gemacht wird. Die Schnabels seien an allem schuld, wird ihnen immer wieder vermittelt, so auch die Überschrift des zweiten Abschnittes.

Das erste der 22 Kapitel, „Die menschliche Gemeinheit" überschrieben, schildert das Begräbnis von Max; Franz alteriert sich mit seiner Frau lautstark darüber, dass ihr angeblich kostspieliger Kranz kaum sichtbar auf dem Sarg positioniert wäre. Ein kleines schwarzgekleidetes Mädchen beobachtet die herzlose Szene und erfährt zum ersten Mal die „menschliche Gemeinheit". Hier mischt sich der Erzähler kommentierend ein: „Das angenehme Ehepaar, das auf diese Weise aus dem Nichts in unsere Geschichte tritt, wird gleich wieder im Nichts verschwinden, denn wir brauchen es nicht mehr, es hat seine Funktion längst erfüllt, es hat vor Jahr und Tag die Großmutter und damit die ganze Familie ‚hereingelegt'. (S. 8)

Franz Gaudenz ist ein nicht sonderlich erfolgreicher Chemiker bei einer Glühstrumpffirma, es handelt sich dabei um Leuchtmittel, die von Carl Auer von Welsbach 1885 zum Patent angemeldet wurden. Franz hat die Witwe eines windigen Immobilienmaklers geheiratet („Verkaufe jedes Haus in drei Tagen"), die von ihrem ersten Mann ein unverkäufliches desolates Zinshaus auf dem Rennweg geerbt hat.

Johanna, kleinwüchsig, hässlich und mental ziemlich beschränkt, hatte auf Betreiben ihres Vaters einen gewissen August Schnabel, „halb Lump, halb Phantast", geheiratet, der das bisschen Erbschaft rasch durchgebracht hatte. Johanna mit ihren sechs Kindern wird noch lange von ihrem Vater und dann von ihrer Mutter unterstützt. Durch den Kauf der Immobilie sollen die liquiden Mittel gebunden und die Unterstützung für die Schnabels, so der Plan von Franz, eingestellt werden: „Als aber der Vater gestorben war und die Mutter natürlich fortfuhr, die ewig klaffenden Löcher des Schnabelschen Haushalts zuzustopfen so gut sie konnte, stand der älteste Sohn auf und sagte, so geht das nicht weiter, wir kommen alle an den Bettelstab, die Mama muss ihr Vermögen immobilisieren.“ (S. 10) Franz gelingt es zwar nicht, seine grundsätzlich misstrauische Mutter von der Sinnhaftigkeit dieses Kaufes zu überzeugen, aber er ist solange lästig und zudringlich, bis seine Mutter entnervt ihren Widerstand aufgibt und die Einwilligung für den Kauf des Zinshauses erteilt. Darin unterstützt ihn die ehrgeizige und äußerst standesbewusste Schwester Karoline, die die Schnabelkinder in der Hahngasse immer wieder heimsucht und sie mit Ohrfeigen und Beschimpfungen traktiert. Die beschränkte Johanna pflichtet ihr auch noch bei, denn Karoline wolle mit ihren brachialen Erziehungsmethoden ja nur das Beste für ihre Neffen und Nichten, während es ihr offensichtlich nur darum geht, ihrer Rancune gegen die jüngere und in jedem Sinne benachteiligte Schwester und ihren Kindern freien Lauf zu lassen und sie zu demütigen. Dieser Leidensdruck, den die sadistische Tante aufbaut, entlädt sich in unmotivierten Aggressionen der Kinder gegeneinander. Der Tante gelingt es, diesen Kindern jeglichen Anflug von Selbstbewusstsein auszutreiben: „Die Qual, die angetane Schmach, die Demütigung, die geschwollenen Lippen, die schmerzenden Knie, der Haß, der unbegreifliche, unaussprechliche Druck, den etwas Unfaßbares auf ihre unmündigen Gehirne ausübt, macht sie blind, wütend, taub, verrückt. Die Buben sind schreiend verknäult, und Olga spuckt der Fritzi keuchend ins Gesicht. Du Schwein, du Gans, du Strizzi, du Tepp, du Rindvieh.“ (S. 15) So wird einer dieser Ausbrüche der Kinder geschildert.

Lediglich Olga, die zweitjüngste, legt eine gewisse Unbekümmertheit an den Tag. Als die monströse Tante verschwindet, bewahrt sie sich immer wieder ein befreiendes Lachen, als vierzehnjährige beginnt sie eine Schneiderlehre auf der Mariahilferstraße. Im ersten Jahr muss Olga die in der Schneiderwerkstatt angefertigten Kleider der noblen

Kundschaft nach Hause bringen, „sie ist aber den Damen nicht sympathisch“ lautet dritte Kapitel, indem sie ihr ungebrochenes und gesundes Selbstbewusstsein gegenüber den oft herablassend und arrogant auftretenden Damen hervorkehrt. Auf diesen Gängen lernt sie ihren künftigen Mann Robert Geßl kennen, einen genialen Musiker aus der Galerie der gescheiterten und am Leben verzweifelnden und verkannten Künstlerfiguren des Expressionismus.

Geßl kann sich mit sporadischem Privatunterricht gerade noch über Wasser halten, er arbeitet an einer Harmonielehre, von der er jedoch bis zu seinem freiwilligen Lebensende nicht eine einzige Zeile zu Papier bringen wird. Olga verliebt sich Hals über Kopf in diesen Geßl, der auf sie aufmerksam wurde, als sie unbekümmert pfeifend die Mariahilferstraße hinaufeilt. Als sie im achten Monat schwanger ist, muss Geßl sie heiraten – die Verwandtschaft Olgas übt Druck auf den gescheiterten Musiker aus, der aber jegliche Verantwortung für sein Kind zurückweist, denn zuerst müsse er eben erster Dirigent der Staatsoper werden, und ein Kind wäre bei dieser Karriere nur hinderlich. Er zwingt Olga, das Neugeborene, einen Sohn namens Josef, zu Weinviertler Bauern in Pflege zu geben, die das Kind dann später adoptieren werden. Dieser Josef, der erst in den letzten Kapiteln wieder auftaucht, durchlebt offenbar eine ganz passable Kindheit und Jugend, die ihm Geßl und Olga zumindest in materieller Hinsicht nicht hätten bieten können. Geßl wird im vierten Kapitel, das einen Familieneklat in einem Gasthaus schildert, als Moralist apostrophiert, denn er kennt nur seine eigene Wirklichkeit, und er weicht nie von seiner moralischen Rigidität und Kompromisslosigkeit ab: „Es ist etwas Diabolisches in seiner Bosheit, und diese Teufelei wurzelt wie alle Grausamkeit in der kristallenen Härte seiner persönlichen Moral, schlimmer noch, seiner geistigen Moral. Die Physiognomie jedes großen Moralisten weist Züge der bekannten Teufelsmaske auf, je bedeutender der Mann, desto vollkommener das luziferische Gepräge. Man kann diese Tatsache bis in die neueste Zeit verfolgen.“ (S. 30)

Auffällig an dieser Stelle ist ein besonderer Zug in Karlweis’ Prosa, nämlich narrative Sequenzen immer wieder einer fast sentenziösen Zuspitzung zuzuführen und die Tiefe der Reflexion über das Leben gleichsam beiläufig einzustreuen. Man könnte aus all ihren Romanen immer wieder Aphorismen herausschälen, die sich aber keineswegs als Fremdkörper im narrativen Duktus ausnehmen.

Geßls maßlose Ansprüche und Anforderungen an sich selbst führen sein berufliches Scheitern fast zwangsläufig herbei und vereiteln jegliche Fähigkeit einer Konvivenz mit der Umwelt. Für Olga ist diese Ehe zwar ohne Alternative, aber nichts als eine Hölle. Aber damit ist den Wirren schon vorgegriffen. Einige Kapitel füllen den Niedergang der ältesten der Schnabel-Kinder, nämlich Malwines, die als Gesellschafterin zuerst bei einer verwitweten Generalin, dann bei ihrer Großmutter (unbezahlt) arbeitet. Seit vielen Jahren ist sie mit dem ehrgeizigen Philologen Dr. Mosola verlobt, der sie aber verlässt, als er herausfindet, dass Malwine wohl keine Mitgift bekommen wird, und sich mit einer Tochter des General Proch liiert. Malwines angegriffene Gesundheit hält diesem Schlag nicht stand: „Vom Strom des Lebens abgemauert, erstickt das Herz und gibt das Schlagen auf.“ (S. 67) Die Überschrift des entsprechenden Kapitels „Cordis speculator“ zitiert eine Stelle aus der berühmten mittelalterlichen Hiobsgeschichte des *Armen Heinrich*, dessen Heilung den freiwilligen Opfertod eines jungen Mädchens voraussetzt: „Das liebe Mädchen aber hatte sich / so ganz an Weinen und Klagen ersättigt / daß sie dem Tode nahe war. / Da erkannte ihre Treue und ihre Not / cordis speculator, / vor dem keines Herzens Tor / wahrhaft je verschlossen ist. / Als er nach seinem liebevollen Plan / sie beide dessen gewürdigt hatte, / daß er sie / so vollkommen erprobte / wie den reichen Hiob, / da erzeigte der heilige Christ, / wie lieb ihm Treue und Erbarmen sind, / und er erlöste sie beide / von allem ihrem Leid / und machte ihn augenblicklich / rein und ganz gesund."[63] Auch eine weitere Stelle „Mitten im Leben sind wir vom Tode umgeben" (S. 211) scheint auf Hartmann von Aues Erzählung zu rekurrieren.[64]

Der Hinweis auf Hiob ist hier entscheidend, denn mit dessen Opferrolle werden im Roman durchwegs die Frauen bedacht: Johanna verliert vier ihrer Kinder – zwei waren bald nach Geburt gestorben. Malwine wird von ihrem Verlobten nach vielen Jahren verlassen – wohl auch wegen ihrer spießigen Prinzipienfestigkeit. Olgas Mann Robert wird sich mit Veronal vergiften; Irmelin Rose, wie die junge, musikalisch äußerst begabte Lehrerin Irma Janouschek genannt wird, arbeitet während des Weltkrieges als Krankenschwester und lernt dabei den Soldaten Ernst kennen, den jüngsten der Schnabelkinder. Irmelin Rose ist der Titel eines berühmten vierstrophigen Gedichtes von Jens Peter Jacobsen[65], aus dem im Roman der Refrain zitiert wird: „Irmelin Rose, Irmelin Sonne, / Irmelin alles was schön ist!" (S. 101). Ob Karlweis auch auf die 1914 im expressionistischen Heidelberger Saturn-Verlag erschienene Erzählung von Robert Müller *Irmelin Rose. Die Mythe der großen Stadt* im Roman anspielt, sei dahingestellt. Irmelin erhält mit ihrer Arbeit eine schwerkranke Mutter und eine Schwester. Sie wird schwanger und entscheidet sich für die Abtreibung, da sie nach dem Krieg als Mutter eines Kindes ihre Stelle als Lehrerin verlieren würde. Diese Entscheidung raubt dem beschränkten Ernstl den Verstand, er betrinkt sich und stürzt in einer Winternacht bei Tulln in die Donau. Dieser Tod wird zwar Johanna nicht verheimlicht, aber als Heldentod vor dem Feind ausgegeben.

Leo, der Handelsdiener, hat sich zu einem richtigen „Gigerl“ entwickelt, treibt sich mit der Wiener Halbwelt herum, und das hat natürlich seinen Preis. Er liegt seiner Mutter beständig auf der Tasche, macht da und dort Schulden, mit dem Hinweis, dass er ja Hausbesitzer sei – ihm gehört allerdings nur ein Achtzehntel einer heruntergekommenen Bruchbude. Leos Betrug um 700 Kronen, der auch die Trennung Mosolas von Malwine motiviert, fliegt auf. Leo taucht unter und stirbt einige Jahre später verarmt in Kansas City.

Um den befürchteten Skandal zu unterdrücken, wird ein reicher deutscher Verwandter aus Hannover herbeigerufen, ein Zigarrenfabrikant namens Seyfferth, der eine Wienerin geheiratet hatte, eine Kusine des General Proch. Was nach außenhin als menschenfreundliche Familiensolidarität drapiert wird, ist im Grunde nur ein hartherziges Manöver, das die männlichen Schnabelkinder verpflichtet, über einen langen Zeitraum die von Leo entwendeten Beträge abzustottern. Seyfferth, der bei einem kostspieligen Familienbankett Olga unzweideutige Avancen macht, wird aber auch ein übles Ende nehmen.

Leos Ableben erfährt Johanna nie, er würde immer wieder Dollars und Briefe aus Amerika schicken, die Fritzi, das jüngste der Schnabelkinder, fingiert. Fritzi läuft über einige Kapitel Olga, die inzwischen mit Robert nach Berlin gezogen war, als Hauptfigur den Rang ab. Fritzi lebt bei ihrer Mutter, ist eine erfolgreiche Angestellte, die immer wieder kleinere Beträge in ihrer Firma abzweigt und ihre durchwegs verarmten Angehörigen auf diese Weise unterstützt.

Sie ist es auch, die die inzwischen verwitwete Olga aus Berlin nach Wien zurückholt.

Als sie das raffinierte Lügengebäude auseinandersetzt, das sie um ihre Mutter Johanna errichtet hat, ist Olga entsetzt. Nach Wien zurückgekehrt, weigert Olga sich vorerst, bei diesem Spiel Fritzis mitzumachen, muss aber versprechen, den Schein dieser heilen Welt nicht zu zerstören. Fritzi weiß alles über die verschiedenen Kalamitäten ihrer Verwandten, sie unterstützt sogar die mittlerweile auch verarmte und gehasste Familie der Prochs. Vor Johanna werden alle Familienkatastrophen, die Betrügereien und die meisten Todesfälle verheimlicht oder beschönigt. So wäre Robert Geßl kein Selbstmörder, sondern als berühmter Dirigent gestorben, und Olga würde dadurch eine beachtliche Witwenpension beziehen.

Fritzi hat auch immer wieder Olgas Sohn Josef bei den Retzer Bauern aufgesucht, der ein erfolgreicher Bäcker geworden ist. Als Olga nach ihrer Rückkehr nach Wien Josef besucht, erfährt sie, dass dessen junge Frau Luis sterbenskrank sei. Olga bietet sich an, das neugeborene Kind aufzuziehen. Fritzis Betrügereien sind inzwischen aufgeflogen, sie versteckt sich vorerst in Retz, was Olga zutiefst beunruhigt. Fritzi, die „weibliche Moralistin" – und damit Geßl vergleichbar – setzt im Kapitel „Kassaschluß" ihrem unglückseligen Leben, das sie für andere, für ihre Angehörigen, geführt hatte, ein Ende, indem sie sich erschießt. Wie Geßl überlebt sie ihre eigene moralische Rigidität nicht.

Nun übernimmt Olga gleichsam die Rolle Fritzis, indem sie ihrerseits den Freitod Fritzis vor der Mutter verheimlicht. Fritzi hätte einen wohlhabenden geschiedenen Mann geheiratet und soeben eine lange Hochzeitsreise angetreten. Fritzi würde aber immer wieder schreiben, und nun liegt es wohl an Olga, Briefe zu fingieren.

Das letzte Kapitel nimmt sich nach den Katastrophenszenarien bürgerlichen Abstieges in der Ersten Republik merkwürdig versöhnlich aus. Josefs Frau Luis stirbt, und deren Kind wird zu Olga nach Wien gebracht: „In der Küche hat man den schlafenden Säugling in einen Wäschekorb gebettet und eine Windel darübergelegt. Das Kind Ila kauert mit aufmerksamem Ernst davor, Julczi sitzt zur Seite, die Hände im Schoß. Arthur steht etwas weiter hinten, nach seiner Art gebeugt und sorgenvoll. Olga tritt an den Korb, bückt sich und lüpft die Windel. Still liegt das Kindlein in seinen Kissen, es hat die Augen weit geöffnet und blickt sie an. / Er ist aufgewacht! sagt Olga und fällt auf die Knie." (S. 214) Dieses Schlusstableau hat – wiederum ganz beiläufig – betlehemitische Dignität, Olga fällt auf die Knie, um eine Schuld abzubitten, die sie unbewusst zu fühlen scheint. Aber die Geburt eines Kindes am Ende eines Romans vermittelt doch etwas von Zukunftsoptimismus in dieser existentiellen Pein.

Man müsste in diesem Roman alle Seh- Hör- und sonstigen Wahrnehmungsstörungen der Figuren systematisieren, dazu gehören die ausführlich geschilderten ‚mouches volantes', die der adäquaten Wahrnehmung einer sich rasch verändernden Wirklichkeit im Wege stehen. Das Scheitern an dieser Komplexität wird an zwei Selbstmördern, nämlich an Robert Geßl und an Fritzi Schnabel vorgeführt, die mit ihren hochgesteckten Zielen und ihren moralischen Prinzipien ihr Leben verfehlen. Vielleicht vermittelt der Roman auch jene Weisheit, die Franz Grillparzers *Weh dem der lügt!* ausstrahlt. Dessen Gedicht *Was je den Menschen schwer gefallen*[66] findet sich in Malwines Zitatenschatz (S. 155), das Olga in der Rumpelkammer hinter Küche entdeckt. Die Überschrift des 18. Kapitels „Mit seiner eignen Leiche gehen" zitiert den letzten Vers des Gedichtes.

Der Roman *Schwindel* bietet ein desolates Bild zum Teil selbstverschuldeter ökonomischer Deklassierung des Bürgertums am Ende der Monarchie und in der Ersten Republik. Karlweis arbeitet mit satirischen und zum Teil grotesken Überzeichnungen, die dem Leser jegliche Anteilnahme an den Figuren versagen, denn nichts vermittle „so sehr das Gefühl der Unendlichkeit als wie die Dummheit", wie Ödön von Horváth sein Motto zu den *Geschichten aus dem Wiener Wald* formuliert. Denn die Figuren sind nicht in der Lage, ihre Lebenssituationen rational zu reflektieren und nach Lösungen und Auswegen zu suchen. Sie sind auch nicht bereit, sich auch nur ansatzweise für Politik zu interessieren, wie es die fast erblindete Großmutter noch vorgelebt hatte.

Der Riss zwischen dem aus einem bürgerlichen Statusdenken resultierenden Ansprüchen und der realen Pauperisierung ist nicht zu kitten, die Verelendung führt nicht etwa zu einer gelebten Solidarität oder zu einem veränderten Klassenbewusstsein, sondern zu Betrug und Schwindel. Lediglich Olga und ihr Bruder Arthur mit seiner Frau Julczi sind hier die Ausnahme. Die Lebensbedingungen der Familie Schnabel sind keinesfalls rosiger als jene des verelendeten Subproletariats im heruntergekommenen Zinshaus am Rennweg, das letztendlich abgerissen werden muss. Allerdings versagt sich Karlweis ein finales apokalyptisches Szenario, wie es Elias Canetti in seiner Komödie *Hochzeit* im selben Jahr vorlegt. Soviel Radikalität hätte die Leserschaft der *Neuen Freien Presse* möglicherweise nicht goutiert.

Karlweis begründet mit ihrem satirisch-grotesken Roman in der deutschsprachigen Literatur eine literarische Tradition weiblichen Schreibens, die Veza Canetti in der *Gelben Straße* und in ihren weiteren Erzählungen aufgreift und die bis zur Schreibpraxis der Nobelpreisträgerin Elfriede Jelinek führen wird.

Anmerkungen

1 *Die Neue Freie Presse* vom 24. 4. 1935 verweist auf Vorabdrucke der Romane *Die Insel der Diana* (nicht eruiert) und *Schwindel* (ab dem 13. 12. 1930).

2 Arthur Schnitzler: *Tagebuch 1927–1930.* Wien: ÖAW 1997, S. 296. Weitere Zitate aus Schnitzlers Tagebüchern nur mit Datumsangabe.

3 Marta Karlweis: *Jakob Wassermann. Bild, Kampf und Werk.* Geleitwort v. Thomas Mann. Amsterdam: Querido Verlag 1935.

4 Vgl. Viktor Suchy: *Die Nicht-Heimgeholten. Zur Situation der Exil-Literatur in Österreich* (1975). In: Ders.: *Studien zur österreichischen Literatur.* Zum 80. Geb. hrsg. v. Heinz Lunzer. Wien 1992, S. 161–166.

5 Renate Wall: *Lexikon deutschsprachiger Schriftstellerinnen im Exil 1933–1945.* Freiburg: Kore Verl. 1995, S. 168.

6 Sarah Sabine Painitz: *An Austria Apart: Society and Subversion in the Work of Mela Hartwig, Marta Karlweis, and Veza Canetti.* University of Virginia 2007.

7 Brigitte Spreitzer: *Texturen. Die österreichische Moderne der Frauen.* Wien: Passagen-Verl. 1999, S. 171–180 und S. 205–219.

8 Eugen Banauch: *Fluid exile. Jewish exile writers in Canada 1940–2006.* Heidelberg: Winter 2009.

9 Marta Karlweis-Wassermann: *Zum Geleit.* In: Anton Frisch: *Steine aus Kanada. Deutsche Gedichte.* Wien: Kuno Hoynigg 1952, S. 7–13.

10 Marta Wassermann: *Zur Frage der Postpartum Neurose.* In: Psyche, Jg. 11 (1957), Heft 2, S. 140–155.

11 In: *Deutschsprachige Exilliteratur seit 1933.* Hrsg. v. John

Spalek u. Joseph Strelka. Bern: Francke Verl. 1989, Bd. 2, S. 1202-1256.

12 Vgl. Paul Wiegler: *Geschichte der deutschen Literatur.* 2 Bde. Berlin: Ullstein 1930, S. 857.: Karlweis geleite den Helden ihres Romans *Ein österreichischer Don Juan* zu einem bizarren Finale. – Heidemarie Soltau: *Die Anstrengungen des Aufbruchs. Romanautorinnen und ihre Heldinnen in der Weimarer Zeit* In: Gisela Brinker-Gabler: *Deutsche Literatur von Frauen.* 2 Bde. München: C. H. Beck 1988, Bd. 2, S. 200–234. Karlweis gestehe ihren Protagonistinnen „sinnliche Leidenschaft" (S. 223) zu; dieselbe Formulierung findet sich schon in Soltaus Beitrag *Moderne Heldinnen. Frauenlektüre als Spiegel weiblichen Seins.* In: Kristine von Soden, Manuta Schmidt (Hrsg.): *Neue Frauen. Die zwanziger Jahre.* Berlin: Elefanten Press 1988, S. 20–23.

13 Felix Czeike: *Historisches Lexikon Wien in 5 Bänden.* Wien: Kremayr und Scheriau 1994. Czeike verzeichnet Carl Karlweis und dessen Sohn Oskar. (Bd. 3, S. 451). Im Eintrag zu Jakob Wassermann ist das Jahr der Ehescheidung (1915) von seiner ersten Frau Julie Speyer-Wassermann falsch. (Bd. 5, S. 591).

14 *Anzeiger für den Buch-, Kunst- und Musikalienhandel* 71/48 (28. 11. 1930), S. 316f. Für den Hinweis danke ich Aneta Jachimowicz.

15 Zit. n. Marta Karlweis: *Ein österreichischer Don Juan.* Hrsg. v. J. Sonnleitner. Wien: DVB Verl. 2015, S. 232ff.

16 Anna Staudacher: *Jüdisch-protestantische Konvertiten in Wien 1782–1914.* Frankf./M.: P. Lang 2004, Bd 2, S. 774.

17 Marta Karlweis: *Eugenie Schwarzwald und ihr Werk.* In. *Neue Freie Presse* am 8.12.1926, S. 10.

18 Karlweis' Antwort auf die Umfrage: *Die Bilanz der Frauenbewegung.* In: *Die literarische Welt*, 8. Jg., Nr. 10 (4. 3. 1932), S. 3.

19 Schnitzler vermerkt im Tagebuch am 19. 8. 1912 ein Zusammentreffen mit der Familie Stross mit Kindern auf der istrischen Insel Cronghera. Sowohl die Familie Schnitzler mit Kindern als auch der Direktor Walther Stross mit Gattin aus Liebauthal werden auf der *Kurliste der Brioni-Insel-Zeitung* im August 1912 angeführt.

20 Marta Karlweis: *Der Zauberlehrling.* Eine Erzählung. München: Süddeutsche Monatshefte 1912 (Buchfassung 1913).

21 Karlweis, *Jakob Wassermann*, S. 274ff.

22 *Der Humorist* vom 21. 10. 2013 (Beilage zur Nr. 30).

23 *Das literarische Echo. Halbmonatsschrift für Literaturfreunde* 16. Jahrg (Okt. 1913–Okt. 1914), S. 255f.

24 Zu den pekuniären Aspekten der Scheidung vgl. Beatrix Müller-Kampel: *Jakob Wassermann (1873–1934) im literarischen Feld seiner Zeit.* In: *Internationales Archiv für Sozialgeschichte der deutschen Literatur* 30 (2005), 1, 214–243.

25 Vgl. Iris Meder: *Jakob Wassermann, Oskar Strnad und Paul Schulze-Naumburg.* In: Elana Shapira (Hrsg.): *Design Dialogue: Jews, Culture and Viennese Moderism. Design Dialog: Juden, Kultur und Wiener Moderne.* Wien u. a: Böhlau 2018, S. 427–442.

26 Zit. nach: *Berliner Begegnungen. Ausländische Künstler in Berlin 1918–1933. Aufsätze – Bilder – Dokumente.* Hrsg. v. Klaus Kändler, Helga Karolewski u. Ilse Siebert. Berlin: Dietz Verl. 1987, S. 251 (ED in *Sinn und Form* 1983, H. 2., S. 314ff.)

27 Schnitzler, *Tagebücher*, 6. 8. 1916

28 Schnitzler, *Tagebücher*, 27. 8. 1916,

29 Schnitzler, *Tagebücher*, 11. 5. 1917,

30 Schnitzler, *Tagebücher*, 17. 8. 1916

31 Schnitzler, *Tagebücher*, 27. 8. 1921.

32 Schnitzler, *Tagebücher*, 25. 9. 1921.

33 Z.B. am 7. 9. 1926 im *Neuen Wiener Tagblatt*, S. 13.
34 Julie Wassermann-Speyer: *Das lebendige Herz. Roman einer Ehe*. Leipzig: Bücherlese-Verlag [1927].
35 Börsenblatt des deutschen Buchhandels Nr. 280 (2. 12. 1927): „Mit diesem Roman tritt die noch wenig bekannte Wiener Schriftstellerin vornehm, still und doch gebietend an die Seite ihres früheren Gatten Jakob Wassermann, ihm ebenbürtig zumindest in dem lauteren Bemühen um die Wahrheit und den letzten Sinn der Beziehungen zwischen zwei Menschen. Sie schildert den Zerfall einer Künstlerehe, wie ein führender Geist durch äußere Umstände, Zufälligkeiten, zweckvolles Spiel einer anderen Frau von seiner Familie getrennt wird. Inmitten dieser Seelenkämpfe wächst die Gestalt der ersten Frau zu einer unvergeßlichen Hoheit. Daß sich die Verlassene das Bild des großen schaffenden Mannes trotz aller Irrnisse und Wirrnisse rein erhält, zeugt von der Kraft ihres lebendigen Herzens. Sie, die Mütterliche, hingebend Liebende baut aus den Trümmern der Ehe einen Tempel auf, in dem sie treu und opferbereit „die heilige Flamme" hütet, die ein Gott den Menschen gegeben hat."
36 Schnitzler, *Tagebücher*, 21. 5. 1927.
37 Jakob Wassermann: *Joseph Kerkhoven dritte Existenz*. Amsterdam: Querido 1934, S. 181 und 191.
38 Vgl. Bettina Fraisl: *Das Tier in ihr – Körper, Natur und Geschlecht in Marta Karlweis' Roman ‚Die Insel der Diana'*.Http://www-gewi.uni-graz.at/moderne/heft8f.htm.
39 Schnitzler, *Tagebücher*, 15. 5. und 31. 5. 1919
40 In: *Neues Wiener Tagblatt*, 22. 6. 1919, S. 15.
41 In: *Neue Rundschau* (1919), II, S. 1401–1404.
42 In: *Das literarische Echo* 22 (1919/1920) Sp. 593–599.
43 Vgl. Kurt Wolff: *Briefe eines Verlegers 1911–1963*. Hrsg. v. Bernhard Zeller u. Ellen Otten. Frankfurt u.a.: Bücher-

gilde Gutenberg o. J. (Lizenzausg. H. Scheffler, Frankfurt 1966), S. 591.

44 In: *Neues Wiener Tagblatt* (Abendblatt) 13. 9. 1921, S. 44.

45 Vgl. Katharina Hilbrand: *Charles Wassermann (1924–1978*). Leben und Werk. Graz: Diplomarbeit 2013

46 Marta Karlweis: *Eine Frau reist durch Amerika.* M. e. Vorbemerkung v. Jakob Wassermann. Berlin: S. Fischer 1928. Lediglich die Novelle *Die Uhr auf dem Fenstersims* hat sie im Februar 1925 in der Neuen Freien Presse in zwölf Fortsetzungen publiziert.

47 Marta Karlweis: *Amor und Psyche auf Reisen.* Roman. M. e. Begleitwort v. Jakob Wassermann. Berlin: Volksverband der Bücherfreunde im Wegweiser-Verl. 1928.

48 Oskar Loerke: D*er Bücherkarren. Besprechungen im Berliner Börsen-Courier 1920–1928.* Hrsg. v. H. Kasack. Heidelberg, Darmstadt: Lambert Schneider 1965, S. 408.

49 Vgl. dazu mein Nachwort zur Neuausgabe des Romans *Ein österreichischer Don Juan*. Wien: DVB Verlag 2015, S. 241–265.

50 Marta Karlweis-Wassermann: *Zum Geleit*. In: Anton Frisch: *Steine aus Kanada. Deutsche Gedichte.* Wien: Kuno Hoynigg 1952, S. 7-13.

51 Vgl. *Wiener Sonn- und Montagszeitung*, 24. 6. 1935

52 Diese Beiträge finden sich in der *Basler National-Zeitung* am 18. 9. 1936, am 9. 3. 1937 und am 4. 7. 1937.

53 Elias Canetti: *Das Augenspiel. Lebensgeschichte 1931–1937.* München: Hanser 1985, S. 210f.

54 Thomas Mann: *Tagebücher 1935–1936.* Hrsg. v. Peter de Mendelssohn. Frankfurt S. Fischer 1978, Eintrag vom 29. 1. 1935.

55 Ebenda, Eintrag vom 25. 3.1936.

56 Rudolf J. Humm: *Bei uns im Rabenhaus. Aus dem literarischen Zürich der Dreissigerjahre.* Zürich, Stuttgart: Fretz

& Wasmuth Verlag 1963, S. 41f.
57 Wassermann, *Kerkhoven,* S. 641.
58 Vgl. Hilbrand, *Wassermann*, S. 16ff.
59 Vgl. Gürttler, S. 1246.
60 Alois Mayrhuber: *Künstler im Ausseerland.* Graz. Styria 1995, S. 83.
61 *Die Weltbühne* 27 (1931), Erstes Halbjahr, S. 631.
62 *Neue Freie Presse* (10. 12. 1930), S. 6.
63 Hartmann von Aue: *Der arme Heinrich.* Mittelhochdeutscher Text und Übertragung. Hrsg. u. übersetzt v. Helmut de Boor. Frankfurt: S. Fischer 1981, S. 105.
64 Ebda, S. 13.
65 In: Jens Peter Jacobsen: *Novellen, Briefe, Gedichte.* A. d. Dänischen v. Marie Herzfeld, Robert Franz Arnold (Gedichte). Florenz, Leipzig: E. Diederichs 1899, S. 382.
66 Franz Grillparzer: *Sämtliche Werke. Ausgewählte Briefe, Gespräche, Berichte.* Hrsg. v. Peter Frank u. Karl Pörnbacher. München: Hanser 1960, Bd. 1: Gedichte, Epigramme, Dramen I, S. 169.

WEITERE ENTDECKUNGEN

IM VERLAG

DAS VERGESSENE BUCH

Marta Karlweis (1889-1965)

DER ZAUBERLEHRLING

NOVELLEN

Zusammen mit zwei anderen wiederentdeckten Erzählungen der einstmals gefeierten Schriftstellerin ist Marta Karlweis' fulminantes Debütwerk *Der Zauberlehrling* nach rund hundert Jahren in Vergessenheit nun endlich wieder greifbar. Die meisterhafte Künstlernovelle aus dem Jahr 1912 spielt im goldenen Wien der Jahrhundertwende. Zwischen dem jungen Schriftsteller Georg Hübner und zwei verführerischen Schwestern aus gutem Haus entspinnt sich eine gleichermaßen leidenschaftliche wie zerstörerische Liebesgeschichte. Die verheerenden Konsequenzen müssen zum Schluss alle drei tragen...
Mit Ihren zu Unrecht vergessenen Meisternovellen, die von Eros und Verführung im großbürgerlichen Wien vor dem Untergang der Habsburgermonarchie handeln, schreibt Marta Karlweis sich ein in die große Riege österreichischer AutorInnen von Weltrang. Ihr psychologisches Gespür für gesellschaftliche Abgründe und feinste seelische Regungen lässt Ihr dichterisches Werk ohne Weiteres neben dem eines Stefan Zweig oder einer Elfriede Jelinek bestehen.

„Am gründlichsten vergessen werden in der Literaturgeschichte jene Frauen, deren Werke der Nationalsozialismus zunichtemachte. So ein eklatanter Fall ist auch Marta Karlweis (1889-1965)"

– Franz Haas, **DER STANDARD**

EIN ÖSTERREICHISCHER DON JUAN

Marta Karlweis' 1929 erstmals erschienener Roman entlarvt auf psychologisch raffinierte Weise die Heuchelei und moralische Doppelbödigkeit der herrschenden Schichten zur Zeit der ausgehenden Habsburgermonarchie: Der wohlhabende Wiener Baron Erwein von Raidt ist ein Frauenheld, wie er im Buche steht. Sein Verhältnis mit der schönen Witwe Löwenstein lässt er schnell fallen, als er ihrer bezaubernden 21-jährigen Tochter Cecile begegnet. Nachdem diese schwanger wird, bricht er auf der Stelle den Kontakt zu ihr ab. Um sich selbst zu schützen, verkuppelt er sie mit einem nichtsahnenden deutschen Industriellen. Als die junge Cecile endlich den wahren Charakter Erwein von Raidts durchschaut, ist sie bereits unheilbar krank. Für den einstigen skrupellosen Frauenhelden und Bonvivant vergehen die Jahre weiter mit Liebesabenteuern, Verführungen und Eroberungen – bis ihn schließlich seine letzte Geliebte verwandelt und zu ihrem hörigen Sklaven macht.

„Ebenso wie Joseph Roth gilt Karlweis' eigentliches Interesse dem Untergang der k.-u.-k.-Monarchie. Doch liegt ihr jede Nostalgie fern. Entlarvt wird eine bigotte, misogyne Operettengesellschaft."

– Florian Welle, **Süddeutsche Zeitung**

„Es ist ein Abgesang auf die vermeintlich heile Welt von gestern, den Marta Karlweis hier anstimmt – ein glänzend geschriebener, bitterböser Roman, der die Wiederentdeckung der Autorin und ihres Werks befeuern sollte."

– Michael Omasta, **Der Falter**

DAS GASTMAHL AUF DUBROWITZA

1921 erscheint im renommierten Verlag S. Fischer in Berlin Marta Karlweis' einziger historischer Roman. Das ungewöhnliche Buch behandelt die berühmte Fahrt der russischen Kaiserin Katharina der Großen durch ihr Reich. In ihrer Vorstellung sieht sie es in voller Blüte und will sich jetzt, auf dem Höhepunkt ihrer Macht, selbst ein genaues Bild davon machen. Um der Kaiserin den Reichtum und die Fortschrittlichkeit ihres Reiches vorzugaukeln, bedient sich ihr Günstling Fürst Potemkin eines perfiden Tricks. Er lässt schmucke Holzfassaden fiktiver Dörfer und Städte hinter ihr abbrechen und immer wieder neu vor ihr aufstellen, je weiter die Reise geht. Diese Maskerade lässt sich jedoch nicht ewig aufrechterhalten. Das Lebenswerk der Zarin, das ihrem Volk lang andauernden Segen und Wohlstand hätte bringen sollen, bricht irgendwann wie ein gigantisches Kartenhaus donnernd in sich zusammen.

„Marta Karlweis schreibt ohne Weichzeichner, manchmal distanziert, fast spöttisch, dann wieder mit großer Nähe zu ihren Figuren."

– Bettina Eibel-Steiner, **Die Presse**

„Ein echtes Kind seiner Zeit und des ausklingenden Expressionismus [...]"

– Franz Haas, **Literatur & Kritik**

Maria Lazar (1895–1948)

LEBEN VERBOTEN!

Berlin 1931. Es hat sich ausgetanzt. Die Roaring Twenties sind vorbei. Die Weltwirtschaftskrise hat die Bürger fest im Griff. Ernst von Ufermann, Partner eines angesehenen Berliner Bankhauses, steht kurz vor dem Bankrott. Auf dem Weg zum Flughafen werden ihm seine Papiere gestohlen. Das Flugzeug fliegt ohne ihn los. Als es kurz nach dem Start abstürzt, glaubt alle Welt, dass auch er unter den Opfern ist. Ufermann packt die Gelegenheit beim Schopf. Im Dienst einer jungen nationalsozialistischen Gruppierung nimmt er eine neue Identität an und taucht alsbald in Wien unter. Seine hübsche Ehefrau, die schon lange eine geheime Affäre mit Ufermanns Kompagnon unterhält, streicht derweil die exorbitante Lebensversicherungssumme ihres Mannes ein. Ein rasantes Katz- und Mausspiel um Verrat und Lüge beginnt, bei dem nur eines sicher zu sein scheint: Für Ufermann bleibt das Leben verboten.

„Schnelle Szenenwechsel, temperamentvolle Dialoge und eine hämmernde Sprache, die an Slapstick erinnert und den Sarkasmus von Karl Kraus, machen ‚Leben verboten!' zu einem einzigartigen Zeitroman. Nach ‚Babylon Berlin' könnte man sich vorstellen, dass sogar eine Verfilmung erfolgreich wäre."

– Andrea Seibel, **DIE WELT**

„Eine todtraurige, wahnsinnig komische und äußerst unterhaltsame literarische Entdeckung."

– Denis Scheck im **SWR2 lesenswert Quartett**

Ö1 BUCH DES MONATS JULI 2020

DIE VERGIFTUNG

Maria Lazars expressionistischer Erstlingsroman ist eine faszinierende Mischung aus Sittenroman und autobiographischer Familiengeschichte. Zugleich ist es eine Tour de Force literarischer Selbstbehauptung. In dreizehn, zyklisch angeordneten Kapiteln umkreist das Werk das Leben der zwanzigjährigen Protagonistin Ruth, erzählt von ihren Ängsten, Hoffnungen und Unzulänglichkeiten, von ihrer zerstörerischen Liebe zu einem namenlosen, älteren Mann und ihrem mit brutaler Vehemenz ausgetragenen Kampf gegen die Vereinnahmungsversuche der überdominanten Mutter. Lazar schrieb ihn 1915, als sie gerademal zwanzig Jahre alt war, in einer mächtigen, vernichtenden Wendung gegen die moralisierend-restaurative Lebenswelt des Wiener Großbürgertums vor Beginn des Ersten Weltkriegs; eine Welt, die sie als das jüngste Kind einer vermögenden, jüdischen Wiener Familie bestens kannte, in der sie sich aber niemals wirklich heimisch fühlte.

„Man fragt sich, warum und wie das Werk ein Jahrhundert lang der Aufmerksamkeit entgehen konnte."

– Sandra Kerschbaumer, **Frankfurter Allgemeine Zeitung**

„Eine so eigenwillige und eine so starke Sprache hat man lange nicht mehr vernommen, […]."

– Michael Rohrwasser, **Wiener Zeitung**

„Ein Antibürgerbuch. Ausdrucksstark, expressionistisch […]"

– Peter Pisa, **Kurier**

DIE EINGEBORENEN VON MARIA BLUT

Österreich zu Beginn der 30er Jahre. Im beschaulichen Kurort Maria Blut beginnt es zu brodeln. Auf den Straßen, am Marktplatz und in der Kirche wird getuschelt: Hat dieser oder jener nicht eine Halbjüdin zur Mutter? In nur wenigen Monaten spitzt sich die Lage zu: Radikalisierte Männergruppen marodieren durch die Straßen und skandieren: „Heil! Heil!" Wunderheiler und falsche Propheten tauchen auf und verkünden den bevorstehenden Weltuntergang, deklassierte Adelige schimpfen auf die ‚Saurepublik', und schließlich steht auch noch die örtliche Konservenfabrik in Flammen. Klammheimlich, wie ein schleichendes Gift, breitet sich die NS-Ideologie in einem österreichischen Provinznest aus – und am Ende ist nichts mehr, wie es war.

„[...] ein trefflich böser satirischer, nun neu edierter Roman über das Heraufdämmern des Nationalsozialismus in einer kleinen österreichischen Provinzstadt."

– Franz Haas, **Neue Zürcher Zeitung**

„[...] ein kleines literarisches Wunderwerk."

– Thomas Mießgang, **DIE ZEIT**

Carl Laszlo (1923–2013)

FERIEN AM WALDSEE

März 1944. Die deutsche Wehrmacht besetzt Ungarn. Als Jude wird der geradeмal 20-jährige Carl Laszlo mit seiner gesamten Familie aus seiner Heimatstadt Pécs (Fünfkirchen) nach Auschwitz-Birkenau deportiert. 45 seiner Familienmitglieder werden sofort bei ihrer Ankunft in den Gaskammern ermordet. Der junge Mann übersteht eine erste Selektion durch Dr. Josef Mengele. Doch Auschwitz ist erst der Anfang. Bis zu seiner Befreiung durch heranrückende sowjetische Truppen im Frühjahr 1945 durchlebt Laszlo die Hölle der nationalsozialistischen KZ-Vernichtungsmaschinerie in vier weiteren Todeslagern: Sachsenhausen, Buchenwald, Ohrdruf und Theresienstadt. Der 1955 erstmals unter dem düster-ironischen Titel *Ferien am Waldsee* publizierte und seitdem zu Unrecht in Vergessenheit geratene fiktionalisierte Überlebensbericht des später in Basel und darüber hinaus weithin bekannten Kunstsammlers, Schriftstellers und Psychoanalytikers Carl Laszlo ist eines der frühesten literarischen Zeugnisse des Holocaust – und ein seltenes Dokument der ästhetischen Bewältigung des letztlich unsagbar bleibenden Grauens.

„Ein großer Text, ein zeithistorisches Zeugnis.“

– Alex Rühle, **Süddeutsche Zeitung**

„Hier unternimmt ein Überlebender eine Selbstermächtigung im Angesicht des Horrors und seiner Erzählweisen.“

– Margarete Affenzeller, **Der Standard**

Mit einem Nachwort zu Leben und Werk Carl Laszlos von Bestsellerautor ALEXANDER VON SCHÖNBURG

Else Jerusalem (1876–1943)

DER HEILIGE SKARABÄUS

Bis die Gestapo ihn 1933 beim S. Fischer Verlag in Berlin beschlagnahmte und kurz darauf verbrannte, hatte der Skandalroman *Der heilige Skarabäus*, der erstmals 1909 erschienen war, bereits 22 Neuauflagen erlebt. In diesem als Unsittenroman verdammten Buch eröffnet die damals schon bekannte Verfasserin einen schonungslosen Blick auf die Vergnügungssucht und das Laster des Bürgertums im Wien des ausgehenden 19. Jahrhunderts. Anhand des buntbewegten Treibens im sogenannten „Rothaus“, das von einer üblen Absteige bald zu einem der vornehmsten und bestbesuchtesten erotischen Salons der Stadt wird, schildert sie nicht nur den Aufstieg und Untergang eines einzelnen Bordells, sondern entwirft auch gleichzeitig eine kritische wie hellsichtige Sozial- und Gesellschaftsstudie. Das ausführliche Nachwort der bekannten Germanistin Brigitte Spreitzer führt zum ersten Mal ein in Leben, Werk und Wirkung einer der umstrittensten und zugleich faszinierendsten Literatinnen der österreichischen Moderne.

„Ein Skandalroman über das Wiener Rotlichtmilieu, der kurz nach seinem Erscheinen im Jahr 1909 für Furore sorgte.“

– Anna Steinbauer, **Süddeutsche Zeitung**

„Jerusalems Text lässt sich [...] als eine Art Gegenentwurf zu einem der berühmt-berüchtigten Dirnenromane der Wiener Jahrhundertwende lesen, der 1906 anonym erschienenen Josefine Mutzenbacher.“

– Clemens Ruthner, **Der Standard**

*Alexander Pschera (*1964)*

VERGESSENE GESTEN

Das Leben konkretisiert sich in seinen Gesten. Sie sind Atem und Rhythmus der Existenz. Ein Reichtum von Gesten gibt ein volles Leben zu erkennen, umgekehrt erscheint ein gestenloses Leben stummer als stumm. Viele altbewährte Gesten, Handbewegungen, Mimiken, Gewohnheiten und Aussprüche sind im letzten Jahrhundert dem Vergessen anheimgefallen. Das liegt daran, dass unser Alltag einförmiger, monotoner und gegenstandsloser geworden ist: Wer keinen Hut hat, kann ihn nicht lüpfen, wer keine Nelken mehr pflückt, kann sie sich nicht ins Knopfloch stecken. Alexander Pschera unternimmt es in seinen weit verzweigten essayistischen Miniaturen, die schönsten Gesten des alten Kontinents vor dem Vergessen zu retten und zugleich deutlich zu machen, was noch alles mit ihnen verloren zu gehen droht.

„[...] Alexander Pschera hat gerade ein Buch über all die schönen Dinge geschrieben, die er ‚Vergessene Gesten' nennt: Zeitungsartikel ausschneiden, Urlaubsfotos einkleben, Gedichte auswendig lernen, etwas im Lexikon nachschlagen, vor sich hin pfeifen, Ansichtskarten schreiben, jemandem die Tür aufhalten, im Bahnhofsrestaurant essen, sich bekreuzigen und vieles mehr."

– Alexander von Schönburg, **BILD am Sonntag**

„Eine[ ] Sammlung kurzer Nekrologe auf allerlei reizende Konventionen, die von der Furie des Verschwindens aus dem Alltag vertrieben werden oder bereits vertrieben worden sind."

– Michael Klonovsky, **Acta diurna**